EDITION LAYALA

Das Buch

Was kann uns ein Khan in der Mongolei über Kommunikation sagen? In welcher Hinsicht können die Erkenntnisse eines Leutnants des Österreichischen Reiches für uns nützlich sein? Können wir uns vorstellen, dass ein Wal etwas über den Beginn aller Kommunikation sagen kann? Vernehmen wir die Weisheit von weisen Männern und Frauen aus der ganzen Welt? Ihre Einsichten und Geschichten führen uns durch diese ungewöhnliche Reise. Wir hören, welche Wirkung es auf unser Wohlbefinden hat, wenn wir auf unser Herz hören und auf die sanfte Stimme in unserem Inneren.

Wenn wir das Herz der Kommunikation entdecken und verstehen, wird sich unsere Interaktion mit allem, was uns umgibt, verändern. Wir gelangen zu einer neuen Wahrnehmung, die unser inneres Wissen enthüllen wird. Wir hören von einem gemeinsamen Grund, der Dialoge ermöglicht, die auf Wahrhaftigkeit und Frieden gründen.

Marlene Zurgilgen ist im Herzen der Schweiz aufgewachsen. Dort entstand ihre Faszination für Geschichten und Legenden, die sie dazu inspirierten, eigene Geschichten zu schreiben. Ihre Liebe zum Schreiben führte sie für einige Zeit auch nach Los Angeles, um Creative Writing zu studieren. In der Schweiz arbeitete sie als Kulturmanagerin in Museen, bis sie sich entschloss, sich ganz dem Schreiben zu widmen. Sie entwickelte einen Schreibstil, in den sie ihre mediale Begabung einfließen lässt, die sie seit ihrer Kindheit begleitet. Sie sieht sich selbst als Geschichtenerzählerin. Einige ihrer Kurzgeschichten wurden veröffentlicht und als Hörspiele aufgenommen. Die „Verborgenen Tore" wurden 2012 im Verlag Edition Layala im englischen Original unter dem Titel „Invisible Doors" veröffentlicht. Zwei Bände der Serie „Hollywood Stairs" (Englisch) wurden ebenfalls 2012 veröffentlicht.

Originalausgabe veröffentlicht von
Edition Layala, Wangen, Deutschland, 2012:
Marlene Zurgilgen, Invisible Doors,
A Journey to the Heart of Communication

Deutsche Erstausgabe 2014
Edition Layala
Wangen, Deutschland
www.editionlayala.de
Alle Rechte vorbehalten.
Umschlaggestaltung und Satz von Sascha Rossaint
Übersetzung aus dem Englischen von Anke Bruns
Gedruckt in der Tschechischen Republik

Ein Titelsatz für diese Publikation ist bei
der Deutschen Nationalbibliothek erhältlich
ISBN 978-3-9815466-4-4

Dieses Buch ist gewidmet:

Allen Stimmen in den Verborgenen Toren
Meiner Familie und Freunden
Meinem Morgengast

Danke

Die Reise beginnt — 6

Entdeckungen

1. Tor	Zuhören	10
2. Tor	Stimmen	15
3. Tor	Unausgesprochenes	21
4. Tor	Der Wunsch der Erde	28
5. Tor	Die Stimme der Träume	36
6. Tor	Die erste Frage, die letzte Antwort	43
7. Tor	Herausfordernde Stimmen	51
8. Tor	Vorurteil	59
9. Tor	Erzählen	66

Interaktion

10. Tor	Die vereinte Stimme	76
11. Tor	Kreativität	85
12. Tor	Unter demselben Banner	92
13. Tor	Das Unsagbare erklären	100
14. Tor	Die unbekannte Geschichte	109
15. Tor	Die geheime Sprache	118
16. Tor	Gesellschaftsregeln	124
17. Tor	Sinnsuche	131
18. Tor	Lose Enden	142
19. Tor	Feen und Naturgeister	152

Sacred Ground

20. Tor	Respekt		162
21. Tor	Liebe		171
22. Tor	Offenheit		182
23. Tor	Freiheit		190
24. Tor	Seelenverbindung		201
25. Tor	Menschheit		217
26. Tor	Wunder		229

Realität

27. Tor	Verschmelzende Welten		242
28. Tor	Die Kluft überwinden		254
29. Tor	Atmosphäre schaffen		264
30. Tor	Besucher aus fernen Ländern		274
31. Tor	Wo Weisheit zu finden ist		288
32. Tor	Die Schwelle überschreiten		301
33. Tor	Die Kunst der Rückkehr		311

Nun, da diese Reise beendet ist 320
Index 322

Die Reise beginnt...

„Warum nimmst du nicht einfach den nächsten Flug und kommst hierher?" fragte mich mein Gast, der mich immer am frühen Morgen besuchte, als er an meine unsichtbare Tür klopfte. Diese Frage erschreckte mich. Ich schaute hinaus in den sonnigen Tag und fragte mich, wie ich auf diese Einladung reagieren sollte.

Mit der Zeit hatte ich meinen morgendlichen Gast liebgewonnen durch die Gespräche, die wir miteinander führten. Als er mir diese Frage stellte, konnte ich nicht mehr umhin, mir einzugestehen, wie sehr ich mir wünschte, diese unsichtbare Kommunikation zu verstehen, denn sie lag jenseits normaler Kommunikation: er lebte in einem anderen Land mit einem völlig anderen Lebensstil und wir hatten noch nie eine persönliche Begegnung gehabt und doch waren wir auf diese unsichtbare Weise miteinander verbunden. Seine Frage ließ auch Furcht in mir aufkommen. Warum besuchte ich ihn nicht einfach? Lag es an der Entfernung? Lag es an unserer unsichtbaren Kommunikation?

Diese Art der Kommunikation begleitet mich schon seit meiner Kindheit und sie faszinierte mich ebenso sehr, wie ich mich davor fürchtete. Sie war für mich mit so vielen Fragen verbunden, dass mich dies schließlich dazu motivierte, dem Ruf zu diesen Reisen durch unbekannte Tore zu folgen. Um Antworten zu finden, müssen wir uns manchmal auf eine Reise begeben, die herausfordernd sein kann, aber das Licht, das wir erhoffen, wenn wir einmal das dunkle Tal des Unbekannten durchschritten haben, gibt uns die Motivation dafür, sie zu unternehmen, ganz gleich, was uns erwartet.

Doch es gab auch eine tiefer liegende Motivation, mich auf diese herausfordernde Reise zu begeben. Ich wollte das Herz der Kommunikation erforschen. Was liegt hinter der Grenze unserer alltäglichen Kommunikation? Wie können wir sie verbessern? Warten vielleicht unbekannte Schätze hinter diesen Toren? Kommunikation hat viele verschiedene Ebenen. Sie zu erforschen und ans Licht zu holen, kann ein beängstigendes Wagnis sein, aber es ist es wert, unternommen zu werden. Auf dem Weg ins Herz der Kommunikation lade ich Sie ein, mit mir durch die verborgenen Tore zu reisen... eine Reise durch Zeit und Raum, zu dem Ort, an dem unser Herz, unsere Seele und unser Verstand die allererste Kommunikation kreieren.

Die vielen Stimmen, die uns ihre Weisheit schenken, Orte, die uns ihre Geheimnisse verraten und Tore, die sich dem Mysterium in uns selbst öffnen, versetzen uns vielleicht in die Lage, eine neue Art der Kommunikation zu schaffen, die unser Herz und unsere Seele nährt.

ENTDECKUNGEN

„Am Ende erinnern wir uns an all die unausgesprochenen Worte"

1 Zuhören

„Ich begann, den Vögeln, den Tieren, dem Wind und dem Meer zu lauschen." Ich hatte die Schwelle zum ersten der verborgenen Tore betreten, als ich diesen Satz hörte und vor einer Statue stand, die mich an Abraham Lincoln erinnerte. Was mochte dieser Satz bedeuten? In diesem Augenblick wusste ich es noch nicht, aber ich beschloss, diesen Worten zu folgen. Als ich die ersten Schritte gemacht hatte, hörte ich weitere Worte und Sätze, die von einer sanften und doch leidenschaftlichen Stimme gesprochen wurden.

Diese männliche Stimme sagte: „Es fiel mir nicht leicht, über Dinge zu sprechen, die mich wirklich bewegten und noch weniger wusste ich, wie ich sie niederschreiben, oder sie laut aussprechen sollte, um mich den Menschen mitzuteilen. Ich begann, auf die Natur zu hören, um verstehen zu lernen, wie ich den Menschen mein Innerstes mitteilen konnte. Es sie verstehen zu lassen. Ich hörte den Stimmen der Natur zu und gab mein Bestes, um das Gehörte in meine Reden einfließen zu lassen."

Nachdem diese Worte gesprochen worden waren, sah ich mich hinter diesem ersten Tor um und war überrascht, mich auf einem Feld zu sehen, das von Blut und Hass übersät war. Vor langer Zeit war es ein Schlachtfeld gewesen. Ich setzte mich auf eine nahestehende Bank. Immer und immer wieder hörte ich die gerade gesprochenen Sätze in meinem Kopf widerhallen. Ich wunderte mich. War es so, dass wir der Natur zuhören müssen, um uns selbst verständlich machen zu können?

Ich sah auf das geschändete Feld, auf dem Gewalt, Verletzungen und Hass meinem Herzen ganze Geschichten erzählten. Das Feld drückte die ganze Verzweiflung aus, die ich bei dem Gedanken empfand, dass man sich so abmühen musste, um anderen Menschen mitteilen zu können, was man wirklich fühlt und in diesem Sinne half die Natur mir tatsächlich, die tiefere Bedeutung zu verstehen. Mein Herz war von Trauer überschattet und ich wünschte mir, das Tor möge sich schließen.

Meine Reise war aber noch nicht beendet, denn ich war weitergegangen und stand nun vor einem alten Gebäude, das eine unglaubliche Anzahl von Büchern beherbergte.

Ich betrat das alte Gemäuer. Im Inneren war alles mit Staub überzogen und dennoch schien Weisheit durch die Meisterwerke auf den vielen Regalen.

Ich ging durch die Halle und sah viele Büsten großer Denker der Menschheit. Ich näherte mich ihnen und dachte über ihre großen Werke nach, als ich die Worte hörte: „Höre auf die schwärzesten Schatten und das größte Licht deiner Seele, deines Geistes und deines Körpers. Dies ist die erste Stufe der Kommunikation, die wir meistern müssen, bevor wir es vermögen, voll und ganz das hervorzuholen, was in unserem Inneren darauf wartet, für andere zugänglich gemacht zu werden."

Die Halle füllte sich plötzlich mit weiteren Stimmen, die von den Büchern in den Regalen kamen und mir ihre Weisheit zuflüsterten. Waren diese Stimmen wirklich in diesen Büchern verborgen? Ich wusste es nicht, aber ich hörte sie ganz deutlich. Ich näherte mich einem der Bücher auf einem weißen Regal. Die Stimme, die daraus zu hören war, klang hell und leicht, aber auch tiefgründig. Ich war beeindruckt von ihrer Präsenz, die mir sehr gelehrt und ausdrucksvoll vorkam.

Ich öffnete das Buch und hörte die Stimme sagen: „Eines der Probleme, das wir zu überwinden hatten, war der Ausdruck des Geistes. Wir wussten, dass im Geist vieler Schüler enormes Wissen vorhanden war. Sie wussten viel, aber wie konnten sie Zugang zu ihrem Wissen erlangen und es fließen lassen? Es war blockiert, denn sie waren nicht daran gewöhnt, es zu benutzen. Weder in ihren Familien noch in der Öffentlichkeit. Wir mussten sie lehren, ihrem eigenen Geist zu lauschen. Nicht dem Geist ihrer Lehrer, noch dem ihrer Familien oder ihrer Umgebung, sondern ihrem eigenen. Dies ist der schwierigste Teil für einen jeden Schüler – selbst denken zu lernen. Erst, wenn sie lernen, auf ihren eigenen Geist, ihre Kenntnisse und ihre eigene Weisheit zu hören, werden sie ein Gewinn für die Gesellschaft sein. Es war immer schon so und nicht umgekehrt."

Erstaunt sah ich auf das Buch. Hatte ich wirklich gerade diese Worte gehört? Ich klappte es wieder zu und, ohne zu wissen warum, dachte ich an die Philosophen aus alter Zeit. Ich stellte das Buch zurück ins Regal und ließ mich durch diesen Ort der Gelehrsamkeit führen.

Gerne hätte ich noch mehr Bücher geöffnet, aber da war ich schon weitergewandert an einen anderen Ort. Ich hätte nicht sagen können, wo ich mich befand, aber ich sah Pferde statt Autos. Die Luft

ENTDECKUNGEN – I. Tor

war stickig und die Menschen, die ich sah, steckten in altmodischen Kleidern. Demnach war ich also auch in einer anderen Zeit.

Ich sah mich um und folgte dann einer schmutzigen Straße, die zu einer Mühle führte. Aus irgendeinem Grunde machte ich dort Halt und ich hörte zwei Menschen in einer lauten Unterhaltung. Die Stimmen gehörten einem älteren und einem jüngeren Mann. Ich konnte sie zwar nicht sehen, aber ihr Streitgespräch war laut genug für jeden zu hören.

„Es soll so sein, junger Mann und nicht anders", hörte ich den älteren Mann sagen.

„Du bist stur und nichts Gutes kommt dabei heraus. Die Zeiten haben sich geändert und du kannst uns nicht mehr in den Keller einsperren. Heutzutage sind ganz andere Dinge möglich", antwortete der jüngere.

„Nein. Geh zurück an die Arbeit und hör auf, diese nutzlosen Dinge zu tun."

„Worte sind nicht nutzlos."

„Das sind sie, solange sie dir kein Essen geben. Und seit wann kann man Worte essen?"

„Worte geben uns ein Verständnis dafür, wie wir die Dinge besser machen können. Wir können davon lernen, Vater. Wir können etwas herausfinden und vieles neu und besser machen. Alles kann sich jetzt ändern."

„Nichts ändert sich. Jeder bleibt der Mensch, als der er geboren wurde und nichts weiter. Du kannst es nicht ändern. Es ist Gott gegeben."

Ich hörte den jungen Mann seufzen bevor er antwortete: „Vater, sieh nur, es ist die Bibel, deren Worte ich hier lese. Die Bibel! Es ist kein schlechtes Buch."

„Das ist mir egal. Lass mich damit in Ruhe. Ich habe ja schon gesagt, du solltest überhaupt nicht in der Lage sein, zu lesen. Das Lesen ist nichts für unsereins. Hör auf das, was die anderen sagen und gehorche. Versuche nicht, Worte zu verstehen, die nicht an dich gerichtet sind."

„Vater..." er stieß einen weiteren tiefen Seufzer aus und dann sah ich ihn gehen. Als er an mir vorüber kam, ohne mich wahrzunehmen, hörte ich ihn sagen: „Nur durch das Lesen und Schreiben kann ich Neues lernen und mich selbst ausdrücken. Ich wünschte, Vater würde das verstehen."

Mitfühlend sah ich ihm nach, während er die Straße hinunter ging. Wie schwierig musste es in früheren Zeiten gewesen sein, dachte ich. Ihr Zugang zu Wissen musste in einer Weise begrenzt gewesen sein, die wir heute kaum verstehen können. Ich stand noch vor der Mühle, während ich über das Gehörte nachdachte. Ich konnte gut verstehen, was es bedeuten musste, davon ausgeschlossen zu sein, gedruckte Worte lesen zu können, um von ihnen Wissen zu erlangen.

Plötzlich sah ich ein Licht und im nächsten Augenblick stand ich wieder vor der Statue, der ich zu Beginn meiner Reise begegnet war. Fasziniert betrachtete ich sie und wieder hörte ich dieselbe Stimme. Der Klang war immer noch sehr stark und stolz und ich hörte die folgenden Worte: „Auf sein inneres Selbst zu hören und es auszudrücken, gehört zu den Rechten eines jeden Menschen. Wir brauchen es, uns selbst authentisch, mitfühlend und mit unserer inneren Weisheit ausdrücken zu können. Höre auf dein inneres Selbst, deine Weisheit, dann kannst du deinen Horizont ausdehnen und beginnen, der Natur zu lauschen mit ihren vielen Formen. Bringe dies zusammen und du wirst sehen, wie du mit deinen Worten die Herzen und Seelen der Menschen berührst."

Ich nickte nur und fühlte mich tief berührt. Als ich mich umsah, bemerkte ich, dass das Tor sehr nahe war und ich wusste, dass die Reise durch dieses erste Tor zu Ende gehen sollte. Ich musste gehen.

ENTDECKUNGEN – 2. Tor

Stimmen

An einem grauen Tag, der die ganze Umgebung um mich herum in einen nebligen Dunst hüllte, als sei sie ein verborgenes Geheimnis, öffnete ich das zweite Tor, das mich zu einer schmalen Klippe führte, von der aus man über den wilden Ozean blicken konnte.

Ich hatte das Gefühl, hierher gebracht worden zu sein, um die Wale auf ihrem Weg nach Hause beobachten zu können, um ihre Stimmen zu hören und ihre Körper tanzen zu sehen.

Es dauerte nicht lange und ich sah einen Wal ganz nah herankommen. Lange Zeit schwamm er an derselben Stelle. Ich befürchtete schon, dass irgendetwas passiert sein musste. Warum folgte er nicht den anderen? Ich ahnte in dem Moment nicht, dass nicht nur ich den Wal sah, sondern dass auch er um meine Anwesenheit hier wusste.

Ich starrte ihn an und hörte eine feste, weise Stimme: „In den alten Zeiten waren wir an eine andere Form der Kommunikation gewöhnt. Oft benutzten wir nur unsere Stimmen dafür. Es gab nichts zu schreiben oder zu lesen, aber wir hatten unsere Stimmen. Die Stimmen waren noch nicht sehr erprobt und wir versuchten, sie angemessen zum Klingen zu bringen, damit die anderen uns verstanden. Der Klang, den die Stimme ertönen lässt, ist der Anfang aller Kommunikation. Erforsche und erfahre deine eigene Stimme. Es gibt da eine Stimme in dir, die du mit deinen Mitmenschen teilst. Deine Mitmenschen sind diejenigen, die auf das achten, was du sagst und in welchem Ton du es sagst."

Ich schloss die Augen und stellte mir die Zeit vor der unsrigen vor, die uralten Zeiten, als Stimmen noch neu waren und ihr Gebrauch erlernt werden musste. Mussten wir wirklich erst lernen, unsere Stimmen zu gebrauchen? Waren sie nicht einfach da? Ich konnte es mir nicht vorstellen und dachte noch über diese Fragen nach, als ich mich schon an einem anderen Ort wiederfand.

Vor mir sah ich ein golden scheinendes Haus, das einem Künstler zu gehören schien. Tierskulpturen in allen Formen waren rundherum zu sehen. Hinzu kamen viele Formen, die darauf zu warten schienen, aus ihrem hölzernen Käfig befreit zu werden, um zu ihrer eigentlichen Form zu finden. Auf dem Pfad, der mich näher zum Haus führte, sah ich einen Mann und eine junge Frau neben einem Wal sitzen, der offensichtlich darauf wartete, aus seiner hölzernen Box herausgeschält zu werden.

„Hör mal, Karen", hörte ich seine Stimme, „ gemessen an der Zeit, die du hier bist, ist das ein guter Anfang. Aber es fehlt noch die Stimme. Du solltest verstehen, dass all dies hier auch eine Stimme hat."

„Was für eine Stimme?" fragte sie.

„Ich rede nicht von einer Stimme, die laut und durchdringend ist. Ich rede von der Stimme, die noch in diesem Kunstwerk verborgen ist. Sieh mal, jedes Kunstwerk hat seine einzigartige Stimme, die ans Tageslicht gebracht werden muss, um gehört zu werden. Ohne die Befreiung dieser Stimme wird es kein Kunstwerk geben. Zumindest nicht die Kunst, die in der Lage ist, unsere Herzen zu berühren."

„Ich möchte, dass meine Kunst die Herzen der Menschen berührt."

„Ich weiß", er nickte „ und deshalb musst du die Stimme in diesem Werk finden. Aber du musst dir auch über deine eigene Stimme im Klaren sein. Siehst du, wenn du diesen Wal aus seiner hölzernen Box befreist, dann teilen das Holz, der Wal und du eine Stimme."

„Ich glaube, ich verstehe, was du meinst."

„Gut, denn nur dann kannst du das zum Leben erwecken, was in diesem Stück Holz verborgen ist. Die Stimme, die ihr miteinander teilt, verbindet euch auch. Du musst in der Lage sein, dich selbst zu hören, um deine eigene Stimme zu kennen, dann kann Kommunikation beginnen. Ihr kommuniziert miteinander. Das ist der Weg, um dieses Kunstwerk möglich zu machen."

„Ah, jetzt verstehe ich. Ja, natürlich! Wunderbar. Danke!" Sie war sehr glücklich und zufrieden mit der Lektion, die ihr gerade zuteil geworden war.

Ich ging weiter und fühlte mich gut. Es ist wunderbar, wenn man die Chance bekommt, soviel Einsicht über das eigene Tun zu gewinnen. Diese Frau würde immer wissen, wie wichtig es ist, eine Stimme zu erforschen.

Nicht lange danach reiste mein Körper wieder durch den Raum und ich wurde auf den Gipfel eines hohen Berges versetzt. Der Wind umwehte meinen Körper, als ob er meine Aura reinigen wolle. Ich fühlte mich leicht und sehr im Frieden.

Dann sah ich ihn - den König der Lüfte; den, der Schauer durch meine Adern rieseln lässt. Ein Adler. Offensichtlich hatte er mich bemerkt, denn er flog die ganze Zeit über mir, ohne sich woanders hin zu wenden. Ich hörte die inspirierende Stimme des Adlers und war hingerissen von ihrem Klang. Hoch oben in der Luft kreisend wusste er von der Welt und der Weisheit in ihr. Ich schaute weiter zum Himmel hinauf und lauschte, bis ich diese Worte hörte: „Worte haben Klang und nur der Klang macht ein Wort sichtbar und hörbar. Dies ist nicht zu verwechseln mit dem Klang, den das Universum hervorbringt. Die ersten Worte sind ein Ereignis in der Natur eines jeden Menschen. Ganz gleich, wo auf der Welt, oder wer sie spricht, sie sind es. Weil die Stimme Macht hat. Eine Macht, die stärker ist, als alles andere, das wir erfassen können. Es ist etwas, das alle miteinander verbindet, die auf dieser Welt leben. Wir alle teilen eine Stimme. Diese Eine in uns zu finden, die uns verbindet, das erst wird uns uns ganz fühlen lassen und weniger verletzbar machen. Macht liegt in unseren Stimmen. Sie muss nur entdeckt werden."

Orte wie dieser, hoch in den Bergen, haben immer schon ein Gefühl von Leichtigkeit und Beschwingtheit in mir hervorgerufen. Alles schien möglich. Ich fühlte mich stark und mächtig, als ob ich neue Schönheit in der Welt erschaffen könnte. Es schien so einfach hier, so weit entfernt von allen Ablenkungen.

Mein Wunsch, länger auf dem Berg zu bleiben, erfüllte sich nicht; stattdessen war ich inmitten einer großen europäischen Stadt angekommen. Gleich darauf stellte ich fest, dass ich mich in Wien befand. Ich sah mich um und überlegte, in welche Zeit ich wohl hineingekommen sein mochte. Es war fast dunkel und es gab keine Straßenlaternen. Es schien, als habe sich meine Sicht verengt und ich konnte nur die Oper sehen. Ich stand direkt davor und hörte einen Fiaker, ein urtümliches, österreichisches Gefährt, herannahen.

Der Fiaker hielt ganz nah bei mir und einige Leute stiegen aus. Ich vermutete, dass ich den vorbeigehenden Leuten verborgen blieb und war deshalb erstaunt zu sehen, dass sich mir ein Mann näherte. Er hatte eine wilde Haarmähne und die unglaublichsten Augen, die ich je gesehen hatte. Er blieb direkt neben mir stehen und wieder zogen seine Augen meine ganze Aufmerksamkeit auf sich. Sie waren zärtlich und hell, voller Weisheit, Freude, Traurigkeit und wohl alle Emotionen, die ich je erfahren hatte. Er stand dort und kein Ton kam über seine Lippen.

Es war auch nicht nötig, denn seine Stimme sprach durch seine Augen. „Eine Stimme hat einen innewohnenden Zauber. Wenn man einmal dort angekommen ist, gibt es kein Zurück. Man kann nicht zurück, selbst wenn man wollte. Wenn man einmal diesen Klang gehört hat, weiß man sich so nah am Ewigen, dass es dich mehr schmerzt als alles andere. Du setzt alles daran, nur, um diese Stimme noch einmal zu hören, nur einmal noch im Leben. Du widmest dieser Suche dein ganzes Leben, um es einmal noch zu erleben, einmal diesen Klang, diese Stimme. Du willst sie wieder hören. Du willst wieder dort sein, denn in deinem Herzen erkennst du, dass es sich nach mehr als nur nach Zuhause anfühlt; es fühlt sich an, wie der eine Ort, an den du gehörst."

Als ich in seine Augen sah, wusste ich plötzlich, dass, wenn irgendjemand, so er derjenige wäre, der diesem Weg folgen würde. Ihm würde es möglich sein, diese Stimme wieder zu erschaffen, oder wenigstens ihr sehr nahe zu kommen.

Dann wurde er von jemandem gerufen. Er drehte sich um und ich sah ihn die Oper betreten. Wer auch immer er war, ich wusste, dass er in seiner Musik nach dieser innersten Stimme suchte.

Könnte es sein, dass die Stimme mehr ist, als nur der Ton, der Worte hörbar macht? Vielleicht hat sie ein eigenes Leben. Ist Ton der Ursprung aller Kommunikation? Ich war mir nicht sicher, aber ich behielt die gerade gehörten Worte in meinem Herzen.

Der nächste Halt auf meiner Reise durch das zweite Tor führte mich zu meiner Überraschung in meinen Garten. Ich setzte mich hin und hörte den Vögeln zu. Ich erinnerte mich an die vielen Märchen, in denen Vögel sprachen, Rat gaben und Einsichten mitteilten. Sie hatten eine Stimme und da ich selbst auch eine Stimme habe: war es denkbar, dass wir kommunizieren konnten? Ich ließ mir die Sonne ins Gesicht scheinen und die Fragen verblassten und wurden durch Frieden und Harmonie ersetzt.

Dann erkannte ich, dass dies der letzte kurze Aufenthalt vor dem Ende meiner Reise durch dieses Tor war. Ich sah, wie das Tor sich schloss und überquerte die Schwelle zurück zu meiner Zeit und meinem Ort.

Unausgesprochenes

Überrascht fand ich mich in einem der alten Kinos sitzend wieder, als sich das dritte Tor öffnete. Aber da saß ich nun und sah einen alten Schwarz-Weiß-Film an in einem dunklen Raum, der nach Popcorn roch. Ich wurde durch das dritte Tor gestoßen, das irgendwie auf der Leinwand erschien und im nächsten Moment fand ich mich auf einem Friedhof wieder. Ich sah mich um und erblickte in der Ferne das unverkennbare Hollywood-Zeichen. Der Friedhof sah aus wie ein Park. Der Frieden, den er verströmte, war beeindruckend und ich fragte mich, ob die Leute, die hierher kamen, den Ort wohl auch mochten, denn er erschien mir inmitten der lebendigen Großstadt von Los Angeles wie eine Insel des Friedens.

Ich schlenderte durch den Park und sah mir die zum Teil unglaublich beeindruckenden Statuen an, bis ich zu einem alten Baum kam. Dort blieb ich stehen, denn seine Präsenz war so stark, dass ich mir sicher war, er sei länger hier als jeder andere Baum. Er hatte keine Blätter. Er war braun und doch schien er mehr als lebendig zu sein.

Ich dachte darüber nach, wie viel er wohl an Weisheit über die Jahre gewonnen haben mochte. Und dann hörte ich eine

Stimme, die mehr singend als sprechend sagte: „Ich beobachte immer die Leute, die hier zu ihren Lieben sprechen. Zu denen, die schon jenseits des Flusses auf die andere Seite gegangen sind. Die, die hierher kommen, haben so viel mitzuteilen und zu sagen. Offenbar hat der Tod, der in ihre Familien gekommen ist, sie all die Dinge erkennen lassen, die noch unausgesprochen waren. Ich höre sie. Die Trauer in ihrer Stimme verfolgt uns Bäume. Ich wünschte, ich könnte ihnen verständlich machen, dass diejenigen, die auf der anderen Seite leben, sie hörten, als sie noch lebten. Manchmal glauben die Menschen irrtümlicherweise, sie hätten nicht alles gesagt, was die anderen brauchen. Aber sie haben es wirklich gehört. In dem Augenblick, in dem der Vorhang fällt, erinnert sich die Seele. Sie wissen immer, dass sie geliebt wurden. Die sterbliche Person möchte es ausdrücken. Ich verstehe das, aber ich versuche, den Menschen Trost zu spenden, die kommen, um ihre Lieben hier zu besuchen. Ich versuche, ihnen verständlich zu machen, dass sie sich nicht traurig fühlen müssen, weil sie nicht all die Worte ausgesprochen haben, die sie gerne hätten mitteilen wollen. Die Seele hört das Herz und alles, was nie gesagt wurde."

Ich sah auf die anderen Gräber und fragte mich, ob diese Worte stimmen mochten? Ich selbst habe immer das Bedürfnis, über meine Gefühle zu sprechen, um mich anderen mitzuteilen und sie verstehen zu lassen. Könnte es sein, dass es nicht nötig ist, den Anderen zu sagen, wieviel sie uns bedeuten?

„Nein", sagte eine Stimme hinter mir. Ich drehte mich um und sah einen jungen Mann hinter mir stehen. Er sah mich mit einem schönen und breiten Lächeln an, das mir das Herz wärmte.

„Nein", wiederholte er. „Wir müssen uns immer ausdrücken. Immer anderen mit unseren Worten geben, was wir können. Gefühle auszudrücken, macht unser Leben zur Freude." Er lachte wieder. „Komm, ich will dir etwas zeigen." Ich war ein wenig misstrauisch, aber er nahm einfach meine Hand und lachte noch mehr. Seine gleichbleibend fröhliche Persönlichkeit wirkte ansteckend und schon erschien das Leben viel heller und sonniger. Wir gingen nicht weit bis zu einem Grab. Der Grabstein am Boden war aus reinem Weiß. Zu meiner Überraschung fand ich keinen Namen darauf. Nichts war zu sehen außer diesem weißen Stein. Es war ein einsamer Platz und ich war mir sicher, dass lange Zeit niemand hier gewesen war, um dieses Grab zu besuchen, wenn überhaupt je.

Die Augen des jungen Mannes an meiner Seite waren auf das Grab gerichtet, als er erklärte: „Hier sind die Träume begraben."

„Träume?"

„Ja. In dieser Stadt gibt es so viele Menschen mit vielen wunderbaren und aufregenden Träumen. Sie sollten alle gehört werden, erkannt und verwirklicht werden. Aber es geschieht nicht. Und dies ist der Ort, an dem sie alle begraben werden."

Ich fragte mich, ob sie zurückkommen könnten, oder ob diese Träume tatsächlich für immer verloren waren. Trauer überschattete diesen Ort. Er fuhr fort: „Die Träume, die nie ausgedrückt und niemals mitgeteilt wurden, sind es, die an diesem Grab Schmerz verursachen. Die, die zumindest eine gewisse Anerkennung erlangt haben, sind ebenfalls hier begraben, aber ihre Trauer ist nicht so überwältigend."

Aus meinem innersten Mitgefühl heraus legte ich meine Hand auf das steinerne Grab und ließ meine Liebe zu den hier begrabenen Träumen fließen.

Er beobachtete mich und sagte: "Alle Träume, die nie eine Anerkennung gefunden haben, verdienen es, wenigstens ein wenig Liebe zu bekommen. Leider ist es so, dass sie nicht nur von anderen nicht wahrgenommen werden, sondern auch ihr eigener Schöpfer hat es nicht verstanden, sie ausreichend zu achten. Dass die Träume hier begraben sind, ist nicht der Fehler ihres Schöpfers. Die Träumenden sollten dankbar sein, denn es ist ein Geschenk, Träume zu haben.

Er seufzte, bevor er fortfuhr: "Aber ich weiß selbst, wie schwierig es ist. Jeder verdient es, dass seine Träume gehört werden. Es kann uns zerbrechen, wenn sie nie über das Gedachte hinausgehen."

Ich spürte, wie mir Tränen über die Wangen liefen. Wie traurig muss es sein, wenn die eigenen Träume unter einem verlassenen Stein auf einem Feld voller Gräber liegen.

"Was am meisten schmerzt", sagte er mit tränenerfüllter Stimme, "ist die Tatsache, dass diesen noch viele andere folgen werden."

Ich nickte.

"Deshalb kam ich heute hierher", hörte ich ihn sagen, "um dir diesen Ort mit den begrabenen Träumen zu zeigen. Ich wünschte, jeder bekäme die Chance, sie zu leben. Jeder verdient es. Es fühlt sich hier wirklich schwer an."

Ich stand auf und konnte Tränen in seinen Augen sehen. In diesem Moment schien es ganz natürlich zu sein, sich zu umarmen – beide in unsere eigenen Gedanken vertieft. Nach einer Weile zog er sich zurück und ein Lächeln erschien auf seinem Gesicht. Ich lächelte zurück und im nächsten Augenblick war der junge Mann verschwunden.

Ich war wieder auf Reisen und hatte erwartet, an einem anderen Ort zu sein, aber ich war immer noch in Los Angeles, irgendwo am Ozean. Ich wanderte am Strand entlang, als ich plötzlich eine junge Frau meinen Namen rufen hörte. Wer konnte mich hier kennen? Ich wunderte mich. Als ich mich umwandte, sah ich, dass mir viele Menschen folgten. Sie alle riefen immer wieder meinen Namen, oder war es jemand anders den sie riefen? Ich konnte es nicht so deutlich hören, aber ich fragte mich, ob die Leute mich tatsächlich sahen oder nicht. Wer waren sie? Woher kannten sie mich und warum folgten sie mir? Es war mir ein Rätsel.

Zumindest, bis ich eine traurige weibliche Stimme in meiner Nähe hörte. „Dies ist unser Leben. Nie sind wir real, nie können wir ausdrücken, wer wir wirklich sind. Unser Mund ist mit Staub bedeckt; mit Staub haben wir unsere Zeit angefüllt. Wir fühlen uns verloren und wissen nicht, wohin wir uns wenden sollen, weil wir nicht mehr wir selbst sind. Haben wir je existiert? Ich habe mich immer so entsetzlich verloren gefühlt. Meine Worte waren nicht das, was ich sagen wollte. Ich konnte mich nicht ausdrücken, weil ich nicht sagen konnte, was ich wirklich fühlte, wer ich wirklich bin. Ich musste so sein, wie es von mir erwartet wurde. Wenn deine eigenen Worte keinen Wert haben, ist das die traurigste Erfahrung, die man machen kann. Niemand war wirklich interessiert an dem, was ich zu sagen hatte. Meine Worte wurden nur geschätzt, wenn sie für jemand anderen von Nutzen waren. Es zerstörte meine Existenz. Ein Mensch braucht es, das ausdrücken zu können, was in ihr oder in ihm ist. Sonst ist man verloren. Darüber hinaus werden sie früher oder später vergessen, wer sie wirklich sind und dann gibt es nichts mehr zu sagen. Sie haben nichts mehr zu sagen. Ein Schicksal, das viele von uns teilen."

Ich hörte einen tiefen Seufzer. Ich wandte mich um und sah in das Gesicht einer sehr schönen jungen Frau. Sie wusste, wovon sie sprach und ich verstand sie in diesem Moment. Das Leben eines Stars zu leben, hatte ihre Stimme zerstört, so schien es. Sie tat mir leid und ich wollte sie trösten, aber sie lächelte mich nur an und verschwand.

Ich saß auf einer Bank und versuchte, all die Worte, die ich heute gehört hatte, zu verarbeiten. Es war merkwürdig über Worte nachzudenken, denn alles schien sich heute um nie gesprochene Worte zu drehen, alle Konversationen, die nie stattgefunden hatten, alle niemals gehörten Worte. Ich fühlte Verzweiflung aufkommen, als sich mir ein kleines Mädchen näherte. Sie sah mich nicht an, sondern deutete auf den Ozean.

„Es gibt immer Hoffnung. Am Anfang wollen wir es nicht einmal sehen und sind deprimiert und fühlen uns hinabgezogen von all dem, was uns geschehen ist und um uns herum geschieht und wir sehen die Zukunft nicht. Aber die Zukunft ist immer da. Wir müssen nur lernen, sie zu sehen."

Erstaunt sah ich das Mädchen an. War es möglich, dass inmitten all der begrabenen Worte, Worte, die nie ausgesprochen und nie jemandem mitgeteilt wurden, dass es da noch Hoffnung gab? Das Mädchen nickte, als habe sie meine Gedanken gehört.

Sie kam näher, legte ihre kleine Hand in meine und flüsterte in mein Ohr: „Es gibt immer Hoffnung. In jeder einzelnen Sekunde können wir Hoffnung haben. Es ist eine unerschöpfliche Quelle, die uns gegeben wurde. Wenn wir sie annehmen, gehen wir in die Zukunft."

Ich seufzte. Das Mädchen war gegangen und mit ihr auch meine traurige Stimmung. Ich ging ein Stück weiter am Strand entlang, schaute auf den Ozean und ließ die Sonne all meine dunklen Gedanken hinwegschmelzen. Leichtherzig verließ ich das dritte Tor.

ENTDECKUNGEN – 4. Tor

Der Wunsch der Erde

Eine enge Straße, gesäumt von Büschen in einer Landschaft, die nahezu gänzlich versteckt und eingehüllt in mystischem Nebel vor mir lag – und ich wusste, dass ich das vierte Tor irgendwo in Irland passierte. Ich stand mitten auf der Straße und sah zu den Hügeln hinüber. Ihre Kuppen waren fast vollständig bedeckt von dem vielschichtigen Grau des Nebels. In Irland erlebe ich das Magische und Mystische intensiver als an jedem anderen Ort der Erde. Manchmal kommt es mir so vor, als ob ich hier Dinge erleben könnte, an die ich mir an keinem anderen Ort der Welt gestatten würde, zu glauben. War dies der Grund dafür, dass ich eine Fee zu hören schien?

Ein kleines, winziges Stimmchen sprach zu mir. „ Wir sind alle mit der Weisheit unseres Herzens in uns auf die Erde gekommen. Die Liebe bestimmt alle unsere Worte und Taten. Worte, die im Zorn gesprochen werden, sind ein stetiger Kampf für die Seele. Worte in Liebe gesprochen, ermutigen. Wir möchten dir erklären, dass es mehr über Kommunikation zu wissen gibt, als man im Allgemeinen annimmt. Wir hoffen, dass du vielleicht ein wenig mehr Respekt für uns aufbringst, denn wir lassen uns gegenüber den Menschen nur von der Liebe leiten. Wir wissen, dass es vielleicht nicht ganz einfach ist, denn es fällt euch nicht leicht, an unsere Existenz zu glauben und uns das Recht zu geben, hier zu sein. Aber wir sind hier und wir sind Hüter. Wir lieben es, mit euch zu sprechen; wir lieben es, eure Worte zu hören. Eure Worte heilen uns mehr, als ihr euch vorstellen könnt. Wenn eure Worte sanft und mit Liebe gesprochen werden, spüren wir die Heilung, die darin auch für Mutter Erde liegt. Dann fällt uns alles leichter, was wir tun, damit die Erde geliebt wird. Ich danke dir fürs Zuhören."

Ihre Bitte berührte mein Herz tief im Innern. Ihr Respekt, mit dem sie um etwas baten, versetzte mich in Erstaunen. Könnte es sein, dass die Feen sich als Hüter der Erde sahen? Vielleicht. Wie auch immer; wenn es nur darum ging, den Feen das Recht ihrer Existenz zuzugestehen, um der Erde zu helfen, dann war ich mehr als bereit, dies zu tun.

Nichts bereitete mich auf den nächsten Besuch vor. Es war ein Touristenort, der einer der größten Wunden Irlands gewidmet war – der Hungersnot. Es war nicht der Ort selbst, der mein Herz mit Dunkelheit umhüllte, sondern die Atmosphäre dieses Ortes. Mir schien, als könne ich die ganze Verzweiflung, die ganze Verheerung, die tiefe Trauer, die immer noch spürbar und hier gefangen zu sein schien, wahrnehmen.

Ich fragte mich in dem Moment, ob ein Land eine Seele haben kann und ob es nach so vielen Jahren immer noch eine Wunde in sich tragen kann. In diesen Gedanken versunken, sah ich eine Frau ein wenig oberhalb des Ortes. Ich konnte sie nicht sehr gut sehen, denn sie schien mehr unsichtbar als sichtbar. War sie die

Hüterin der Erde hier in Irland? Die mythologische Dana von Tuatha de Danann*? Ich wusste es nicht, aber das war im Moment auch nicht wichtig, denn ihre Worte drangen in mein Herz und in meinen Verstand. „Mein Irland trägt immer noch die alten Wunden, genau wie alle meine anderen Brüder und Schwestern überall auf der Welt. Dies war ein Ort von so großer Verzweiflung und von so viel Gewalt, dass wir unsere Stimmen verloren. Wir hätten nicht mehr sagen können, wer wir waren. Wir waren verloren. Die Menschen sahen uns nicht mehr, sie hatten das Wissen um unser Königreich vergessen. Wir versuchen zu reden, wir versuchen, es ihnen zu erzählen. Alle meine Brüder und Schwestern versuchen, es den Menschen klar zu machen, dass wir uns verloren fühlen. Dass wir eure Liebe und euren Respekt brauchen. Was sollen wir nur tun, damit ihr uns hören könnt? In den alten Zeiten habt ihr uns auch nicht gehört. Deshalb wurde das Land krank. Wir wollen nicht, dass es geschieht, aber manchmal haben wir keine Kraft mehr. Wir sind müde und fühlen uns oft überfordert. Wenn ich müde bin, kann ich mich nicht mehr um mein Kind kümmern und mein Kind – das geliebte Irland – wird sich Herausforderungen gegenüber sehen, die ich ihm gerne ersparen möchte. Wir wünschen uns sehnlichst, von euch gehört zu werden und wir sehnen uns nach Respekt und Liebe. Es würde uns die Stärke geben, die es uns ermöglicht, unsere Erde friedlich und liebevoll zu erhalten."

Ich spürte die Trauer über den Verlust von Respekt und Liebe so tief in meinem Herzen, dass ich dachte, ich könne mich nie wieder davon erholen. Ein solches Flehen, voller Verzweiflung und doch Hoffnung. Nie hätte ich gedacht, dass wir einfach nur Liebe und Respekt für unsere Erde zeigen müssen, und so beschloss ich, diesem Pfad zu folgen, solange er Hilfe brachte. Ich staunte

* Das Volk der Danu, ein Volk (tuath), das von der Göttin Danu abstammen soll (nach Aufzeichnungen aus dem Mittelalter über die Besiedelung Irlands)

darüber, dass es möglich war, dass ein Land einen Naturgeist hatte, der für es sorgte. Ob es nun genauso war oder nicht, auf jeden Fall war es ein tröstlicher Gedanke.

Ich musste an die vielen Schriftsteller und Poeten denken, die aus diesem Land kamen. Was auch immer die Seele dieses Landes war, sie hatte der Menschheit einige ihrer wunderbarsten Stimmen geschenkt.
Dann hörte ich eine tiefe, sehr zärtliche und liebevolle Stimme. „Ein Land hat immer eine Seele. Sie wandelt unter uns, wir müssen sie nur wahrnehmen. Wenn wir sie nicht sehen können, bemüht sich die Natur, uns begreiflich zu machen, dass sie da ist. Der Mangel an Kommunikation mit unserer Mutter Erde ist manchmal wirklich zum Verzweifeln und viele fühlen sich im Stich gelassen, denen sie wichtig ist und die sie lieben. Ich habe immer gehofft, dass die Natur und die Menschheit sich wieder in Liebe verbinden können. Es ist die Liebe, die Kommunikation zwischen ihnen möglich macht. Es ist eine Art der Kommunikation, die vor allem in unseren Herzen stattfindet. Wenn wir uns selbst erlauben würden, all dieses herzzerreißende Flehen der Natur zu hören, könnten wir mit der Zusammenarbeit und Heilung beginnen." Wer auch immer diese Worte sprach, ihr Sinn wird in meinem Herzen einen Platz haben.

Ich schrak auf. Die Zeit hatte sich wieder geändert. Ich wanderte am Strand entlang und betrachtete den Ozean, der entschlossen schien, sich an diesem bewölkten Tag von seiner wilden Seite zu zeigen. Eine junge Frau ging ebenfalls am Strand spazieren.

Sie hatte langes, blondes Haar. Ihr Kleid war aus alter Zeit, als es noch keinen Unterschied zwischen den Mythen und der realen Welt gab. Ich hätte nicht sagen können, wer sie war, aber ich hatte das Bedürfnis, ihr zu folgen.

Sie wanderte einen Hügel hinauf, von dem aus man den Ozean überblicken konnte. Als sie den höchsten Punkt erreicht hatte, sah ich sie neben einem Schrein stehen, der aus Stein gehauen war. Ich sah sie Kräuter niederlegen und dann wandte sie ihr Gesicht der See zu, als ob sie nach etwas Ausschau hielte.

Sie begann zu sprechen. Ich wusste nicht, zu wem, da niemand außer mir da war und ich erwartete nicht, dass sie mich sehen konnte.

„In diesen Zeiten wissen wir oft nicht, was wir tun sollen. Wir fühlen uns hilflos und verloren. Das macht Angst. Warum haben die Menschen Angst?" fragte sie.

Ich sah mich verzweifelt um. Mit wem sprach sie – mit mir? Ich konnte immer noch niemanden sehen, deshalb antwortete ich: „Ich weiß es nicht."

„Vor langer Zeit landeten hier Schiffe, aber jetzt gibt es hier keine Schiffe mehr."

„Warum nicht?"

„Weil der Ozean zu wild geworden ist. Ich glaube, das Wasser ist verärgert. Ich versuche es meinen Leuten zu erklären, aber niemand will es hören. Sie sagen, dass Wasser sei nicht ärgerlich, dass Wasser nicht ärgerlich sein kann, aber ich bin sicher, dass es so ist."

„Warum glaubst du das?"

„Weil dem Ozean auf so viele Weise Gewalt angetan wurde, dass er keine Orientierung mehr hat. Manchmal sind es einfach zu viele Verletzungen, selbst für den unendlichen Ozean. Dann kann er nicht mehr angemessen reagieren. Ich finde es traurig, dass meine Leute das nicht sehen können."

Ich konnte es ihr nachfühlen. „In meiner Zeit sehen wir uns diesem Problem auch gegenüber, aber es gibt immer mehr Leute, die sich darum kümmern. Das gibt Hoffnung."

Sie nickte. „Hoffnung ist wichtig. Ich versuche, nicht zu sehr zu verzweifeln, aber es ist nicht einfach, hier, in meiner Zeit. Ich weine oft und lasse es den Ozean wissen, wie sehr mein Herz mit ihm fühlt. Ich wünschte, ich könnte mehr tun."

Ich erinnerte mich an die Worte der Feen und sagte: „Ich denke, wenn du dem Ozean deine Liebe und dein Mitgefühl zeigst, ist es das Beste, was du tun kannst. Es wird ihm Kraft geben."

„Glaubst du wirklich?" Zum ersten Mal sah sie mich an.

„Ja." Ich lächelte. „Ich glaube daran."

„Danke für deine lieben Worte. Ich bin Isolde", sagte sie und gab mir die Hand.

Ich nahm sie und für einen Moment war ich in ihre Augen versunken. Sie waren blau, weit und leuchteten tiefer als jeder Ozean. Wer immer sie war, sie hatte ein weites Herz und ihre Leidenschaft war überwältigend. Ich war sicher, wenn sie nur ein wenig von ihrer unglaublichen Liebe dem Wasser gab, würde sich der Ozean erholen können.

„Ich muss jetzt gehen." Sie lächelte wieder und ich nickte. Es gab nichts mehr zu sagen. Ich denke, wir wussten beide, dass wir uns weder zum ersten noch zum letzten Mal begegnet waren.

Ich wäre gern länger am Meer geblieben, aber meine Reise führte mich an einen anderen Ort und in eine andere Zeit. In eine Großstadt, riesig und voller Autos. Viele Menschen aus verschiedenen Kulturen gingen auf der Straße. Ich versuchte, herauszufinden, wo ich war. Ich war nicht sicher, aber da die Autos auf der linken Straßenseite fuhren, nahm ich an, ich sei noch in Irland. Vor einem großen, alten Gebäude blieb ich stehen. Ich wusste nicht, was meinen Blick gefangen nahm, aber dieser Platz hatte etwas. Ich hörte jemanden neben mir reden.

Ein junger Mann lächelte mir zu und sagte: „Dies war vor langer Zeit ein psychiatrisches Krankenhaus. Ich lebte dort."

„Wie bitte?" Ich sah ihn misstrauisch an.

Er lächelte. „Ja, ich weiß, es klingt verrückt, aber ich lebte hier vor sehr, sehr langer Zeit. Es war ein hartes Leben, aber weißt du, was mich gesund hielt?"

„Nein."

„Die Erde. Sie ist so lebendig und nur die Erde zu sehen, hielt mich geistig gesund. Immer, wenn ich mich nicht gut fühlte, ging ich hinaus, hielt sie in meinen Händen und sprach mit ihr in meiner eigenen stillen Sprache und dann fühlte ich mich besser. Die Erde ist gut und sie unterstützt uns. Wir müssen es nur verstehen."

„Ja, das ist wahr." Sagte ich.

„Ich wusste, dass du es verstehen würdest. Weißt du, auch wenn die Zeit hier schrecklich war, so war das Gebäude selbst doch auch aus dem Stein der Erde gemacht. Das gab mir auf eine verrückte Weise Trost."

Seine Worte ließen mich lächeln. Ich wollte ihm antworten, aber dann bemerkte ich, dass er schon verschwunden war. Ich dachte über seine Worte nach. Hatte er gesagt, wenn wir mit der Erde sprechen und erkennen, dass sie ebenfalls Geist ist, würde es uns gesund machen? Vielleicht. Vielleicht wollte er sagen, dass das Reden mit der Erde uns nicht nur Sicherheit, sondern auch Gesundheit bringt.

Ich spürte, dass es wieder Zeit war, zu gehen und das vierte Tor zu verlassen. Mein Herz war voller Wärme für dieses Land, das mich so viel über die Liebe zur Erde gelehrt hatte. Ich lächelte noch einmal, bevor sich das vierte Tor schloss und ich in meine sichtbare Welt zurückkehrte.

Die Stimme der Träume

Das fünfte Tor hatte sich geöffnet und irgendwo im australischen Outback hob ich einen Stein auf. Seine Farbe leuchtete in allen möglichen Schattierungen von Rot, mit weißen Punkten darin. Verwundert sah ich, wie sich ein weiteres Tor in diesem Stein öffnete.

Ich hatte Australien zwar nicht verlassen, war jetzt aber an einem anderen Ort. Ich stand ganz oben auf einem Plateau und sah, wie die Sonne diesen Tag verabschiedete. Die vielen Farben, die dabei am Himmel sichtbar wurden, weckten in mir wieder die Demut gegenüber der Schönheit der Erde, dem Ort vieler Träume.

In dem Moment hörte ich eine kräftige Stimme in einem langsamen Rhythmus zu mir sprechen: „Es ist ein Ort der Träume. Die Menschen träumten hier und sie kommen immer noch hierher, um zu träumen. Es ist das Land der Träumer. Jeder hat einen Traum und über unsere Träume sind wir alle miteinander verbunden. Die Menschen vergessen oft, dass wir immer noch träumen. Sie glauben, die Traumzeit sei vorbei, aber das ist nicht so. In der Nacht hat der Traum eine Stimme, die von der unsichtbaren Welt gehört wird. Die Träume, die in unserem Herzen, unserer Seele

und unserem Geist sind, können in unsere alltägliche Wirklichkeit hinein gesungen werden. Es ist gut, einen Traum zu haben, aber es ist wesentlich wichtiger, dem Traum eine Stimme zu geben, die gehört werden kann. Ja, wir sind Träumer und werden es immer sein."
Ich sah mich nach der Person um, die zu mir gesprochen hatte, aber ich konnte niemanden entdecken. War das wichtig? Wahrscheinlich nicht. Ich dachte über meine eigenen Lebensträume nach und ich fragte mich, ob es Zufall ist, dass wir dasselbe Wort benutzen für einen Traum, den wir im Leben realisieren wollen und den Traum, den wir während unserer nächtlichen Reisen erleben. Hatte das eine Bedeutung?

Ich war noch ganz in Gedanken versunken, als ich etwas Nasses an meinen Füßen spürte. Ich stand am Strand und die Wellen umspülten meine Füße mit jeder ihrer Auf- und Ab- Bewegungen. Ich verspürte den Drang, tiefer ins Wasser hinein zu gehen und beschloss, ihm nachzugeben. Ich ging so weit, bis ich bis zum Hals im Wasser stand. Da sah ich einen Delphin vor mir. Es überraschte mich nicht, ja, ich hatte es sogar erwartet.

Ich hörte seine Stimme: „Wir kommunizieren in einer ganz besonderen Art mit unseren Träumen. Spielen und Genießen sind die ersten Schritte, um unsere Träume wahr werden zu lassen. Ein Traum kann uns sagen, was er benötigt, um wahr zu werden. Ich weiß es, ich war dort. Wir müssen mit ihnen sprechen, denn nur das Reden macht sie sichtbar. Wir müssen nicht im Außen danach suchen, um zu verstehen, was der Traum braucht, um genährt zu werden, sondern wir sollten in unser Innerstes schauen und wir werden es sehen. Wenn wir mit unserem Traum kommunizieren, dann wissen wir, dass er wahr werden wird. Denn die Träume gehören zu uns. Sie haben uns gewählt, weil sie wissen, dass wir sie in dieser Wirklichkeit wahr werden lassen können. Deshalb kommen die Träume zu uns. Sie wissen, dass wir das Potential haben, sie in die Wirklichkeit zu holen. Sie wollen nur, dass wir auf unsere eigene Weise mit ihnen kommunizieren, selbst wenn dies bedeutet, dass wir einem Weg folgen, der noch von niemandem zuvor begangen wurde."

Ich dankte dem Delphin für seine Worte und ging zurück zum Strand. Mir gefiel der Gedanke, dass man nie ohne Grund einen Traum hat und immer die Möglichkeit, ihn zu verwirklichen.

Die Harbour Bridge und die Oper wurden sichtbar: ich war in Sydney. Ich wollte gerade weitergehen, als ein Geschäftsmann mittleren Alters an mir vorübereilte. Irgendwie wusste ich, dass ich ihm folgen sollte.

Er ging über die Straße und dann in ein Hochhaus, das eines der besten Adressen der Stadt war. Ich wusste, dass er nicht bemerkt hatte, dass ich ihm bis ins oberste Stockwerk gefolgt war, wo er sein Büro betrat. Dort setzte er sich an seinen Schreibtisch und nahm ein Foto in die Hand. Er seufzte. Das Foto zeigte ein altes Ehepaar. Seine Eltern? dachte ich. Er seufzte wieder und ich konnte seine tränenerfüllten Augen sehen. Ich wollte, ich hätte ihm einige tröstende Worte sagen können, aber ich wusste, dass er mich nicht sah.

Er wandte den Kopf und sah aus dem Fenster. In dem Moment sah ich das Ehepaar neben mir stehen. So unrealistisch es auch schien, sie zu sehen, es ängstigte mich dennoch nicht. Sie sahen mich an und erklärten: „Das ist unser Sohn. Er ist ein sehr guter Geschäftsmann und er hat Vieles in seinem Leben erreicht, aber er tut uns sehr leid, denn er fühlt sich so verloren und einsam."

„Warum?" fragte ich.

„Weil er keine Träume mehr hat. Jeder seiner Träume ist Wirklichkeit geworden. Er hat hart dafür gearbeitet, aber jetzt hat er keine Träume mehr."

Das ist traurig, dachte ich.

Der alte Mann sagte: „Unsere Träume können unsere materiellen Wünsche erfüllen. Genau, wie unser Junge es erreicht hat. Wir freuen uns für ihn, denn das sind ehrbare Ziele, die man im Leben erreichen kann."

„Aber", fügte die Frau hinzu, „er vergaß, Träume zu haben, die das Herz erwärmen. Sich glücklich zu fühlen, sich geliebt zu fühlen, Zeit zu haben, in Freude zu leben. Das sind andere Träume."

Wusste dieser Mann nichts über seine anderen Träume? fragte ich mich.

„Leider nein", antwortete sie, „er hat nicht erkannt, dass das auch seine Träume sind."

„Dann kann er sie nicht erfüllen?" fragte ich.

„Das könnte er, wenn er sie anerkennen würde. Aber selbst, wenn er wollte, wüsste er nicht, wie."

Ich sah sie an, während sie fortfuhr. „Er müsste herausfinden, wie er sich fühlen möchte. Jeden Morgen, wenn er aufsteht: wie möchte er sich fühlen? Und am Abend: wie möchte er sich fühlen mit dem vergangenen Tag? Dann kann er auf seine innere Stimme hören. Diese Stimme spricht zu ihm über seine Träume. Die Träume könnten sich ihm auf so vielen Ebenen mitteilen, ihn inspirieren und er könnte entsprechend handeln."

Es machte mich traurig, dass dieser Mann seine Träume nicht hören und sie leben konnte.

Das Paar antwortete: „Ja, wir wissen das. Wir wünschen uns, ihm besser helfen zu können, aber wir tun, was wir können."

Ich überlegte: „Ist das der Grund, weshalb er an Sie denkt?"

„Ja, er erinnert sich an uns, weil er unsere Gegenwart spüren kann. Vielleicht kann es ihm helfen, wenn er sich an seine Kindheit erinnert, in der er sich so sorglos fühlte. Wir hoffen, dass er sich erinnert."

„Ja, das hoffe ich auch", sagte ich.

Das Paar verschwand vor meinen Augen und irgendwie war ich traurig, aber ich wusste, sie würden da sein und der Mann könnte irgendwann seine innersten Träume wahrnehmen, die Stimme hören und beginnen, mit ihr zu kommunizieren. Ich sah zu ihm hinüber und wünschte ihm alles Glück der Welt. Ein Lächeln erschien auf seinem Gesicht. Vielleicht hatte er mich gehört? Oder meine Gegenwart gespürt? Das wäre schön.

Vor mir sah ich ein trockenes Feld. Es war nur von trockenem Staub bedeckt und schien kein Leben zu beherbergen.

„Es scheint so, aber dem ist nicht so." hörte ich eine schöne Stimme zu mir sagen. Eine junge Frau, die wie eine der ersten Siedlerinnen gekleidet war, stand neben mir.

„Schau." Sie zeigte auf eine kleine, aber wunderschöne Blume, die sich ihren Weg durch die trockene Erde bahnte. „Es ist immer möglich, dass etwas wächst. Manchmal kommen die unglaublichsten und wunderbarsten Dinge aus dem trockensten Boden hervor. Oft können wir gar nicht glauben, wie dies möglich ist."

Ich nickte.

„Alles kann wachsen, ganz gleich wie trocken der Boden ist. Jeder kann etwas zum Wachsen bringen, ganz gleich, wie seine Möglichkeiten sind. Manchmal sind diese Dinge sogar schöner, als alles, was man sonst kennt."

Ich sah auf die Blume, deren gelbe Farbe im Sonnenlicht golden schimmerte.

„ Es wird nicht viel benötigt, um etwas wachsen zu lassen.

Ein Zuviel kann sogar das Gegenteil hervorrufen. Jeder hier wartet auf den Regen, aber wenn er dann kommt, ist er so heftig, dass die Blumen es oft nicht überleben. Du siehst, alles, was wir brauchen, ist da. So trocken der Boden auch sein mag, es gibt doch immer etwas, das in ihm wachsen kann."

Ihre Worte hallten noch in mir nach und ich bemerkte ihr Verschwinden gar nicht. Ich winkte ihr zum Abschied, aber sie war schon gegangen. Noch ein letztes Mal sah ich die Blume an und lächelte.

Zu meiner Überraschung hörte ich eine Stimme aus dem Nichts. Ich wusste nicht, wo ich war, denn ich konnte nichts sehen. Träumte ich? Was geschah gerade? Es brachte mich aus der Fassung und Panik stieg in mir auf. Ich versuchte, mich zu beruhigen und auf die Worte zu hören, die zu mir gesprochen wurden.

„Träume sind mit unserer Welt verbunden. Sie sind mit einem Feld verbunden, das alles auf der Erde miteinander verbindet. In diesem Feld befinden sich alle Hoffnungen und Träume, die wir haben. Sie warten auf unsere Stimmen. Sie wollen gehört und in die Wirklichkeit gebracht werden. Unsere Stimmen geben ihnen die Hoffnung, eines Tages Wirklichkeit zu werden."

Sobald die Worte gesprochen waren, konnte ich wieder sehen und meine Panik verschwand. Ich war zurück an demselben Ort, an dem diese Reise begonnen hatte. In meiner Nähe war ein alter Mann, der tanzte und dazu in einer Sprache sprach, die ich noch nie zuvor gehört hatte. Trotzdem konnte ich ihn verstehen.

Ich folgte seinem Tanz mit meinen Augen und eigentlich sang er mehr als dass er sprach: „Wir sind oft mit den sichtbaren Dingen in unserem Geist beschäftigt. Und wir hören das Unsichtbare nicht. Das Unsichtbare ist das Tor zu unserer Seele und zu unserem Herzen. Indem wir uns wünschen, dass das, was wir träumen, wahr werden möge, beginnen wir mit unserer Reise als Träumer. Man muss es nur wollen. Es ist eine Entscheidung. Wenn man einmal dem Weg des Traumes folgt, beginnt man, seine Wirklichkeit zu träumen und sie zur Erde zu bringen. Das ist das ganze Geheimnis hinter den Träumen. Höre nur auf deine innere Stimme, drücke alles in Worten aus, gib dem Traum eine eigene Stimme und behandle ihn mit Respekt. Dann wirst du immer wissen, was du tun musst, um ihn in dieser Welt sichtbar zu machen."

Der alte Mann lächelte mich an und ich empfand große Achtung für seine weisen Worte. Ich sah noch ein letztes Mal auf die schöne rote Erde. Voller Wunder und vielleicht auch voller Träume? Der Stein mit dem fünften Tor erschien in meiner Hand und ich winkte zum Abschied bevor das Tor geschlossen wurde.

Die erste Frage die letzte Antwort

Ich stand vor einem alten Haus. Es war das Haus meiner Kindheit. Ich sah mich um und nahm die Schönheit des kleinen Bergdorfes in mir auf, in dem ich aufgewachsen war. Der nahe See und das schöne Wetter machten es zu einer Art Märchenbild. Dann erinnerte ich mich an all die guten und traurigen Dinge, die hier geschehen waren. Alles, was ich erlebt hatte, als ich zu einer Erwachsenen heranwuchs. Ich fragte mich, ob meine Erinnerungen immer noch da waren?

Als ich ein Kind war, war es ein magischer und wunderbarer Ort für mich gewesen. Jeden Tag entdeckten wir etwas Neues, aber jetzt, da ich erwachsen bin, fällt es mir schwer, die Wunder und die Magie hier zu spüren, die ich als Kind erlebt hatte.

Eine bekannte Stimme unterbrach meine Gedanken und ich konnte die Worte hören: „Du warst ein Kind, das immerzu nach der Magie in jedem Ding Ausschau hielt. Du warst gesegnet, denn du wolltest immer wissen. Alle Kinder wollen das. Sie wollen verstehen, woher sie kommen. Sie beginnen zu entdecken und alles zu erforschen, wie auf einem großen Spielplatz. Aber hinter ihrer Neugier steckt der Wunsch, zu erfahren, woher sie kommen. Sie spüren eine starke Sehnsucht, dies zu entdecken.

Damit - mit unserer ersten Frage, beginnen wir die erste Kommunikation in unserem Leben. Kinder wollen unbedingt lernen, zu sprechen, weil sie dann fragen können. Ihre Fragen. Sie sprechen zu allem, wenn sie klein sind, denn für sie ist alles lebendig und sie hoffen, die Antworten auf ihre große Frage zu bekommen."

Ich fühlte starke Emotionen in mir aufkommen; allen voran diese bekannte, merkwürdige Sehnsucht. In dem Moment hörte ich eine andere feste Männerstimme sagen: „Am Anfang, wenn wir in diese Welt kommen, wollen wir sie erforschen. Wir sind ganz begeistert dabei, herauszufinden, was alles vor uns liegt, aber nach einer Weile wollen wir herausfinden, was hinter uns liegt. Wir wollen unsere Wurzeln kennen und wissen, woher wir kommen. Diese Frage führt uns genauso sehr in die Zukunft, wie in die Vergangenheit."

Noch einmal erhaschte ich einen kurzen Blick auf den Ort meiner Kindheit, bevor ich weiterreiste.

Als nächstes sah ich ein Haus mit einer Fahne. Es freute mich, Lachen in dem Haus zu hören. Kurz entschlossen ging ich hinein. Es war eine besondere Atmosphäre spürbar, wunderbar ruhig und heimelig. Die Familienmitglieder saßen um den Tisch und unterhielten sich miteinander. Ich konnte ihre gegenseitige Liebe und Achtung wahrnehmen und es wärmte mir das Herz. Ich sah mich um und ging dann in einen anderen Raum. Dort sprachen zwei Männer miteinander. Ich war sicher, dass es Vater und Sohn waren.

„Sieh mal, mein Sohn, " sagte der ältere Mann, „ du lebst ein anderes Leben. In einer großen Stadt, in einem anderen Teil dieses Landes. Das Leben ist dort ganz anders und du musst dich sehr bemühen, gesund zu bleiben. Aber komm hierher zurück,

wann immer du willst und du wirst dich an alles erinnern, was du gelernt hast – alles, was wichtig für dich war, als du aufwuchst, was du erkunden wolltest, was du sein wolltest. Das wird dir immer helfen, dich daran zu erinnern, wer du bist."
Die Augen des jungen Mannes waren voller Liebe und Respekt, als er antwortete. „Vater, ich fühle mich oft verloren, dort, wo ich jetzt lebe."
„Ich weiß. Du bist weggegangen, um die Welt kennenzulernen, genau, wie du es als Kind getan hast. Das ist sehr wichtig. Wir müssen hinausgehen und die Welt erkunden. Du wirst nicht in der Lage sein, das wertzuschätzen, was du hast, bevor du das nicht erlebt hast."
„Ich glaube, ich beginne zu verstehen. Weißt du, ich fühle mich euch allen näher als je zuvor. Ich fühle mich auch diesem Ort näher, als je zuvor. Vielleicht musste ich wirklich hinausgehen, um die Welt zu erkunden, um ganz verstehen und wertschätzen zu können, was ich hier habe."
Der ältere Mann lächelte. „Das ist es, worum es geht. Ja, das ist gut, mein Sohn und ich bin stolz auf dich. Vergiss nicht, hierher zurückzukommen, zu deinen Wurzeln, aber geh hinaus mit der Begeisterung eines Entdeckers und dem Geist eines Forschers. Geh einfach hinaus und erkunde, was die Welt zu bieten hat. Aber komm immer zurück, um dich zu erinnern."
Die beiden Männer umarmten sich und ich fühlte mich sehr von ihrem Gespräch berührt. Ich blieb in dem Haus, denn ich fühlte mich gut dort, wie in einem wirklichen Zuhause. Könnte es sein, dass unser Zuhause uns dazu bringt, die Welt zu erkunden? Ist es dazu da, um uns daran zu erinnern, woher wir kommen?
Wenn ja, woher kommen wir? Unsere Wurzeln sind in unserer Familie, aber führt uns diese Frage nicht noch tiefer?

Eine schmutzige, staubige Straße war das nächste Ziel. Offensichtlich war ich auch in der Zeit gereist. Nach der Kleidung der Leute zu urteilen, nahm ich an, dass es das 19. Jh. war. Ich stand neben einem alten, ziemlich heruntergekommenen Gebäude und beobachtete die Szenerie vor mir. Ein kleiner Junge lief plötzlich auf mich zu und hielt mir eine Zeitung entgegen. Er fragte mich, ob ich sie kaufen wolle. Ich antwortete nicht, denn es überraschte mich zu sehr, dass er mich sah. Bis dahin hatten die Menschen mich nicht bemerkt. Warum dieser kleine Junge? Ich sah in seine Augen und konnte es kaum glauben, soviel Weisheit in ihnen zu sehen. Ein kleiner Junge, so voller Weisheit? Seine Kleidung zeigte mir, dass er nicht zur reichen, intellektuellen Klasse gehörte. Er schien ein ziemlich armer Junge zu sein, aber ungewöhnlich weise und intelligent.

Ich folgte ihm mit meinen Augen, während er durch die Straßen tanzte, dabei immer wieder Leute anhielt und sie fragte, ob sie eine Zeitung kaufen wollten. Plötzlich lief der Junge zu mir zurück und gab mir eine Zeitung. Er lächelte mich an, als er sie mir reichte. Im nächsten Moment war er wieder gegangen und ich begann zu lesen.

Es gab nur einen Artikel in dieser Zeitung. Ich sah mir alle Blätter an, aber nur die erste Seite war beschrieben. Ich las: „Ich habe mein ganzes Leben nach meiner Familie gesucht. Ich wuchs in einem Waisenhaus auf. Ich wollte mehr über mich selbst wissen, um meine Wurzeln zu verstehen. Ich fand meine Familie, aber nicht so, wie ich es mir gewünscht hätte, denn sie waren alle am Fieber gestorben. Ich war der einzige, der zurückgeblieben war. Zuerst war ich verzweifelt, aber dann erkannte ich, dass es nicht meine Sehnsucht danach befriedigte, zu erfahren, woher ich kam. Ich hatte meine Familie gefunden und ich war dankbar dafür, aber ich suchte nach meiner wirklichen Familie, die so fühlt, wie ich fühle. Ich verstand nicht, warum meine physischen Wurzeln mir nicht genügten. Ich hatte sie gefunden und es gab mir eine Menge Trost. Aber ich wusste, dass es eine tiefere Wurzel gab, die ich finden musste. Ich bin jetzt auf dieser Reise, indem ich dieser Frage folge. Die Antwort ist irgendwo da draußen, da bin ich mir sicher. Ich muss nur weiter fragen und vielleicht finde ich eines Tages die Antwort."

Ich faltete die Zeitung zusammen und behielt sie wie einen Schatz, den man festhalten kann. Sie würde zu der Sammlung von Dingen gehören, die ich auf meiner Reise durch die verborgenen Tore machte. Könnte es sein, dass die Familie nur den Beginn der Reise darstellt, wenn man seine Wurzeln suchte? Wohin wird mich diese Frage führen?

Ich sah ein Schlachtfeld in alter Zeit. Aus irgendeinem Grunde wusste ich, dass es eines der Schlachtfelder des amerikanischen Bürgerkrieges war. Als Nächstes fand ich mich in einem Zelt mit verwundeten Soldaten wieder. Viele von ihnen schrien vor Schmerz. Ich sah mich nach Ärzten und Schwestern um, die den Verwundeten helfen konnten. Dann sah ich eine Schwester, die zu den Soldaten ging.

Mein Herz schmerzte beim Anblick von so viel Leiden. Ich hatte Mitgefühl mit all diesen Männern und wollte helfen. Dann sah ich die Schwester mit einem der Soldaten reden. Ich beschloss, zu ihr zu gehen, als ich sie seine Hand halten sah. Er flüsterte mit ihr und sie sprach mit tröstenden Worten zu ihm. Sie wandte ihren Kopf und sah mir in die Augen, als ob sie mich sehen könne.

Sie erklärte: „Dieser arme Mann stirbt. Seine Wunden sind zu groß und wir können nichts mehr tun. Ich wünschte, wir könnten es."

Ich konnte mit ihr fühlen, denn helfen wollen und nicht dazu in der Lage zu sein, musste hart sein.

„Ich habe gelernt, dass das Tröstlichste, was man geben kann, ist, wenn man mit ihnen über das Nach-Hause-Kommen spricht. Am Ende ihres Lebens lieben sie es, über ihr Zuhause, ihre Familien und ihre Zeit des Aufwachsens zu reden."

Sie hielt einen Moment inne und wandte dem Soldaten wieder ihre Aufmerksamkeit zu. Nach einigen weiteren Worten sprach sie wieder zu mir. „Wenn ich ihre Hand halte, so, wie jetzt seine, geschieht etwas, das ich nie ganz erklären kann. Es scheint, als hätten sie plötzlich mehr Kraft. Es ist, als ob ihre Persönlichkeit sozusagen heller, weiser und schöner wird. Irgendwie verändern sie sich. Wenn ich dann in ihre Augen sehe, erkenne ich eine tiefe Zufriedenheit in ihnen. Einer der Soldaten sagte mir einmal, dass es daran liegt, dass er die Antwort gefunden habe."

Ich sah sie fragend an.

„Ja, ich war auch überrascht, aber er sagte, er wisse nun, woher er komme. Er muss die Antwort auf eine Frage gefunden haben, die wir nicht gefunden haben."

Sie wandte sich wieder dem sterbenden Soldaten zu und auf einmal konnte ich seine Befriedigung sehen, als ob er wirklich etwas gefunden hätte, nach dem wir das ganze Leben lang suchen.

Ich konnte nicht widerstehen und legte meine Hand auf seine Schulter. Er sah mich an und lächelte. Sein Lächeln zeigte mir all das, was er mit Worten niemals hätte ausdrücken können. Er ging heim, zurück zu seinen Wurzeln. Zutiefst berührt von dieser Szene, wusste ich, dass ich diesen Ort verlassen würde, aber in meiner Erinnerung blieben die Augen des Soldaten in meinem Herzen.

Meine Überraschung war groß, als ich mich in einer völlig anderen Landschaft wiederfand, die ich bisher noch nie gesehen hatte. Zunächst wusste ich nicht genau, wo ich war, aber ich sah hohe Berge vor mir, die mich an den Himalaya erinnerten. Ich sah einen alten Mönch aus dem Nichts auftauchen und auf mich zukommen.

„Ich habe auf dich gewartet", sagte er lächelnd zu mir. Er nahm mich am Handgelenk und führte mich zu einem nahe gelegenen Platz. Wir blieben an einem Punkt stehen, von dem aus man das ganze weite Tal überblicken konnte, das wenig bewachsen, aber von einer Atmosphäre erfüllt war, die das Herz berührte.

„Ich bin froh, dass du gekommen bist. Du hast Einiges durchgemacht, um zu meinem Ort zu gelangen, Kind."

Ich sah ihn an und fragte mich, warum ich hier war.

„Viele Leute kommen hierher, um nach dem Sinn des Lebens zu suchen. Sie alle haben die gleiche Frage, die sie leitet, aber sie wissen es nicht. Sie glauben, jeder suche nach etwas Anderem. Aber das stimmt nicht. Es geht immer darum, an den Ort zurück zu gelangen, von dem man von Anfang an kam."

Meine Augen weiteten sich, denn diese einfache Feststellung überraschte mich. War die Frage, der wir nachgingen wirklich so einfach?

Er lächelte wieder. „ Das ist der Punkt. Eine Frage ist in ihrem Wesen immer einfach. Es gibt keine Komplexität um sie herum. Vielleicht ist das der Grund, warum sich die Leute so schwer damit tun, die Frage zu sehen."

Ich nickte und fragte mich, ob die Menschen, die hierher kamen, auch die Antwort fanden.

„Einige ja", bestätigte er mir, „aber meist hören sie sie nicht. Sie können sie nicht erkennen, denn es war nicht die Art und Weise, in der sie fragten. Sie haben die Frage noch nicht gefunden und wenn die Antwort kommt, können sie sie nicht erkennen. Sie haben nach einer Antwort gesucht, ohne die Frage zu kennen."

Ich war still und wartete, während der alte Mönch in seine Gedanken versunken war.

Dann fügte er hinzu: „Ein ganzes Leben lang nach den eigenen Wurzeln zu suchen, bringt einem nicht unbedingt die Antwort. Die Antwort kann man nicht so einfach finden. Manche mögen einen kurzen Blick erhaschen, aber die meisten von uns werden weitersuchen. Dies ist die Reise unseres Lebens." Er brach ab und wir waren still. Nach einer Weile sah er mir in die Augen und sagte: „Vergiss nicht, dem Weg zu folgen, auf dem deine erste Kommunikation begann und zu einem Ende kommen kann."

Schweigend dankte ich ihm für seine Worte, denn ich spürte, dass das sechste Tor sich bald schließen würde. Gedanken begleiteten mich auf meinem Weg zurück. Würden wir die Antwort auf unsere erste Frage, die wir je hatten, erst am Ende unseres Lebens erlangen? Konnte es sein, dass die erste Frage uns dazu brachte, die Welt zu erkunden, um das Beste aus unserem Leben zu machen? Um eines Tages die Antwort zu bekommen?

Herausfordernde Stimmen

Waren Sie schon einmal in einer völlig verlassenen Gegend? Für mich fühlte es sich jedenfalls so an, als sich das siebte Tor öffnete. Ich war auf einer sehr kleinen Insel mitten im Meer. Um mich herum war nur Wasser, soweit das Auge reichte. Es gab nichts, an dem man sich festhalten konnte. Da war ich nun und es fühlte sich für mich an wie Ewigkeit. Nie zuvor hatte ich ein solches Gefühl erlebt, aber es ist ein sehr beängstigendes Gefühl. Das einzige, woran ich mich halten konnte, war ich selbst. Ich war alles, was ich hatte und deshalb konnte ich es mir nicht erlauben, mich verloren zu fühlen. Ich wusste, ich war die Einzige, die sich selbst Trost spenden und Antworten geben konnte.

Es fühlte sich an wie eine Ewigkeit, bis ich einen weißen Nebel wahrnahm. Der Nebel kam näher und hüllte eine Stimme ein, die zu mir zu sprechen begann. „Man selbst zu sein, ist alles, was man je erhalten kann. Es ist der tiefste Punkt, an den man gelangen kann. Wenn man sich selbst erlaubt, dorthin zu gelangen, wird man herausfinden, dass alle Lösungen schon immer dort waren. Es ist nicht das Außen, wohin man sich wenden muss, sondern man muss sich seiner eigenen inneren Weisheit zuwenden. Du wirst einen Diamanten finden. Wende dich dir selbst zu, um deinen Diamanten der Welt zu zeigen. Er wartet darauf, von dir gefunden zu werden."

Ich hatte mich nicht bewegt und sah, dass der Nebel verschwunden war. Sollte ich mich erleichtert fühlen? In dem Wissen, dass es mir immer helfen würde, mich nur an mich selbst zu halten? Ich wollte es, aber ich fühlte mich auch verloren.

Ich starrte in das dunkelblaue Wasser und fühlte mich plötzlich in eine große Stadt hineingezogen. Der Unterschied war in diesem Moment überwältigend. Die Ruhe, ja, fast Einsamkeit des Meeres und hier die überwältigende Lautstärke einer Stadt und gleichzeitig Menschen, wohin man sah. Obwohl die Stadt voller Leben war, hatte ich das gleiche Gefühl von Verlorensein und des mich nur an mich Selbst-Halten-Könnens, wie auf der Insel im Meer.

Ich sah mich um und wusste plötzlich, dass ich in Vancouver war. Eine wirklich erstaunliche Stadt. Vor mir zeigte sich der Hafen und ein Restaurant schien mich dazu einzuladen, hinein zu gehen. Ich folgte diesem Impuls und sah dort einen offensichtlich erfolgreichen Geschäftsmann mittleren Alters, der von Innen zum Hafen hinaus sah.

Ich blieb hinter ihm stehen und er begann zu sprechen, ohne sich nach mir umzusehen. "Viele Menschen wollen uns sagen, was wir tun sollten und geben uns Ratschläge. Einige davon sind wirklich inspirierend. Das ist nichts, was man einfach ignorieren sollte, glauben Sie mir. Doch wenn es darum geht, Entscheidungen zu fällen, für die man verantwortlich ist – wenn es darum geht, herauszufinden, was das Beste für einen ist, ist man selbst die einzig verfügbare Quelle, aber vor allem auch die verlässlichste."

War er so erfolgreich, weil er immer diesem Wissen folgte? Mag sein. Auf jeden Fall hatten seine Worte ihren Weg in mein Herz gefunden.

Ein freudiges Lächeln stieg in mir auf, als ich den nächsten Ort sah: ein Kunstmuseum, in dem gerade eine Ausstellung lief. Ich liebe die Kunst und so ging ich erfreut durch die Räume, um mir die Meisterwerke anzusehen.

Vor einem mir unbekannten Gemälde blieb ich stehen und es nahm mich sofort gefangen. Etwas in dem Gemälde zeigte mir, dass ich etwas vermisste. Wie konnte ich etwas vermissen, das ich nie vorher gesehen hatte? Ich war erstaunt und sah nach, wer der Maler war. Pablo Picasso. Ich hätte eigentlich nicht so überrascht sein müssen, da es nicht so schwer war, dieses Bild als eines seiner Werke zu identifizieren. Dennoch war ich es und sah es mir lange an.

Dann hörte ich eine sarkastische und ziemlich egozentrische Stimme zu mir sprechen. „Künstler standen schon immer unter einem besonderen Zauber. Meist wissen sie nicht, wie sie ihn benennen sollen. Diese Stimme bestimmt ihr Leben und nur, indem sie sie ausdrücken, erlangen sie die Erfüllung, nach der sie sich in ihrem Leben sehnen. Ich weiß, wie schwer es ist, immer dieser Stimme zu folgen, weil es diejenige ist, die tief in unserem Inneren verborgen ist und man kann niemand anderen um Rat fragen. Wir müssen wissen, dass die Stimmen einander nicht gleichen. Keine andere Stimme hat jemals den gleichen Ausdruck. Mag sein, dass wir alle denken, dass es so sei, aber es ist niemals so. Wir haben alle unseren einzigartigen Ausdruck. Wenn ein Künstler darauf hört, wird er wahrhaft kreativ sein. Dann wird er niemals wiederholen, was schon vorher da war, sondern er wird sein ganz Eigenes beginnen. Er drückt dann seine eigene Einzigartigkeit aus. Die einzigartige Kreativität kommt erst dann zum Vorschein, wenn wir auf die wahre Quelle in uns selbst hören."

Die Worte berührten mich und ich wünschte mir, alle Künstler würden seine Worte hören und an ihre Träume glauben und an ihre eigene, einzigartige Stimme.

Ein Ort in Afrika. Was sollte ich hier? Darüber hinaus war ich überrascht, mich im kolonialen Afrika wiederzufinden – ein dunkles und beschämendes Kapitel der menschlichen Geschichte. Ich nahm wahr, dass ich mich in dem Garten eines großen, weißen Hauses befand. Offensichtlich das Zuhause eines mächtigen, weißen Mannes. In einiger Entfernung sah ich einen älteren Mann mit zwei jungen Schwarzen sprechen. Diese Szene weckte meine Neugier.

Deshalb ging ich zu ihnen hinüber und hörte den alten Mann sagen: „Ihr werdet sehen, dass wir auf diese Weise unser Dorf zu einem reichen Ort machen können. Ihr werdet es sehen und alles lernen, was wir euch lehren können. Es wird von großem Nutzen für euch sein."

Die Jungen sahen ihn nur an und ich war sicher, dass sie nicht wussten, wovon er sprach. In dem Moment kam eine junge weiße Frau zu ihnen.

Sie blickte den älteren Mann an und sagte: „Vater, bitte lass sie so sein, wie sie sind. Sie verstehen nicht, wovon du sprichst." Ärgerlich antwortete er: „Aber ich will, dass sie es begreifen. Es ist wichtig für sie."

„Oh, Vater, lass es sein, bitte. Lass sie sein. Sie haben ihre eigene Art. Sie brauchen deinen Rat nicht."

„Doch. Sie sind sonst hilflos. Schau dir nur an, was sie mit ihrem eigenen Land machen würden, wenn sie sich selbst überlassen blieben."

Die junge Frau seufzte. Sie ging zu den beiden jungen Männern und sagte etwas in einer fremden Sprache zu ihnen. Dann gingen sie.

„Warum hast du das getan?" fragte ihr Vater mit erhobener Stimme.

„Vater", sagte sie, „sie haben mehr Wissen über ihr Land, als du oder ich jemals haben werden. Sie können gut selbst entscheiden."

Der ältere Mann war jetzt wirklich aufgebracht. „Ich weiß nicht, wovon du sprichst, junge Frau, aber du hast ganz sicher ziemlich merkwürdige Ansichten. Es ist Zeit fürs Abendessen. Komm."

„Einen Moment noch", sagte sie. Ein Lächeln erschien auf ihrem Gesicht und sie sah mir in die Augen. Sie hatte mich gesehen.

Dann begann sie zu sprechen. „Weißt du, er ist ein guter Mensch, aber er ist altmodisch und er versteht es nicht."

„Was versteht er nicht?" fragte ich sie.

„Dass die Leute hier die Meister sind, wenn es um ihr eigenes Land und ihr Leben geht. Ich bin sicher, dass jeder der beste Ratgeber für sich selbst ist, wenn es um einen selbst geht und die Menschen hier können sich selbst am besten helfen. Sie besitzen eine Weisheit, die wir nicht sehen. Sie führen ein Leben, das wir nicht verstehen. Aber mein Vater will es nicht glauben."

„Deshalb versucht er, sie zu überzeugen?"

„Genau. Er versucht, ihnen seine Ratschläge zu geben. Er meint es gut, zumindest mehr oder weniger, aber er glaubt, dass sein Standard der Standard aller sein sollte. Er denkt, dass sein Rat sie in ihre Zukunft führt. Er kann nicht verstehen, dass sie ihre eigene Weisheit haben, um mit der Zukunft zurecht zu kommen. Dass sie selbst ihre Zukunft sind."

Ich sagte nichts, nickte aber.

Sie seufzte und sagte: „Ich muss jetzt gehen. Sie mögen es nicht, wenn ich zu spät bin."

Ich lächelte sie an und hoffte, sie würde Erfolg dabei haben, ihren Vater zu überzeugen. Oder sogar noch mehr Menschen, sollte sie die Chance bekommen.

Wo auch immer ich mich als nächstes befand, es war mit Sicherheit ein Ort tiefen Denkens und philosophischen Forschens. Ein Ort, an dem das Studieren reines Vergnügen war. Ich stand neben einem alten Stuhl in einer ziemlich dunklen Bibliothek. Als ich mich in den Stuhl setzte, sah ich mir gegenüber einen Mann sitzen. Seine Lippen versuchten, ein Lächeln zu formen, aber es wirkte eher komisch als echt.

Ich spürte aber seine Wärme, als er zu sprechen begann.

„Mein ganzes Leben lang fragte ich mich selbst, wie wir die verborgenen Schätze unseres Unterbewusstseins heben können. Wie würden wir die einzigartige Stimme hervorholen können, die uns zu einem Teil der Gesellschaft werden lässt? Wie konnte ich dorthin gelangen? Ich suchte mein ganzes Leben lang danach, aber, ehrlich gesagt, habe ich keine zuverlässige Antwort gefunden. Es werden viele Wege beschrieben. Ich habe sie alle ausprobiert, aber es ist mir mit keinem geglückt. Ich musste den einen suchen, der zu mir passte, aber es war schwer, an diesen Punkt zu gelangen. Also tat ich, was die meisten taten. Ich hörte auf, danach zu suchen und dann geschah etwas. Ich begegnete meinen Träumen. Ich begann zu erkennen, dass meine Träume eine Art Eintrittskarte hinab zu meinem Unterbewusstsein waren.

Ich war ganz begeistert, denn ich begann zu verstehen. Ich kann in meine Träume hineingehen und ich werde eine Vorstellung von meinem Unterbewusstsein erhalten. Ich kann dort hinein kommen, indem ich mich in meine Träume hinein begebe."

Ich musste zugeben, dass Träume wirklich eine interessante Quelle sind, die uns Dinge zeigen, die wir normalerweise nicht zu sehen bekommen würden. Dies könnte der erste Schritt sein, den Träumen zu folgen und dann würde man beginnen, das tiefere Selbst zu verstehen. Wenigstens schien es ein wertvoller Hinweis zu sein.

Ich hoffte, er würde in meinen Augen sehen können, wie dankbar ich ihm für seine Worte war. Er nickte nur und gab mir ein Papier, auf dem nur ein Wort stand: Träume.

Ich dachte, die Reise sei beendet, aber ich täuschte mich. Wieder war mir die Szenerie unbekannt, aber es war ein warmer und gemütlicher Ort. Ich saß draußen; der Himmel war tiefblau und die Steine in der Nähe hatten eine besondere Farbe. Eine Art Rot, das mich an den Südwesten Amerikas erinnerte.

Vor mir sah ich eine Frau, die sehr schön gekleidet war. Sie war etwa in ihren Fünfzigern. Vielleicht war sie eine Art spirituelle Führerin? Es sah ganz danach aus, aber dann war ich wieder unsicher. Um mich herum waren noch mehr Leute, die am Boden saßen, während wir ihren Worten lauschten.

„Wesentlich für das Verstehen ist es, der eigenen Stimme zu vertrauen. Zuerst entspannt euch. Jeder hat seine einzigartige Weise, sich zu entspannen, deshalb lasst euch nicht zu etwas zwingen, dass sich für euch nicht richtig anfühlt. Dann, sagen wir mal so, habt ihr euch beruhigt; dann beginnt ihr über etwas nachzudenken, das euch beschäftigt. Den ersten Gedanken, der euch dabei in den Sinn kommt, müsst ihr halten. Bleibt bei diesem Gedanken; dann geht weiter und erforscht, was hinter diesem Gedanken ist. Wenn ihr ihn loslasst und den Geist umherwandern lasst, wird es verwirrend und ihr werdet den Anfangsgedanken vergessen. Der erste Gedanke ist zart und benötigt viel Anerkennung und Vertrauen, um bei euch zu bleiben. Wenn ihr dem Gedanken erlaubt, bei euch zu sein, wird er immer zurückkommen. Deshalb folgt diesem Gedanken und erforscht ihn. Ihr könnt weiter nachdenken, kreativ sein, aber tragt ihn mit euch herum. Lasst ihn nicht los. Dieser erste Gedanke ist der erste Ton eurer Stimme, die Antwort, auf die ihr wartet."

Ich war dankbar für ihre Worte und freute mich, wahrzunehmen, dass sie einige der Leute, die in meiner Nähe saßen, ebenfalls berührt hatten. Gerne wäre ich zu ihr hinüber gegangen, um mit ihr zu sprechen, aber ich wusste, dass sie mich nicht sehen konnte. Vielleicht würde sie mich hören können, aber ich war mir dessen nicht sicher. Ich stand auf und sah mir den Ort ein letztes Mal an. Ich hoffte, zurückkommen zu können, denn es war so heimelig und fühlte sich so natürlich an, hier zu sein.

Das siebte Tor war noch offen, als ich mich an meinem Schreibtisch wiederfand und in den grauen, bewölkten Tag hinaus sah. Ich sah dem Regen zu, der das Grün so satt machte, dass ich es intensiv betrachten musste. Meine Gedanken wanderten umher und ich dachte über meine bisherige Reise nach. War ich dem Kern all meiner Fragen näher gekommen? Ich meinte ja, aber gleichzeitig erkannte ich, dass jedes Tor auch neue Fragen in mir aufwarf. Dann, nach einer Weile, mit all den Gedanken in mir, schloss sich das siebte Tor langsam.

Vorurteil

Als sich das achte Tor öffnete, saß ich in einem Café an einem Strand irgendwo im Süden Kaliforniens. Es war ein heller, sonniger Tag und es war nicht nur schönes Wetter, sondern auch die Leute waren glücklich und genossen die Zeit. Inmitten dieser wunderbaren Szene sah ich einen jungen Mann. Er trug ein Surfbrett unter dem Arm. Ich folgte seinem Blick und sah ein junges Mädchen, das mit seiner Mutter in einem anderen Café saß. Ich fragte mich, warum er das junge Mädchen so intensiv ansah, als sie auf ihn zuging. Man konnte ihr ansehen, dass sie sehr aufgebracht war.

„Warum lässt du mich nicht in Ruhe?" fragte sie ihn in heftigem Ton.

„Ich kann nicht, es tut mir leid", antwortete er.

„Warum kannst du nicht einfach loslassen?" Sie klang verzweifelt.

„Ich bin noch immer in dich verliebt."

Sie seufzte und sagte: „Aber ich bin nicht in dich verliebt."

Ich war sicher, dass der junge Mann ihr nicht zuhörte. Er liebte sie, aber sie teilte seine Gefühle nicht. Trotzdem schien er verzweifelt glauben zu wollen, dass sie das gleiche fühlte wie er. Ich sah, wie er den Ort verließ und folgte ihm. Er ging hinunter zum Strand und ich konnte sehen, wie Tränen über seine Wangen liefen. Ich blieb stehen, folgte ihm aber weiter mit den Augen. In diesem Moment fühlte ich die Gegenwart von jemandem in meiner Nähe.

Ich wandte den Kopf und hörte eine Stimme, die zu mir sprach, obwohl ich niemanden sehen konnte. „Es ist traurig, wenn die Liebe nicht erwidert wird. Ich habe Mitgefühl mit ihm, aber sein Problem ist, dass er nicht versteht."

„Er versteht nicht?" fragte ich erstaunt.

„Nein. Das Mädchen ist nicht an ihm interessiert, aber da er so sicher ist, dass er in sie verliebt ist, kann er nicht verstehen, dass sie es nicht ist."

Wann ist Liebe je einfach gewesen? dachte ich.

„Traurig genug, aber es gibt auch noch ein junges Mädchen, das er lieben könnte und das ihn ebenfalls lieben würde. Aber er kann es nicht sehen. Er hat sich selbst nicht erlaubt, sich zu öffnen. Er ist auf dieses Mädchen fixiert, deshalb kann er die andere Chance nicht erkennen."

„Das ist traurig", sagte ich mitfühlend.

„Ja, wirklich. Aber der Junge hätte die Chance, es zu ändern. Unglücklicherweise hört er nicht auf das, was das Mädchen sagt. Er geht davon aus, dass sie ebenfalls so fühlen muss, nur weil er so stark empfindet. Aber dem ist nicht so."

Die Stimme war verschwunden und ich suchte den Strand mit meinen Augen ab, um zu sehen, ob der Junge noch da war. Ich sah ihn nicht mehr. Wahrscheinlich ritt er auf einer anderen Welle. Ich wünschte ihm, dass er seine andere Chance rechtzeitig entdecken würde.

Ich nahm an, dass ich an einen anderen Ort reisen würde, aber das war nicht der Fall. Ich wusste zwar, dass ich immer noch irgendwo in Südkalifornien war, aber statt am Strand, befand ich mich nun in einem wunderschönen Haus auf einem Hügel. Das Haus war entsprechend den höchsten ökologischen Standards gebaut.

Es fühlte sich unglaublich gut und entspannt an, in diesem Haus zu sein, das ganz aus Holz war. Es gab viele Grünpflanzen, die eine erhebende, helle und entspannende Atmosphäre zauberten. Ich saß auf einem Rattanstuhl und wartete auf das, was vielleicht als nächstes geschehen mochte.

Eine Frau kam auf mich zu, aber sie schien nicht im Geringsten überrascht zu sein, mich in ihrem Haus sitzen zu sehen. Sie fragte mich, ob ich etwas trinken wolle und begann zu sprechen. „Ich wünschte, ich könnte mehr für die Umwelt tun. Ich habe oft das Gefühl, dass ich viel zu wenig tue. Weißt du, hier sind wir alle so sehr an der Umweltbewegung beteiligt und es ist wunderbar und oft fühle ich mich überflutet von all dem, was ich tun oder nicht tun sollte."

Ich sah sie an und sie fuhr fort. „Ich bin sehr engagiert in der Umweltbewegung und ich liebe es, für die Umwelt zu sorgen, aber die Art und Weise, wie viele Menschen es angehen, beunruhigt mich."

Überrascht fragte ich: „Warum?"

„Sie bleiben auf einem oberflächlichen Niveau, denn sie wollen eigentlich nicht so genau wissen, was wirklich geschieht. Sie wollen nur mitmachen, weil jeder es macht und weil es trendy ist. Nicht, weil sie es wirklich verstehen. Sie haben nie wirklich den Grund hinter all dem verstanden. Sie sagen, was andere sagen, folgen dem Trend und bleiben an der Oberfläche. Das ist sehr traurig. Wenn ich ihnen meine Meinung sage, sagen sie, dass ich mir zu viele Gedanken mache und dass sie genug tun.

Sie wollen nicht zuhören. Das ist manchmal wirklich schwer für mich."

Ich konnte sie verstehen.

„Ich wollte, die Menschen würden unter die Oberfläche schauen. Oft denke ich, sie wollen nur das hören, was sie gerne hören und nicht das, was wirklich gesagt wird."

Ich nickte; sie lag damit sicher nicht so falsch. Wir hörten auf zu reden und waren beide in unsere eigenen Gedanken versunken. Ich fragte mich, ob wir wirklich nur das hören wollen, was wir als gut für uns erachten und nicht das, was wirklich da ist? Vielleicht. Ich wusste es nicht. Eine kleine Weile blieb ich noch in diesem Haus und genoss einfach nur die erfrischende Energie und nippte an meinem Obstsaft.

Der nächste Ort, an den ich reiste, war in der Nähe eines offenen Feldes, das von Wald umgeben war. Ich wusste, ich war in Mitteleuropa, wahrscheinlich Deutschland. Dann sah ich viele Menschen, junge und alte, Männer und Frauen, die einem Pfad durch das Feld folgten. Ich erkannte, dass ich mich in einer anderen Zeit befand, denn die Menschen waren wie in alter Zeit gekleidet. Es war wahrscheinlich zwischen 500 und 900 A.D., jedenfalls nach dem Untergang des Römischen Imperiums.

Alles fühlte sich hier kalt an, obwohl es nicht die Temperatur war, die mich frieren ließ. Erstaunt sah ich einen Krieger auf mich zureiten. Er hielt vor mir an und seine dunklen Augen suchten meine. Er war mit Sicherheit nicht nur ein Krieger; er konnte auch der Führer dieser Leute sein, oder ein König.

Als er mir ins Gesicht sah, als ob er etwas suche, begann er zu sprechen. „Hier, in dieser Zeit, sind wir an unsere Väter gebunden, die schon den Fluss zur anderen Seite überquert haben. Wir wünschen uns, ihnen als ehrbare und gute Männer zu folgen. Ich kann nicht sagen, ob dies auch geschehen wird. Ich wünschte nur, dass ich sagen könnte, dass es so sein wird, aber ich weiß es nicht. Deshalb muss ich meine Leute belügen. Ich sage ihnen, dass die Seelen, die die Schlacht verlieren, auf die andere Seite geführt werden. Ich muss es ihnen sagen, obwohl ich nicht weiß, ob es so sein wird oder nicht. Ich muss meine Leute bei Laune und zusammenhalten. Sie müssen hinausgehen wollen, um für unser Land zu kämpfen. Sie würden nicht gehen, wenn sie nicht wüssten, dass all ihre Anstrengungen nicht gewürdigt werden würden. Deshalb belüge ich sie, um sie zum Kämpfen zu bringen und sie am Laufen zu halten. Es scheint der einzig mögliche Weg zu sein. Sonst würden sie nicht gehen. Es ist zwar nicht richtig, sie zu belügen, aber ich habe keine andere Wahl."

Ich fühlte mit ihm, denn ich wusste, dass er nicht lügen wollte, aber er sah keine andere Lösung. Ich fragte mich, weshalb wir den Menschen nicht die Wahrheit sagen konnten? Stimmte es, dass sie nicht mehr das tun würden, was man von ihnen erwartete, wenn sie die Wahrheit wüssten? Vielleicht sind die Menschen stärker, als dieser Mann dachte. Hatte er eine Ahnung davon, was seine Männer wirklich dachten? Ich wusste es nicht und vielleicht war es ja tatsächlich so, dass seine Männer nur Ermutigung wollten und sonst nichts wissen mochten. Die Lüge schien für beide Seiten zu funktionieren.

Montmartre, Paris. Ich erkannte diesen Platz sofort und ich vermutete, dass es zu Beginn des zwanzigsten Jahrhunderts war. Hier war die Atmosphäre anders – es herrschte ein Gefühl von Freiheit, um experimentell und schöpferisch sein zu können. Ein Ort für Künstler, dachte ich. Ich ging die Straße entlang und blieb vor einem der vielen Bilder stehen, die entlang der Straße ausgestellt waren. Das Gemälde war wunderschön und es nahm mich sofort gefangen. Ich sah mich um und entdeckte eine junge Frau, die ich auf etwa Anfang dreißig schätzte. Das Gemälde war von ihr, aber ich war schockiert. Nicht wegen ihres Gemäldes, sondern aufgrund ihrer Erscheinung. Ich war schockiert wegen ihrer Augen, die so traurig und verloren aussahen, verzweifelt und deprimiert. Was war mit ihr geschehen? Wer war sie?

Da hörte ich eine Stimme. „Sie ist die Königin des künstlerischen Ausdrucks. Ihr Talent ist enorm, eine seltene Gabe, aber sie wird dafür nicht anerkannt. Sie hat hart darum gekämpft, wahrgenommen zu werden, aber sie brachte nicht mit, was die Menschen wollten. Sie war arm, vom Land, schüchtern und eine Frau. Sie hatte hohe Werte, weshalb sie bestimmte Dinge, die man von ihr erwartete, nicht tat. Sie wusste, dass man sie nur benutzen wollte. Sie hoffte, dass ihre Gemälde und ihr Talent für sie sprechen würden. Aber sie täuschte sich. Sie mag so gut wie der beste Künstler sein, aber sie wird nie dieselbe Anerkennung finden, wie ihre männlichen Kollegen. Sie hat das jetzt erkannt, deshalb bleibt sie hier und versucht, ihren Unterhalt damit zu verdienen, aber ihr Herz blutet. Es blutet, weil man nie auf sie hörte und niemand ihre Bilder und ihre einzigartige Gabe sehen wollte, die sie der Kunst hätte bringen können. Auf eine Art zerstörte es sie und was du nun siehst, ist das, was von ihr geblieben ist."

Die Stimme war verschwunden und ich sah noch einmal in die Augen der Frau. Sie war ihrem Herzen treu geblieben, aber es hatte ihre Existenz zerstört. Trauer füllte mein Herz, denn ich wusste, sie war nicht die einzige, die das durchgemacht hatte, noch würde sie die letzte sein.

Ich saß vor einem leeren Blatt an meinem Schreibtisch und wusste nicht, was ich tun sollte. Ich sah und hörte nichts. Kein Gedanke ging mir durch den Kopf. War meine Reise beendet? Sollte das Tor geschlossen werden?

Ich muss zugeben, dass es für mich nicht immer einfach ist, dieser Reise zu folgen, jedes Tor seine eigene Wahrheit erzählen zu lassen. Mein Intellekt ist oft nicht einverstanden und möchte etwas anderes schreiben, als dem zuzuhören, was gesagt werden will. Vielleicht sind wir nicht immer die unabhängigen Denker, für die wir uns gerne halten. Während ich gedankenverloren dasaß, hörte ich eine sanfte Stimme in der Nähe sprechen.

„Wir lieben es, das zu hören, was sich für uns angenehm anfühlt. Wenn wir nicht wissen, in welche Richtung es geht, halten wir uns an das, was gesagt wurde, statt dem zu folgen, was vor uns liegt. Das ist einer der Gründe, weshalb wir nicht hören, was wirklich gesagt wird. Es könnte unser Weltbild erschüttern. Wir wollen nicht verwirrt werden, wir wollen sicher sein. Sicherheit ist uns wichtig. Manchmal so wichtig, dass wir uns auf keine andere Sichtweise einlassen können. Auf diese Weise hören wir nie wirklich richtig hin, was andere uns zu sagen haben; stattdessen picken wir die Worte heraus, die mit unserem Denken und unseren Ideen übereinstimmen. Das macht unsere Kommunikation oft zu einer Einbahnstraße. Wenn wir lernen, genauer hinzuhören, auf das, was wirklich gesagt wird, können wir uns öffnen und dies bringt uns die Möglichkeit einer Kommunikation, die für beide Seiten inspirierend ist."

Die soeben gesprochenen Worte gingen mir zu Herzen und ich sah das achte Tor vor mir. Ich wusste, dass es an der Zeit war, diesen Ort zu verlassen. Das Tor würde bald geschlossen sein.

Erzählen

Ich hielt ein Buch in der Hand und sah mich selbst darin. Las ich es oder lebte ich es? Ich wusste es nicht und fragte mich, was für eine Art Buch es wohl sei. Ich spürte, wie sich das neunte Tor öffnete und ich überflog die Seiten. Auf einer schmutzigen Straße neben der Eisenbahn kam ich zum Stehen. Wo war ich? Ich wusste es nicht, war aber erstaunt über die vielen Menschen, die lauten Stimmen und vielen Hunde um mich herum. Ich war nur sicher, dass ich um etwa 100 Jahre in der Zeit zurück versetzt worden war und dass es dort kalt war. „Jack London? Ja, ja, ich glaube, ich habe ihn vor ein paar Tagen gesehen." Sagte ein Mann zu einem anderen.

Jack London? Ich war überrascht, aber dann wusste ich, in welche Zeit ich hinein versetzt worden war. Es war die Zeit des Goldrausches in Alaska. Als ich mich umsah, bemerkte ich die Hoffnung und das innere Verlangen in den Augen dieser Männer, die alle auf ein besseres Leben hofften.

Ich beobachtete die Leute, hörte ihren Gesprächen zu; dann hörte ich eine Stimme in meiner Nähe zu mir sprechen. „Es hat eine tiefe Bedeutung, wenn man seinem Mitbruder eine

Geschichte erzählt. Nicht nur irgendeine Geschichte, sondern diejenigen, in denen man über all die Erfahrungen und Schwierigkeiten spricht, die man im Leben durchgemacht hat. Weißt du, die Menschen wollen von diesen Dingen erfahren und ich kann dir auch sagen, warum. Es hilft uns allen, unser Verständnis zu erweitern. Wir brauchen andere, um unsere Vorstellungen davon zu formen, wie man ein erfüllendes Leben führt. Ich war da draußen im kalten Eis und sah die Männer. Sie waren rau und das Leben hatte sie meist hart gemacht, aber du wärst überrascht zu sehen, wie sehr sich das Licht in ihren Augen veränderte, wenn sie einmal Zeit hatten, ihre Geschichte zu erzählen. Sie sprachen nie viel, nur über kleine Sequenzen, aber man konnte das Leuchten in ihren Augen beim Sprechen sehen. Menschen brauchen das Gefühl, dass ihr Leben einen gewissen Wert hat. Sie erhalten ihn, indem sie ihre Geschichten und ihre Erfahrungen erzählen. Es ist ganz wesentlich, den anderen zu erlauben, über ihre Erfahrungen zu sprechen und Geschichten zu erzählen, die sie gerne teilen möchten. Es ist ganz natürlich unter den Menschen."

Die Stimme war nicht mehr zu hören und ich dachte daran, wie ermutigend es war, zu wissen, dass unsere Erfahrungen anderen helfen konnten und umgekehrt.

Ich war zu einem Wald weitergereist und in meiner Nähe konnte ich ein Haus sehen. Ich musste lachen, denn das Haus sah aus wie das im Märchen von Hänsel und Gretel. Es fiel mir schwer zu glauben, dass ich vor dem Haus dieser Hexe stand. Dann sah ich eine alte Frau aus dem Haus kommen. Mein Erstaunen wuchs, denn sie sah wirklich aus wie die Hexe in dem Märchen.

Sie schrie mich an: „Ich bin keine Hexe! Noch bin ich eine harmlose alte Frau. Aber ich will nicht darüber sprechen. Willst du wissen, was Wahrheit und was Lüge ist? Was hier wirklich ist und was nicht? Ich sag' dir was: die Menschen wollen nichts über die Wirklichkeit wissen. Sie wollen etwas anderes. Sie wollen das Geheimnisvolle, das die Welt und ihr Leben verzaubern kann. Das heißt, es ist tatsächlich ein Märchen, das sie suchen. Sie wollen von Wundern hören, die immer noch geschehen, über mystische Dinge, die sie zu verborgenen Schätzen führen. Sie sehnen sich danach, solche Gefühle zu erfahren. Das ist das Konzept eines Märchens! Sie geben den Menschen mehr als die meisten anderen Geschichten, die nur die Richtigkeit der Wirklichkeit bestätigen wollen. Sie zeugen davon, dass die Menschen einen geheimnisvollen Schatz in sich tragen, der noch nicht voll entdeckt ist. Sie lassen der Vorstellungskraft Raum und das stimuliert ihr Denken und ihre Herzen dazu, weiter zu forschen. Die Wirklichkeit bringt uns nicht weiter, aber die Vorstellungskraft immer."

Sie drehte sich um und ging zurück ins Haus. Ich dachte über ihre Worte nach und erinnerte mich daran, wie sehr ich einmal Märchen liebte und wie sehr sie uns immer noch inspirieren können.

Vor mir war ein großer Fernseher und ich saß auf dem Boden und sah auf den dunklen Bildschirm. Ich wartete auf das, was auf dem Bildschirm erscheinen würde, aber stattdessen setzte sich eine Frau neben mich. Ich wusste, dass ich ihr Gesicht schon einmal gesehen hatte, aber ich erinnerte mich nicht an ihren Namen.

Sie begann zu reden. „Das ist heutzutage unsere Art, Geschichten zu erzählen, nicht wahr?"
Ich nickte leicht und fragte mich, wer sie war.

„Ich glaube auch. Zumindest ist es meine Art, Geschichten zu erzählen."

War sie eine Schauspielerin oder Regisseurin? fragte ich mich. Sie blieb für einen Moment still, bevor sie weitersprach. „Weißt du, ich bin nun schon seit längerem Schauspielerin. Ich liebe meine Arbeit und ich denke, ich habe Glück, überhaupt eine zu haben. Dennoch fühle ich mich oft traurig, weil es so schwierig ist, Teil einer Geschichte zu werden, die etwas zu sagen hat. Ich möchte eine Geschichte erzählen, die die Menschen inspiriert. Ich wünsche es mir so sehr und manchmal – ja, manchmal – komme ich dem sogar sehr nahe. Aber dieses Bemühen findet keine wirkliche Anerkennung und es gibt keine große Nachfrage. Das tut weh. Die Menschen denken oft, nur, weil wir berühmt und reich sind, könnten wir tun, was wir wollen. Aber das ist leider nicht so. Natürlich werden wir mehr gehört, als eine angehende Schauspielerin oder Schauspieler, aber es geschieht nicht sehr oft. Ich fühle mich oft verloren, denn so, wie es jetzt läuft, ist es das Beste, das ich bekommen kann und ich sollte dankbar sein, statt mich zu beklagen. Deshalb bin ich still und versuche, das Beste aus dem zu machen, was ich habe."

Ich war verwundert. Es fiel mir schwer zu glauben, dass sie eine Geschichte nicht in ihrem Sinne ändern konnte.

Sie senkte den Kopf und antwortete mit trauriger Stimme: „Sicher, in gewisser Hinsicht kann ich das schon tun, aber weißt du, es gibt Regeln, die sehr streng sind. Niemand spricht über diese Regeln, aber man weiß um sie, wenn man in diesem Business arbeitet. Deshalb tut man alles, was man kann, aber man weiß, dass man begrenzt ist."

Ich dachte über ihre Worte nach. Ja, vielleicht gab es Regeln. Ich wusste es nicht. Ich bewunderte sie irgendwie, denn sie schien ihre Ideale nicht verloren zu haben und gab doch ihr Bestes, selbst unter schwierigen Umständen.

Sie wandte ihren Kopf und ein Lächeln erschien auf ihrem Gesicht. Sie deutete wieder auf den Bildschirm und sagte: „Schau dir den Film an, der hier erscheint. Die Spielfilme dieses Genres sind die interessantesten."
Sie war gegangen und ich sah auf den Bildschirm. Dann sah ich den Film und mein Herz lächelte. Es war der Film über die Träume und Ziele meines Lebens. Ich stimmte ihr zu; die besten Spielfilme sind die, in denen es um unsere eigenen Träume geht.

Ein kleiner, stickiger Raum voller Bücher erschien vor mir. Der Gedanke an den Arbeitsraum eines Schriftstellers ging mir durch den Kopf. Dieser Gedanke bestätigte sich, als ich jemanden am Laptop arbeiten sah. Ich näherte mich der Person und war so überrascht, dass ich abrupt stehenblieb. Dort saß ein Kind, ein Mädchen ungefähr im Alter von neun Jahren.

Sie lächelte mich an und begann zu sprechen. „Du bist hier, um von unseren Geschichten zu erfahren. Diejenigen, die wir euch schon seit Jahrhunderten erzählen. Wir sind schon seit langer Zeit hier. Unsere Weisheit ist die der Hüter der Geschichten. Die Menschheit hat großartige Geschichten und wir sind ihre Bewahrer. Wir erhalten sie am Leben, damit sie nicht in Vergessenheit geraten. Deshalb kommunizieren wir auf unterschiedliche Weise mit euch. Über die Jahrhunderte hat sich die Art und Weise, wie wir euch eure eigenen Geschichten mitteilen, geändert. Wir lieben es, Geschichten mit Hilfe eurer Imagination zu erfinden und wir kennen viele Wege, die sicherstellen, dass die Menschheit ihre eigenen Geschichten nicht vergisst. Seit die Menschheit begonnen hat, diese Geschichten zu erzählen, haben sie jeden einzelnen inspiriert. Wir freuen uns, euch darin unterstützen zu können, damit ihr all diese wunderbaren

und manchmal überwältigenden, weisen Geschichten nicht vergesst, die ihr über die Zeiten hinweg erschaffen habt."
Ihre Worte brachten mich zum Nachdenken und ich wollte etwas sagen, aber ich sah, dass sie sich schon wieder dem Laptop zugewandt hatte und meine Anwesenheit ignorierte. Also dankte ich dem kleinen Mädchen in meinem Herzen für ihre aufschlussreichen Worte und verließ den Ort.

Die Worte des kleinen Mädchens erinnerten mich an die Geschichtenerzähler alter Zeiten. Ich stellte sie mir an einem Feuer sitzend vor, wie sie den Jungen und Alten die Geschichten von ihren Vorfahren und deren Lebensformen erzählten.

In dem Augenblick starrte mich eine alte Frau an. Ich wusste, dass sie eine dieser alten weisen Frauen und Männer war, die in den alten Zeiten die Geschichtenerzähler waren.

Sie neigte den Kopf und sprach: „Wir sind einen weiten Weg gegangen. Die Zeiten waren hart, unser Leben war hart. Es gab nichts, das es uns leichter machte, mit Ausnahme dieser Geschichten. Sie brachten Leben mit sich. Diese Geschichten erzählten von den Lebenskämpfen unserer Vorfahren und wie sie sie überlebten. Wir alle haben daraus Stärke und Trost bezogen. Sie waren das Rückgrat unserer Gesellschaft. Es macht mich traurig, zu sehen, dass es in der Gesellschaft eurer Zeit solche Geschichten nicht mehr gibt. Ich sehe viele Geschichten, die von euch allen erzählt werden, wirklich wunderbare Geschichten. Aber die Geschichten, die eine Gesellschaft zusammenhalten und ihr helfen, die Zukunft zu gestalten, wo sind sie? Warum schaut ihr euch nicht danach um und erzählt sie? Weißt du, sie sind nicht so schwer zu finden. Wenn du dich nach den Geschichten umsiehst, die deine Gesellschaft unterstützen, dann

wirst du sie finden. Sie sind nicht verloren – nur vergessen."
Vielleicht hatte sie Recht. Es war ein ermutigender Gedanke, zu wissen, dass es Geschichten gab, die uns helfen konnten, unsere Zukunft zu formen. Ich wusste, dass es an der Zeit war, das neunte Tor zu verlassen, aber ich fühlte mich noch nicht dazu bereit. Vielleicht hätte es da noch mehr geben können. Wer weiß, aber die Reise war zu Ende und das neunte Tor begann sich zu schließen.

INTERAKTION

„Pioniere folgen einer Geschichte, die noch nie erzählt wurde"

Die vereinte Stimme

Eine kleine Stadt erschien vor meinen Augen. Der Herbstwind wehte stark und blies farbige Blätter von den Bäumen. Er ließ diese kleine Stadt in Regenbogenfarben leuchten. Es war wirklich ein wunderschöner Ort und ich spürte eine Ruhe dort, die mein Herz berührte und mich still machte. Selten hatte ich einen solchen Frieden verspürt.

In dieser Ruhe hörte ich Glockengeläut. Ich sah eine kleine weiße Kirche vor mir, die wohl vor langer Zeit erbaut worden war. Ich folgte dem Klang der Glocken und als ich gerade in die Kirche gehen wollte, wurde ich angewiesen, um sie herum zu gehen. Ich kam an einen Platz, an dem eigentlich nichts Außergewöhnliches zu sehen war, dennoch wusste ich, dass dies kein gewöhnlicher Ort war. Ich fühlte mich, als hätte ich heiligen Boden betreten.

Ich hörte ein Geräusch und sah auf. Ein Mann auf einem Pferd näherte sich diesem Ort. Je näher er kam, desto klarer konnte ich ihn sehen. Er war ein amerikanischer Ureinwohner, aber ich war mir sicher, dass er nicht aus der heutigen Zeit war. Er rief mich beim Namen, stieg vom Pferd und kam herüber. Dann kniete er sich auf den Boden und ließ die Erde durch seine Finger gleiten. Er begann zu sprechen. „In alter Zeit war dies unser heiliger Platz. Er gehört uns nun nicht mehr, aber der Boden ist immer noch heilig. Manchmal trauern wir bestimmten Zeiten nach, weil wir sie für besser halten, als die jetzige, aber wir vergessen dabei, dass die Zeiten sich immer ändern und doch wird es immer dasselbe sein. Völker kommen und gehen, wie alles andere auch. Ich habe keine schlechten Gefühle deswegen. Ich möchte nur, dass die Menschen sich erinnern. Alte Traditionen, ganz gleich aus welcher Kultur sie kommen, verbinden uns. Nun feiern sie eine alte Tradition in dieser Kirche, wie wir damals unsere eigene alte Tradition hier zelebrierten. Es verbindet uns, denn für beide Seiten ist dies heiliger Boden. Wir achten ihn beide. Wir haben mehr gemeinsam, als wir manchmal glauben wollen. Wenn wir das einmal verstanden haben, können wir miteinander reden und einander auf der gleichen Ebene verstehen."

Ich konnte erkennen, dass der Reiter glücklich darüber war, wie dieses Land immer noch geachtet wurde. Er setzte sich wieder aufs Pferd, lächelte mir zu und ritt davon.

Ich bekam einen Schlag in die Magengrube. Ich sah nach, aber ich konnte auf meiner Haut weder etwas sehen noch fühlen. Und trotzdem fühlte ich mich elend. Was war mit mir geschehen? Alles um mich herum war dunkel. Ich konnte aber die Gegenwart vieler Menschen wahrnehmen. Einige waren verletzt wie ich, andere riefen laut. Was riefen sie? Ich verstand es nicht, bis eine Person in meiner Nähe sich dem Chor mit durchdringender Stimme anschloss: „Fraternité, Égalité ..." (Freiheit, Brüderlichkeit...) Ich konnte das letzte Wort nicht hören, weil ich von starken Händen ergriffen wurde. Doch ich kannte diese Worte. Ich wusste plötzlich, dass ich im Paris der Französischen Revolution angekommen war.

Die starken Hände kümmerten sich um mich. Ich konnte nicht sehen, ja, ich konnte nicht einmal die Augen öffnen, deshalb musste ich folgen, wo immer ich hingeführt wurde. Die Hände setzten mich in einen Wagen. Ich wusste nicht, wie viel Zeit vergangen war, bis der Wagen hielt und ich fragte mich, wo ich wohl sei, als diese starken Hände mich wieder hochzogen. Endlich konnte ich ein wenig meine Augen öffnen. Ich war auf einem Gutshof und ich bemerkte eine Krankenschwester, oder vielleicht war es auch eine Nonne, die auf mich zukam.

„Bring sie hinein", sagte sie.

Eine Antwort kam mir in den Sinn, aber die Worte gingen mir nicht über die Lippen. Ich war nur froh, in ein Bett fallen zu dürfen. Ich schloss schnell meine Augen und schlief sofort ein. Ich weiß nicht, wieviel Zeit vergangen war, als ich die Augen wieder öffnete.

Ich setzte mich auf und sah einen Soldaten, der in der Nähe meines Bettes saß. Kannte ich ihn? Wer war er? Irgendwie war mir, als hätte ich sein Gesicht schon einmal gesehen – vielleicht auf einem Buchumschlag?

„Wie geht es Ihnen, junge Frau?" fragte er mich.

Ich versuchte, ihm zu antworten, aber meine Kehle schmerzte und es kam nur ein Krächzen heraus. Es machte ihm allerdings nichts aus und er fuhr fort. „Ich bleibe auch hier. Ich wurde in einer Schlacht verwundet und man brachte mich hierher. Ich frage mich, ob wir wirklich all dem folgen sollten, was in der letzten Zeit alles gesagt wurde. Nun ja, mir gefällt die Idee, dass alle gleich sein sollen. Aber sind wir nicht begrenzt? Ich meine, wenn es tatsächlich so ist, warum gibt es dann immer noch Grenzen? Es gäbe keinen Grund mehr. Wir sollten unsere Ideen mit anderen Ländern austauschen, nicht wahr?"

Ich muss zugeben, dass ich nicht ganz verstand, wovon er sprach, aber er sprach schon weiter. „Ich hoffe, dass es mir eines Tages möglich sein wird, das zu erreichen. Ich komme aus einer kleinen Stadt und meine Familie ist nicht adlig. Es gelang mir, in die Armee aufgenommen zu werden, aber ich musste darum kämpfen. Jetzt, mit diesen neuen Ideen, sollten wir nicht alle die gleichen Rechte haben? Wir sollten genauso davon profitieren können."

Ich konnte immer noch kaum sprechen, versuchte es aber. „Was meinen Sie?"

„Ich weiß es selbst noch nicht so genau. Es gibt Einiges, das ich ändern möchte. Die Dinge müssen sich ändern. Ich bin nur nicht sicher, ob sie in die richtige Richtung gehen. Manchmal ist ein Krieg wichtig und manchmal nicht. Man muss es abwägen. Wenn wir den Menschen die Werte, die jetzt proklamiert werden, näher bringen wollen, müssen wir es in der richtigen Art und Weise tun."

Ich schloss die Augen und war verwirrt. Wovon sprach er? Ich hatte keine Ahnung, was im Kopf dieses jungen Mannes vor sich ging, aber er war mit Sicherheit dabei, eine große Vision zu entwickeln. Mein Kopfschmerz wurde stärker und ich schloss wieder die Augen. Ich musste eingeschlafen sein, denn als ich aufwachte, war ich allein. Der junge Mann war gegangen. Ich fragte die Nonne nach dem Soldaten, aber sie sagte, er sei heimgegangen.

Ich fühlte mich noch benommen und hoffte, dass die Reise durch das zehnte Tor mich an einen anderen Ort bringen würde, da der letzte mich ziemlich mitgenommen hatte.

Wieder war ich unter vielen Menschen. Sie marschierten alle und ich konnte sehen, dass sie Schilder mit sich trugen. Irgendwie wusste ich, dass ich in London war. Es waren alles Frauen, die im Stil des frühen zwanzigsten Jahrhunderts gekleidet waren. Als ich mir die Schilder ansah, erkannte ich, dass es eine Demonstration der Suffragetten war. Ich sprach mit ihnen, bis der Marsch an seinem Ziel angekommen war. Eine der Frauen ging auf ein Podium, auf dem sie zu sprechen begann. Laut und deutlich konnte ich ihre Worte hören: „Wir sind heute hier, um für unsere Rechte zu kämpfen. Das Recht, gehört zu werden. Aber wir müssen uns dessen bewusst sein, dass wir nicht nur für uns kämpfen; wir kämpfen für alle Frauen, überall. Der Kampf um unsere Rechte verbindet uns mit den Frauen an allen Orten. Das sollten wir nie vergessen. Lasst es uns nie vergessen, dass wir alle in der gleichen Position sind, ganz gleich, wo wir leben. Wir sind verbunden. Was immer wir tun, es soll allen Frauen dienen. Und es soll zum Nutzen zukünftiger Generationen sein. Das ist wichtig. Das dürfen wir nicht vergessen. Wir sind heute hierhergekommen, um unsere Vision zu teilen und unsere Stimme ertönen zu lassen. Die Stimme der Frau, wo immer sie ist und wo immer sie sein wird."

Ich hörte ihr zu und eine Frau in meiner Nähe sagte zu mir: „Sie hat Recht. Wir haben eine Stimme, die uns verbindet. Wir können nie etwas erreichen, ohne eine gemeinsame Stimme, die wir alle verstehen und mit der wir uns alle verbinden."

Ich nickte leicht und wartete. Würden noch mehr Frauen eine Rede halten? Das konnte ich nicht mehr herausfinden, denn es war Zeit für mich, diesen Ort zu verlassen.

„Wer bist du?" fragte mich eine Stimme.

Ich wandte meinen Kopf und sah überrascht einen großen Mann vor mir. So, wie er gekleidet war, schien er Russe zu sein.

Darüber hinaus war ich mir sicher, in der Zeit wieder zurück versetzt worden zu sein, um mindestens 100 Jahre.

Ich nannte ihm meinen Namen und er nickte.

„Bist du gekommen, um es zu sehen?" fragte er.

Ich wusste nicht, was ich antworten sollte und ganz offensichtlich verstand er mein Schweigen als Zustimmung.

„Gut. Also gut. Dann komm mit."

In einem kleinen Raum bat er mich, Platz zu nehmen. Es war schockierend, seine Augen zu sehen. Noch nie hatte ich solche Augen gesehen. Sie waren von solcher Intensität und es lag so viel Weisheit und Macht in ihnen, dass es beängstigend war. Wer war dieser Mann?

Er musste meine Gedanken gehört haben, denn er antwortete, „Ich bin kein ehrbarer Mann. Ich versuche nur das Beste zu tun, das ich kann, aber nicht mehr. Du willst also wissen, wer ich war, bevor ich hierherkam und wer ich sein werde, wenn ich gegangen bin? Ich kann diese Fragen nicht beantworten, aber ich möchte dir Folgendes sagen: wir sind alle gleich, egal, woher wir kommen. Das ist eine Tatsache. Alle sind gleich. Ich behandle jeden gleich. Niemand ist besser als der andere. Du kannst die Verbindung zu jedem sehen, wenn du kein Ego hast. Aber man muss sich von Mitgefühl und Liebe leiten lassen."

Ich wunderte mich über ihn und fragte mich, ob er eine Art Heiliger sei?

Er lachte. „Ich bin weit davon entfernt, ein Heiliger zu sein. So weit, dass du es dir nicht vorstellen kannst. Aber, ob heilig oder nicht, man kann mit Liebe und Mitgefühl leben. Man kann immer so sein."

Vielleicht hatte er Recht, dachte ich.

„Ich wünschte, dass alle es erkennen könnten. Kannst du dir vorstellen, wie es wäre, wenn jeder das erkennen könnte?" Er seufzte. „Aber das wird so schnell nicht geschehen. Dennoch hoffe ich es."

Er drehte sich um und murmelte etwas. Dann kam er mit einer kleinen Flasche zurück.

„Nimm das", sagte er, „und komm nicht wieder zurück. Das ist nicht nötig. Es wird dir gut gehen. Vertraue mir."

Das Lächeln, das er mir schenkte, war so intensiv und machtvoll wie seine Augen. Ich dankte ihm. Ich denke, dass er es sah, aber ich bin mir nicht sicher. Die Worte dieses Russen ließen mich an das Tor von heute denken. Wenn wir eine gemeinsame Grundlage zu allen möglichen Themen oder Ebenen finden würden, wäre es uns dann vielleicht möglich, wahrhaftig miteinander zu kommunizieren?

Dieses Mal war es nicht so schwer herauszufinden, an welchen Ort ich gekommen war. Das Gebäude der Vereinten Nationen mit den vielen Fahnen davor, war nicht zu verkennen. Ich stand davor und sah einen Politiker den Weg entlang kommen. Er wurde von vielen Sicherheitsbeamten begleitet und es überraschte mich, dass es mir möglich war, ihm so nahe zu kommen. Dann wurde mir klar, dass er mich nicht sehen konnte und ich beschloss, ihm zu folgen. Da er groß war, waren seine Schritte sehr schnell und ich musste laufen, um mit ihm mithalten zu können.

In einer Eingangshalle blieb er reglos stehen. Ich konnte nicht sehen, was geschah und wollte näher herangehen, aber etwas hielt mich zurück. In dem Moment wandte der Mann seinen Kopf in meine Richtung. Ich war sicher, dass er mich nicht sah, aber dann hörte ich eine Stimme. War es seine? Ich war nicht sicher, aber die Worte waren so laut und klar wie ihre Botschaft.

„Eine gemeinsame Grundlage zu schaffen für alle Menschen, die auf dieser Welt leben, soll unser wichtigstes Ziel sein, solange wir hier sind, um dabei zu helfen, diese Welt zu formen. Es ist nicht von einer einzigen Nation abhängig. Es ist nie darauf begrenzt. Besonders nicht in der heutigen Zeit. Jeder und jede Nation kann dazu beitragen. Was immer also Menschen tun können, um eine gemeinsame Grundlage zu schaffen, von der aus wir darüber sprechen können, wie wir die Welt zu einem besseren Ort zum Leben machen können, das soll getan werden. Wir sind alle dazu aufgefordert, dabei mitzumachen, diesen Wunsch, der uns alle verbindet, Wirklichkeit werden zu lassen und diese Welt zu verbessern."

Ich war still. Es brachte mich zum Nachdenken. Die Worte wirkten noch in mir, aber da verblasste die Szene schon vor mir.

Ich hatte erwartet, dass sich das Tor schließen würde, aber ich bemerkte, dass ich an den Platz neben der Kirche zurückgekommen war, an dem ich zu Beginn dieses Tores war. Die Kirche öffnete sich und ich sah den Priester herauskommen. Er kam direkt auf mich zu.

Dann zeigte er auf die Stelle, an der der Reiter sich auf den Boden gekniet hatte und sagte: „Ich habe nicht den heiligen Boden der alten Völker vergessen. Ich hoffe, dass wir auf diesem Fundament aufbauen können. Im Wesentlichen teilen wir die gleichen Werte. Ich bin selbst erstaunt darüber, dies immer wieder zu bemerken. Aber wissen Sie was? Es gibt uns auch eine Chance, die wir sonst nicht hätten. Wir haben eine gemeinsame Grundlage, etwas, das wir teilen und auf dieser Basis, ganz gleich, wie verschieden wir sonst sind, können wir einander alle verstehen und miteinander kommunizieren. Jedenfalls möchte ich es glauben."

Ich war beeindruckt von der Wärme und dem tiefen Verständnis dieses Mannes und hoffte, dass seine Vision auch seine Gemeinde inspirieren würde. Ich hatte keine Möglichkeit, noch länger zu bleiben, denn ich sah, dass das zehnte Tor sich hinter mir zu schließen begann.

Kreativität

Ich war in Basel, eine kulturell geprägte Stadt in der Schweiz, mit einem dynamischen, künstlerischen Leben. So präsentierte sich mir diese Stadt. Vor mir konnte ich ein Haus sehen, in dem viele Künstler lebten. Eine kleine Gruppe von Leuten verließ das Haus, um in ein nahegelegenes Café zu gehen und ich beschloss, ihnen zu folgen.

„Ich hatte die Chance, einige meiner Arbeiten vorzustellen", sagte einer von ihnen, ein junger Mann mit blonden Haaren.

„Wie ist es gelaufen?" fragten die anderen.

„Naja, nicht so gut. Es war ihnen nicht gut genug. Sie haben mir gesagt, ich solle aufhören, den Versuch zu machen, davon leben zu können und mir lieber einen Job suchen."

Zuerst antwortete niemand, dann sagte ein junger Mann mit braunen Augen: „Weißt du, der Rat ist vielleicht nicht so schlecht. Sieh mich an. Ich bin Anwalt und in meiner Freizeit kann ich meine kreative Arbeit machen. Es ist viel einfacher, als sich immer darum kümmern zu müssen, wie man zu Geld kommt."

Der Blonde konnte nicht zustimmen. „Freiheit ist ganz wesentlich für die kreative Arbeit."

„Sagt derjenige, der nie etwas verkauft. Komm schon. Du hast keinen Erfolg, warum solltest du dann daran festhalten? Kunst ist zum Verkaufen da."

„Kunst ist mehr als das. Ich bin kreativ, weil ich es sein muss, weil es etwas gibt, das ich zu sagen habe. Etwas, das die Herzen der Menschen berührt." Er wurde still; dann fügte er hinzu: „Weißt du, ich denke oft, dass jede schöpferische Arbeit deshalb gemacht wird, um den Menschen die Schönheit in allem zu zeigen und vielleicht auch die Schönheit in ihnen selbst."

Der Mann mit den braunen Augen antwortete: „Oh, wie idealistisch. Eine ehrenwerte Einstellung, aber das Leben ist nicht so. Jedenfalls nicht heute. Komm, lass es einfach sein. Niemand kauft deine Arbeit, nur weil du findest, dass du es tun musst, oder weil du es aus idealistischen Gründen machst."

Der junge Mann wurde still. Er sagte nichts mehr, aber es war, als könne ich seine Gedanken hören. Warum kann ich nicht etwas erschaffen, das aus meinem Herzen kommt? Warum muss ich ein Intellektueller sein, ein Verkäufer, oder etwas anderes, wenn das einzige, was ich will, ist, ein Künstler zu sein? Und warum sollte es mir nicht erlaubt sein, mit den Menschen durch meine Kunst zu kommunizieren?

Ich konnte sehen, wie all dies ihn förmlich zerriss. Vielleicht war es so, dass manche Menschen dazu geboren waren, über die Kunst mit der Welt in Kommunikation zu treten. Vielleicht kannten sie sonst keinen Weg, um mit Menschen über ihre innersten Gedanken, Gefühle und das Leben zu sprechen.

Miami war der nächste Ort, zu dem ich geführt wurde. Ich sah mich umgeben von Luxusgütern und vielen Dingen, von denen wir glauben, sie zu brauchen. Ich schlenderte die Straße entlang und fragte mich, wozu wir all diese Dinge brauchten.

Als ich auf dem Bürgersteig einen Mann sitzen sah, blieb ich stehen. Er war jung und hielt eine Flöte in der Hand. Ich musste lachen, denn er erinnerte mich an Pan, einen Gott der griechischen Mythologie. Er spielte Musik, die mein Herz so tief berührte, wie ein Klang nur reichen konnte. Ich war wie verzaubert und ging näher zu ihm hin. Welche Musik spielte er? Es war bezaubernd und irgendwie hypnotisierend. Ich fragte ihn, was er da spiele.

Seine Stimme war voller Freude, als er antwortete. „Du kannst mich sehen? Das können nicht viele Menschen, die hier vorbeikommen. Ich bin Flötenspieler, weil ich durch meine Flöte zu den Menschen sprechen kann. Ich kann ihre Herzen zum Zuhören bewegen. Ich liebe es, den Menschen Musik zu bringen. Immer, wenn sie Musik hören, dann hören sie mich. Wenn sie tanzen, dann tanzen sie zu meiner Musik. Ich bin die Musik. Die Musik, die ich bringe, ist universell. Sie braucht keine Übersetzung. Sie ist für die Menschheit gemacht und es hilft den Menschen, miteinander zu lachen, obwohl sie sonst vielleicht anders miteinander reden würden. Durch den Rhythmus können sie sich verbinden und ohne Worte miteinander reden. Sie verstehen einander auf Ebenen, die sie sonst nicht kennen. Deshalb bringe ich den Menschen die Musik."

Die Musik, die dieser junge Mann spielte, blieb für eine Weile in mir. Sie war so erhebend und öffnete mein Herz.

Ich hob eine Muschel vom Strand auf, an dem ich entlang ging. Neben mir sprach jemand und ich hörte die Worte, als flüsterten sie durch die Zeit.

„Die Natur inspiriert die Menschen dazu, ihre schöpferische Kraft auszudrücken. Die Kreativität, die sie den Menschen anbietet, öffnet ihre Herzen und dies ermöglicht es ihnen, einander zuzuhören."

Ich dachte über die soeben gesprochenen Worte nach und ging weiter am Strand entlang. Während ich dem Sonnenuntergang zusah, bemerkte ich einen Mann mit seinem Sohn dort spielen. Sie hatten eine Sandburg gebaut. Der kleine Junge lief immer hin und her und brachte Wasser herbei, um es in eine Mulde zu gießen, die sie um die Burg herum gegraben hatten. Es berührte mich, die beiden so in ihre Arbeit vertieft zu sehen und wie der Junge so eifrig seinem Vater half, die Burg zu bauen. Sie sprachen beide nicht viel, aber sie lachten und das Lächeln, das sie austauschten, zeigte mehr, als jedes gesprochene Wort hätte ausdrücken können.

Ich musste ebenfalls lächeln. Vielleicht war es dies, was die Stimme vorhin meinte. Sicher geschah hier etwas, das kein gesprochenes Wort benötigte, nur die Kreativität, die in uns allen liegt. Dann bemerkte ich, dass der Mann zu mir herübersah. Er nickte, als wolle er sagen: Ja, genau das ist gemeint.

Eine Farm irgendwo im mittleren Westen. Dies war der nächste Ort, zu dem meine Reise mich führte. Ich vermutete, dass ich in den 30er oder 40er Jahren des 20. Jahrhunderts war. Eine Frau stand hinter einem Tisch und machte eine Pastete. Der Geruch des Kuchens ging direkt in mein Herz und machte etwas mit mir, das ich nicht verstehen konnte. Sollte ich ein Stück probieren? fragte ich mich. Ich wusste, dass sie mich nicht sehen konnte und ich wollte sie nicht ängstigen, aber da hatte ich schon ein kleines Stück in meiner Hand. Ich konnte es kaum glauben, aber dies war der köstlichste Kuchen, den ich je gegessen hatte. Ich sah ihr beim Backen zu und fand, dass das Backen ganz sicher eine ihrer kreativen Gaben war.

Im nächsten Moment sah ich einen kleinen Jungen in Richtung Küche laufen. Er lehnte sich durch das Fenster und sprach mit seiner Mutter. Er wollte ein Stück Kuchen und sie gab es ihm. Ich werde nie den glücklichen Gesichtsausdruck dieses kleinen Jungen vergessen, als er es aß. Es war, als ob in dem Moment seine Welt der beste Ort war, an dem man nur sein konnte.

Die Szene wechselte und ich sah dasselbe Haus in der heutigen Zeit. Ein junger Mann in den Dreißigern stand in derselben Küche und hielt ein Foto in der Hand. Er seufzte.

Ich hörte eine junge Frau mit ihm sprechen. „Ist das deine Großmutter?"

„Ja. Hier war ihr Lieblingsplatz, an dem sie alle ihre wunderbaren Pasteten kreierte."

„Wirklich? Die berühmten Pasteten?" sie lachte und ich war sicher, dass er ihr schon viel von den Pasteten seiner Großmutter erzählt hatte.

„Jeder liebte ihre Pasteten. Ich liebte sie auch so sehr. Sie war die beste Köchin, die mir je begegnet ist. Ihre Pasteten hatten eine Zutat, die dich sofort gut und wie zu Hause fühlen ließ."

„Was war ihr Rezept?" fragte die junge Frau neugierig.

„Liebe und die Zutaten unseres Landes, sagte sie immer."

Der junge Mann sah immer noch auf das Foto und die Art seines Lächelns zeigte mir, dass er seine Gedanken all den guten Erinnerungen an seine Großmutter überließ.

Ich verließ die Szene und dachte über die wunderbaren Kreationen nach, die diese Frau geschaffen hatte. Sie mochte nicht mehr dort sein, aber die Menschen sprachen immer noch von ihr und ihren Pasteten. In gewisser Weise kommunizierte sie immer noch mit ihrer Familie und ich fragte mich, ob sie das wohl auch zu Lebzeiten so gemacht hatte. Sie hatte nicht so sehr mit Worten zu ihnen gesprochen, sondern durch ihre Pasteten.

Ein unglaublich schönes Haus stand vor mir. Es war kein Designer-Haus, aber es hatte eine wundervolle Atmosphäre, die man spüren konnte, sobald man in die Nähe kam. Es gab einen großen Garten und überall blühten Blumen. Ein heimeliges und friedliches Gefühl durchströmte den ganzen Ort, der mir das Gefühl eines heilsamen Ortes vermittelte. Als ich näher kam, öffnete sich die Tür und ein alter Mann begrüßte mich. Er lud mich in sein Haus ein. Ich muss gestehen, dass ich erstaunt war, denn ich hatte dort einen jüngeren Bewohner erwartet.

Er beantwortete meine unausgesprochene Frage. „Dies ist mein Haus. Ich habe hier mein ganzes Leben lang gelebt, aber jetzt lebt die Familie meiner Tochter hier. Ich kam nur her, um dich zu begrüßen."

Als ich das Haus betrat, war ich von diesem heimeligen Gefühl umgeben. Sogar noch mehr Frieden und Liebe als ich schon von außen gespürt hatte, umgaben mich.

„Sie sind im Moment nicht da, aber sie werden bald zurück sein. Ich erscheine nur, wenn meine Tochter nicht zu Hause ist. Es würde sie ängstigen, aber wenn sie ausgeht, kann ich mein Haus wieder fühlen und ich weiß, dass sie mich durch das Haus spürt."

Ich hörte, wie der Schlüssel im Schloss gedreht wurde. Der alte Mann verschwand sofort. Die Tochter des Mannes betrat das Haus zusammen mit einer anderen Frau.

„Wow, was für ein wundervolles Haus." sagte die Frau.

„Mein Vater hat es gebaut", antwortete die Tochter des Mannes stolz. „Er war ein sehr begabter Mann. Manchmal denke ich, dass sein Geist immer noch hier ist. Alles hier ist wie ein Stück von ihm. Es ist merkwürdig, aber oft spüre ich, dass er durch das Haus zu mir spricht. Ich kann es nicht erklären, aber es gibt mir ein gutes Gefühl, hier zu leben und zu wissen, dass er dies alles ganz allein gebaut hat. Zu wissen, dass jeder Stein, jedes kleine Teil von seinen Händen gemacht wurde."

Ich hörte nicht mehr, was die Frau sonst noch alles sagte, als sie zur Küche hinübergingen. Mir gingen Gedanken durch den Kopf und ich begann zu verstehen. Es war eine Art unsichtbarer Kommunikation, die der Mann und seine Tochter hatten. Nicht durch den Gebrauch von Worten, sondern durch das Haus war es ihnen möglich miteinander zu kommunizieren.

Gerade, als ich das elfte Tor verlassen wollte, sah ich eine sehr schöne junge Frau an einer Spindel sitzen. Sie arbeitete schnell und gleichmäßig mit ihren kleinen Händen und sie sang mehr, als dass sie sprach. „Die Zeit ist gekommen, die Zeit wird gehen. Wir werden für die Ewigkeit erschaffen. Wir erschaffen, um zu Reden. Zeit kommt und Zeit geht. Wir erschaffen, um zu hören. Der Wunsch des Herzens erschafft. Zeit kommt und Zeit geht. Ich sehne mich nach dir. Ich warte auf dich. Höre mir zu, meiner Liebe, die von dir gehört werden will. Zeit kommt und Zeit geht."

Für wen sang sie? Was wollte sie mit diesem kleinen Lied sagen? Ich wusste es nicht, aber es machte mich glücklich, diese Melodie zu hören, bevor das elfte Tor sich schloss.

Unter demselben Banner

Ungarn? Ich hatte nicht damit gerechnet, hierher zu kommen, aber offensichtlich hatte sich das zwölfte Tor in dieses Land geöffnet. Ich stand an einen Zaun gelehnt, der ein großes Feld begrenzte. Um das Feld herum war eine Straße angelegt, die von Bäumen gesäumt war und ich sah Menschen kommen und gehen und vorbeifahrende Kutschen.

Auf dem Feld sah ich viele Pferde mit ihren Reitern. Es erinnerte mich daran, dass Ungarn einmal für seine Reiter berühmt war. Da alle in altmodische Kleider gekleidet waren, schloss ich, dass ich wieder in der Zeit zurückgereist war. Dann, ohne zu wissen warum, wusste ich plötzlich, dass ich mich in der Zeit des österreichisch-ungarischen Kaiserreiches des späten 19. Jahrhunderts befand.

Die Menschen, die an mir vorübergingen, sprachen miteinander, ohne auf die Reiter zu achten. Dann kam eine große Kutsche an mir vorüber. Die Menschen darin achteten ebenfalls nicht auf die Reiter. Es schien, als gäbe es zwei verschiedene Welten, die keine Berührung miteinander hatten.

Ich wandte mich wieder zu den Reitern um und entdeckte einen jungen, sehr gutaussehenden Offizier auf einem schwarzen Pferd, der auf mich zuritt. Konnte er mich sehen? Auf dieser Reise war ich nie sicher, ob die Menschen mich sehen konnten oder nicht, sodass ich nie wusste, was mich erwartete. Dieser Mann allerdings konnte mich sehen. Als er mich erreicht hatte, beugte er sich herunter und fragte: „Sind Sie sicher, dass Sie hier sein wollen, junge Dame? Ich denke, das ist nicht der richtige Ort für eine junge Dame, um ganz allein hier zu sein."

„Warum nicht?" fragte ich verwirrt.

„Nun ja,.." Er wusste nicht gleich, was er sagen sollte. Ich nehme an, er hatte diese Antwort nicht erwartet. Er fuhr fort: „Nun, es ist nicht schicklich, wissen Sie."

„Oh ja, natürlich, Sie haben Recht." Ich wusste nun, was er meinte. Ich war zurück im 19. Jahrhundert und es gab andere Regeln.

Er sah mich an und stieg dann vom Pferd herab. „Wollen Sie die Reiter sehen?" fragte er.

„Ja, sie sind wunderbar."

„Gut. Dann werde ich hier bei Ihnen bleiben."

Ich nickte und stimmte still zu.

„Sie sind nicht von hier, nicht wahr?"

„Oh nein, ich komme von viel weiter her, als Sie sich vorstellen können", erklärte ich ihm und dachte daran, dass ich nicht nur durch den Raum, sondern auch in der Zeit gereist war.

„Ich dachte es mir schon. Es ist leicht zu erkennen, wer von hier ist und wer nicht. Normalerweise reden wir nicht miteinander, wenn wir nicht aus demselben Land oder derselben Klasse stammen."

„Wirklich? Warum nicht?"

„Ich weiß nicht, warum. Aber man tut es einfach nicht. Man spricht nicht mit jemandem aus einer anderen Klasse oder einem anderen Ort."

„Aber Sie schon?" fragte ich.

Er lachte. „Ja, es sieht so aus, als sei ich eine Ausnahme. Vielleicht, weil meine Mutter Ungarin ist und mein Vater Österreicher. Ich bin so aufgewachsen. Sehen Sie, die Menschen sehen einander nicht einmal an, wenn sie nicht die gleiche Herkunft haben. Es gibt zwischen ihnen keine Kommunikation."

„Merkwürdig. Sie wissen, dass Sie alle zu demselben Kaiserreich, demselben Kaiser gehören. Sie sind alle unter derselben Flagge, aber es gibt keine Kommunikation zwischen Ihnen?"

„Ja, ich weiß. Ich denke, wir kommunizieren nicht miteinander, weil wir einander nicht verstehen. Eine andere Kultur, eine andere Herkunft und verschiedene Sprachen scheinen es den Menschen unmöglich zu machen, einander zu verstehen und miteinander zu reden. Gleich, unter welcher Flagge man verbunden ist, man bleibt verschieden."

Ich sah den jungen Offizier an und hoffte, dass wenigstens er seine Offenheit behalten könnte und der Kommunikation keine Grenzen setzen würde.

Er lächelte mich an, als er sagte: „Ich muss jetzt gehen. Seien Sie vorsichtig, junge Dame."

Ich dachte an seine Worte, als ich bemerkte, dass ich ebenfalls den Ort verließ. Es fühlte sich richtig für mich an.

Steppe, soweit mein Blick reichte. Offenes Land mit einem wunderbaren tiefblauen Himmel. Dorthin war ich gereist und ich hätte mir keinen schöneren Ort vorstellen können. Ich stand auf einem kleinen Hügel und um mich herum gab es viele Pferde. Unter mir bemerkte ich ein Lager und etwas in mir drängte mich dazu, näher heran zu gehen. Deshalb ging ich hinunter, näher zum Lager. Je näher ich kam, desto besser verstand ich, wo ich war. Ich musste irgendwo in der Mongolei sein, da ich überall Jurten sehen konnte, die so typisch für die Mongolei sind. Da ich nur Jurten sah und nicht das geringste Anzeichen der Moderne, nahm ich an, dass ich wieder in der Zeit zurück gereist war.

Meine Annahme bestätigte sich, da ich viele Soldaten bemerkte und die Art, wie sie gekleidet waren. Dann sah ich einen Chinesen, der sich einem Jungen näherte. Ich wunderte mich darüber. Der Chinese nahm den Jungen am Arm und sagte: „Komm, er wartet auf dich."

Der Junge sah ihn überrascht an, aber er hatte keine Angst. Ich beschloss, ihnen zu folgen, als sie durch das Lager gingen. Es gab dort viele Pferde, um die sich die Männer kümmerten. Die Männer sahen wie Soldaten aus, die ständig in der Schlacht waren. Der Chinese zog den Jungen vorwärts. Mir ging der Gedanke durch den Kopf, dass der Junge auch ein Sklave sein könnte.

In der Mitte des Lagers gab es eine weiße Jurte, die größer war als die anderen um sie herum. Zwei Soldaten bewachten sie. Als der Chinese und der Junge dort ankamen, öffneten die Soldaten den Vorhang und ließen sie eintreten. Ich schlüpfte ebenfalls hinein und da mich bis dahin niemand gesehen hatte, hatte ich keine Angst.

Der Chinese sagte dem Jungen, er solle warten und ging weiter zum anderen Ende der Jurte. Ich konnte nicht sehen, was dort geschah, aber ich sah einen Mann, der auf einer Art Thron saß. Ich ging näher und mir wurde klar, dass er der Anführer all dieser Menschen hier war, aber ich vermutete, dass er sogar mehr war. Ich konnte ihn mir gut als Herrscher über ein großes Reich vorstellen. Der Chinese kam zurück und schubste den Jungen zum Khan, das war offenbar seine Art, dem Khan Referenz zu erweisen.

Mit einer tiefen, rauen Stimme sagte der Khan zu dem Jungen: „ Du bist hier, weil wir Zeichen bemerkt haben, die uns zeigen, dass du ein geborener Kämpfer bist. Was kannst du dazu sagen?"

Zu meinem Erstaunen fürchtete sich der Junge nicht, aber noch mehr überraschte mich seine feste und selbstsichere Stimme. „Oh Khan, seit ich ein Kind war, wurde mir von diesen Zeichen erzählt. Ich werde kämpfen und ich werde der beste Kämpfer sein."

„Du willst kämpfen? Was macht dich so sicher, dass du es verdienst, einer unserer Kämpfer zu werden?" fragte der Khan.

„Ich bin der Beste unter den Leuten, oh Khan. Niemand hat mich bisher besiegen können. Gib mir einige deiner besten Männer und ich werde es dir beweisen."

„Ich sehe deine Entschlossenheit, Junge. Ich weiß auch, dass du ein guter Kämpfer bist. Du musst nicht gegen meine besten Männer kämpfen. Ich weiß, dass du mir folgen wirst und dass du einer meiner besten Soldaten sein wirst. Geh und lass dir vom Schmied ein Schwert geben."

„Danke, oh Khan. Danke. Du wirst deine Entscheidung nicht bereuen."

„Nein, das werde ich nicht, weil ich keine falschen Entscheidungen fälle. Wenn du dich nicht bewährst, bist du tot."

Der Junge blieb still, aber ich konnte auch kein Anzeichen von Furcht an ihm erkennen. Vielleicht waren sie an diese Art der Kommunikation untereinander gewöhnt, dachte ich. Es war ganz sicher ein raues und hartes Leben hier.

Dann schickte der Khan alle hinaus. Er war allein in der Jurte. Er kam herunter vom Thron und auf mich zu. Konnte er mich sehen? Es schien so. Er sah mir in die Augen und sagte: "Ich war überrascht, dich hier zu sehen. Niemand sonst sah dich, stimmt's? Ich weiß nicht, wer du bist und was du hier tust. Bist du hier, um unsere Art zu verstehen?"

Ich nickte: „Ja, genau."

„Ich führe ein großes Reich. Es ist so weit wie der Himmel und hat keinen Anfang und kein Ende. Man kann ein so großes Reich nicht führen, ohne jeden dazugehörig zu machen. Sie sind mir zu Gehorsam verpflichtet und ich muss Stärke zeigen. Dann werden sie mir immer folgen und ebenso meinen Befehlen gehorchen, egal welcher Art sie sind."

Er machte eine Pause, aber ich wollte nichts sagen, denn, obwohl er mit mir sprach, wusste ich doch, dass ein falsches Wort harsche Konsequenzen nach sich ziehen konnte. Nach einer Weile fuhr er fort. „Du hast diesen Jungen gesehen. Seine Familie wurde getötet. Er wurde von meinen Leuten als Sklave genommen. Als er hier ankam, fanden wir heraus, wie stark und entschlossen er ist. Deshalb habe ich beschlossen, ihn zu einem Soldaten zu machen, obwohl sein Stamm zu unseren Feinden gehörte. Wenn ein Mann gut ist und Ergebung zeigt, dann würde ich ihn nie verschwenden. Sieh dir den Chinesen an. Er ist kein Mongole, aber er ist mein Ratgeber, weil er intelligenter ist und mehr weiß als viele meiner Männer."

Wieder hielt er inne und wieder blieb ich still.

„Jeder hat das Recht, hier herein zu kommen und mit mir zu sprechen. Jeder hat das Recht, gehört zu werden. Und jeder Mann hat das Recht, ein Schwert zu führen. Es ist mir gleich, woher jemand kommt, aber mir sind seine Kraft, seine Stärke, seine Ergebung und seine Loyalität wichtig. Wenn er mich betrügt, wird er geköpft. Wenn er loyal ist, kann er das sein, worin er am besten ist. Das ist meine Gerechtigkeit."

Ich wusste wirklich nicht, was ich antworten sollte. Dem Khan schien es gleich zu sein. Er winkte mir, als wolle er mich entlassen und fortschicken.

Ich sah zu einem sehr hohen modernen Gebäude hinauf. Es sah aus, wie eines der imposanten Gebäude, die üblicherweise von

INTERAKTION - 12. Tor

großen Unternehmen gebaut werden. In welcher Stadt ich war, konnte ich nicht genau sagen, aber zumindest wusste ich, dass ich in der heutigen Zeit zurück war.

Es war merkwürdig. Ich fühlte den Drang, in dieses Gebäude hinein zu gehen, aber irgendetwas daran beunruhigte mich. Ich fragte mich immer noch, was ich tun sollte, als ich mich schon im Inneren des Gebäudes an einem Konferenztisch stehen sah. An einem Ende des Raumes erklärte ein Mann etwas an einem Bildschirm. Um den großen Konferenztisch herum saßen viele Frauen und Männer. Ich hörte den Mann vorne nicht sprechen und ich sah auch nicht alle Leute in diesem Raum, aber ich sah vor allem die Person, die in meiner Nähe saß. Ich verspürte den Drang, meine Hand auf seine Schulter zu legen und in dem Moment stand er auf. Ich wusste nicht, ob er meine Hand gespürt oder meine Anwesenheit bemerkt hatte. Er bat um eine Fünf-Minuten-Pause. Ich nahm an, dass er der CEO dieser Firma sei.

Der Mann ging zum Fenster hinüber und winkte mich zu sich heran. Konnte er mich jetzt sehen? Er sah mich nicht an und sprach auch nicht, aber ich hörte seine Gedanken. „Ich bin der Präsident eines internationalen Unternehmens. Meine Familie und ich haben diese Firma mit unseren eigenen Händen aufgebaut. Wir haben überall auf der Welt Leute, die für uns arbeiten."

Für einen Moment hielt er inne und fuhr dann fort. „Ich habe nie geglaubt, dass ich je in einer solchen Position sein würde, wie jetzt. Man kann eine solche Firma nicht führen, ohne jedem, den man einstellt, die Chance zu geben, Teil dieser Familie zu sein. Man muss bereit sein, jeder Idee und der Meinung der anderen zuzuhören. Nur so funktioniert es. Aber meine Söhne sagen mir, dass ich es falsch sehe. Ich sei ein alter, sentimentaler Mann, sagen sie."

Dann erhob er seine Stimme. „Aber zum Teufel, es ist mir wichtig. Mir ist jeder einzelne Angestellte wichtig, inklusive meiner Söhne. Als ich diese Firma aufgebaut habe, habe ich mit allen möglichen Leuten zusammen gearbeitet. Ich liebte es, mit ihnen zu arbeiten, denn jeder war ein Experte auf seinem Gebiet und ich konnte ebenso viel von ihnen lernen, wie sie von mir. Meine Leute verstehen das nicht. Sie schätzen ein gutes Diplom und einen guten Lebenslauf sehr hoch ein, aber mehr sehen sie nicht. Manchmal höre ich lieber den Putzfrauen zu, die die Büros reinigen, als meinen Managern. Nicht, weil sie mehr wissen, aber sie haben einen anderen Blickwinkel. Sie können mich immer wieder etwas Neues lehren, aber man muss wirklich gut zuhören können. Sehen Sie, jeder kann etwas beitragen. Ich höre jedem zu. Es spielt keine Rolle, welche Position sie haben oder welchen Hintergrund, aber ich liebe neue, innovative und originelle Ideen. Und das kann man nicht irgendwo lernen. Die Männer und Frauen auf der Straße sind darin ebenso gut wie jeder hochgraduierte Manager."

Ich erkannte, dass es für mich wieder an der Zeit war, zu gehen. Ich weiß nicht, ob er mich hörte, aber ich dankte ihm für seine Worte. In meinem Herzen hoffte ich, dass er den anderen seinen Standpunkt klarmachen könnte.

Ich hoffte, mehr Szenen zu sehen in diesem zwölften Tor, aber das war nicht der Fall. Bei manchen Toren ist es leichter, sie zu verlassen, als bei anderen. Heute war es schwerer, aber es würde wieder andere Tage geben, an denen es wieder einfacher sein würde. Ich konnte es nie wissen.

Das Unsagbare erklären

Sobald ich das dreizehnte Tor durchschritt, wusste ich, dass die heutige Reise mich auf unbekanntes Terrain führen würde. Ich öffnete die Augen und erkannte, dass ich mich im Weltraum befand. Ich konnte die Erde aus der Perspektive eines Astronauten sehen. Es war ein merkwürdiges Gefühl, an einem Ort zu sein, an dem es nichts gab, das einem bekannt war. Von hier konnte ich die Schönheit unseres Planeten sehen und um mich herum die Sterne, die in der Dunkelheit leuchteten. Der Weltraum war wirklich unbekanntes Gebiet für mich, aber er hatte eine Schönheit, die mich tief berührte.

Eine Hand griff nach meiner. Ich sah einen Astronauten, der mit seiner freien Hand auf einen Planeten wies, der orangefarben leuchtete. Ich muss sagen, ich habe nie etwas Derartiges gesehen. Die Farbe war wirklich fantastisch und er sah irgendwie anders aus, ungewöhnlich.

Ich sah den Astronauten fragend an. Er lächelte unter seinem Helm und sagte: „Hier hat alles begonnen. Kannst du dir das vorstellen? Hier, wo es kein Ende zu geben scheint. Hier, an diesem Punkt begann alles."

Ich wusste eigentlich nicht so genau, was er damit sagen wollte, aber ich hörte ihm weiter zu. Ich bemerkte, dass er meine Anwesenheit schon wieder vergessen hatte und dass er in seiner eigenen Welt gefangen war. Seine Stimme klang weit entfernt, als er weitersprach.

„Schon als Kind wollte ich hierher kommen. Ich habe davon geträumt, Astronaut zu sein, so lange ich mich erinnern kann. Ich dachte, dass ich hier den Anfang von allem finden würde. Die Wurzeln unserer Zivilisation. Ich war so sicher, sie hier zu finden."

„Und, haben Sie sie gefunden?" fragte ich

„Nicht ganz. Ich habe sie nicht wirklich gefunden, aber ich habe etwas anderes gefunden."

Sein Gesicht hellte sich auf. „Ich fand Frieden. Das wunderbarste Geschenk, das ich je erhalten habe. Hier fand ich Frieden. Nie hätte ich gedacht, wie anders das Leben sein kann, wenn man Frieden in sich und um sich herum hat."

Ich schaute auf den orangefarbenen Planeten während er fortfuhr. „Wenn ich nach Hause zurückkomme, dann hoffe ich, den Menschen diese Weisheit bringen zu können. Die Weisheit, dass nichts wirklich wichtig ist, außer, wenn es uns Frieden bringt. Frieden ist das Einzige, wonach wir streben sollten. Wenn wir das tun, dann fühlen wir uns so willkommen, so gut und so glücklich. Ich hoffe, ich kann das den Menschen mitbringen und es ihnen verständlich machen, wie es sich anfühlt, in diesem Frieden zu sein."

Seine Freude über diese wunderbare Einsicht zu sehen, die er an diesem außergewöhnlichen Ort gefunden hatte, war wirklich erhebend. Ich wünschte, es möge ihm gelingen, den Menschen von seiner tiefen Erfahrung zu berichten und sie verstehen zu lassen, was er hier erlebt hatte.

Es überraschte mich, einen goldenen Wagen zu sehen, der durch den nächtlichen Himmel reiste. Ich lächelte. Sollte mir eine mythologische Gestalt begegnen? Ja, tatsächlich. Der Wagen hielt vor mir an und Helios, der griechische Gott, nahm mich zu sich in den Wagen. Das war noch unwirklicher als alles andere vorher. Ich konnte es kaum glauben. War ich wirklich hier? In dem goldenen Wagen? Ich gab es auf, zu fragen. Es wurde auf dieser Reise nicht gesprochen und ich wurde zu einer Insel in Griechenland gebracht. Ich wusste, dass Helios mich nach Lesbos gebracht hatte. Der goldene Wagen mit Helios fuhr davon und ich fand mich selbst auf dem schmalen Grat zwischen Realität und Mythos wieder.

Ganz in der Nähe hörte ich Musik und ich beschloss, den Klängen zu folgen. An einer Quelle blieb ich stehen. Junge Frauen umgaben sie; sie spielten ihre Leiern und sangen dazu. Eine von ihnen saß ein wenig erhöht und ihre Stimme klang schöner, als alles, was ich mir je hatte vorstellen können. In der Nähe konnte ich eine Statue der Aphrodite sehen und ich fragte mich, ob sie ihre Priesterinnen waren. Dann nahm mich jemand an den Schultern und führte mich zu einem Stuhl. Ich wurde Zuschauerin und hörte die Lieder an, die vor mir gesungen wurden.

„Oh, Aphrodite, wir sind hier, wir sehnen uns danach, dein Herz zu spüren. Wir sehnen uns danach, Teil von dir zu sein. Wir waren immer schon da, wir sehnen uns danach, dich zu sehen, wir sehnen uns nach deinem Herzen. Wir waren immer schon da."

Der Gesang wurde beendet und eine Frau, die die anderen an Größe überragte, kam auf mich zu. Sie kniete sich vor mich hin und schaute mir in die Augen. „Ich bin Meile um Meile gewandert, durch die Jahrhunderte, um es zu erklären, aber es gelang mir nicht. Niemand konnte das Wunder verstehen, das ich in ihr gesehen hatte. Die Menschen verstehen die Worte und die Weisheit nicht, die sie mir gab. Sie sagte mir, dass dies geschehen könne, dass sie mich nicht verstehen würden. Es macht mein Herz traurig. Ich habe meine Schüler, die mir zuhören und sie akzeptieren das, was ich tue, wie jeder andere auch. Aber niemand versteht mich wirklich und weiß es zu schätzen, was ich in ihr in diesen kostbaren Augenblicken sah. Ich kam hierher zurück in der Hoffnung, die Menschen die Weisheit lehren zu können, die sie mir gab. Aber sie können sie nicht verstehen und wollen auch nicht zuhören. Ist es, weil sie nie dort gewesen sind, oder weil ich eine Frau bin? Ich weiß es nicht, aber mein Herz sehnt sich nach ihr und ich möchte mit anderen teilen, was ich gesehen habe."

Sie tat mir leid. Sie suchte so sehr nach einem Weg, um die Weisheit, die sie erhalten und erfahren hatte, mit den Menschen zu teilen. Vielleicht würde sie mit der Zeit einen Weg finden und die Menschen würden ihr zuhören. Ich hoffte es wirklich für sie.

Ich wusste, dass ich in die heutige Zeit zurückgekommen war, irgendwo an einen sonnigen Ort in der Nähe des Ozeans. Ich war von einer wilden Flora umgeben und spürte das Bedürfnis, die Blumen zu berühren. Warum war ich hier? In dem Moment sah ich einige Meter entfernt einen älteren Mann. Er sah aufs Meer und obwohl er offensichtlich mit mir sprach, sah er mich nicht an.

„Ich kam oft hierher, wenn ich mich verloren fühlte. Viele Menschen betrachteten mich als großen Schriftsteller mit großer Weisheit, aber weißt du was? Das war ich nicht. Ich bemühte mich sehr, die Dinge zu erklären, die ich gesehen hatte. Ich ging an Orte, die ich nie zuvor gesehen hatte und wenn ich zurückkam, fühlte ich mich immer verloren. Ich fühlte mich nicht mehr zuhause, doch ich konnte es nicht erklären. Es ist schwer, wenn man merkt, dass einem die Worte fehlen."

Dann geschah etwas, das ich auf meiner Reise bis dahin noch nicht erlebt hatte. Inmitten dieser Szene wurde ich zu einer anderen Szene hingezogen, während gleichzeitig die vorherige parallel dazu bestehen blieb. Ich war in der Küche eines kleinen Hauses im Mittelklassemilieu. Eine Familie saß um den Tisch herum und sie lachten miteinander. Ein Bild zog meine Aufmerksamkeit auf sich und ich sah einen Mann in Uniform – einen Soldaten. Dieser Mann saß mit seiner Familie an dem Tisch vor mir.

Nach einer Weile ging der Soldat hinaus und nun war er am selben Ort wie der ältere Mann aus der vorherigen Szene. Sie standen beide auf der Klippe und sahen aufs Meer. Wie war das möglich? Fragte ich mich. Sprachen sie miteinander?

Eine Weile war Schweigen, dann sagte der Soldat: „Ich habe Dinge gesehen, die Andere sich nicht vorstellen können. Wir können nicht darüber sprechen. Manche können es, die meisten aber nicht. Ich frage dich, wie kann ich das Unerklärbare meiner Familie erklären? Wie kann ich ihnen begreiflich machen, durch was ich hindurchgegangen bin, wo ich gewesen bin, ohne ihnen Angst zu machen, ohne, dass sie das Gefühl bekommen, ich sei nicht mehr ich selbst?"

Er weinte. Ich war sicher, dass er seinen Tränen zum ersten Mal freien Lauf ließ. Der ältere Mann legte in einer tröstenden Geste seinen Arm um die Schulter des Soldaten und sagte: „Ich weiß, wie es ist. Es ist schwer. Sehr schwer. Wir werden nie mehr dieselbe Person sein, aber wir können es uns nicht erlauben, das zu sagen, denn wir müssen normal sein, um in unserer Gesellschaft zu funktionieren. Ich weiß das. Ich war auch dort.

Weißt du, ich bin auch an einem Ort gewesen, nicht in einem Krieg, aber ich war an anderen Orten, die ich nicht kannte. Als ich zurückkam, fand ich mich selbst an einem merkwürdigen Ort wieder, nicht zuhause, aber auch nicht woanders. Ich fühlte mich verloren. Ich konnte nie erklären, wie ich mich fühlte, oder wo ich gewesen war. Ich war nur in der Lage, ihnen Einblicke zu geben, die sie verstehen konnten, ohne sich fürchten zu müssen."

Der Soldat nickte. „Ja, das ist auch das, was ich fühle. Ich kann einige kleine Geschichten erzählen, aber niemals die Wahrheit."

„Wir wissen, dass sie die Wahrheit nicht verkraften können. Sie würden uns nie wieder so begegnen können wie vorher. Deshalb halten wir sie in uns verschlossen."

„Ja, das tun wir", antwortete der Soldat.

„Ich wünschte, dass wir es nicht tun müssten, aber wir tun es alle. Ob wir in einem Krieg waren, so, wie du, oder auf einer inneren Reise, so, wie ich. Es spielt keine Rolle. Wenn man selbst nicht etwas Außergewöhnliches erlebt und erfahren hat – wie will man es anderen Menschen erklären, ohne dass sie einen anschauen, als sei man verrückt geworden?"

Beide seufzten. Ich konnte mit ihnen fühlen. Ich war traurig, als ich sie verließ und wünschte mir, dass ich mehr für sie hätte tun können. Zumindest sind ihre Worte nun hier niedergeschrieben.

Eine Frau ritt allein auf einem Weg. Sie hielt an und ich sah sie in den weit offenen Raum hinaus schauen. Die sanft sich wellenden Hügel vor uns schienen kein Ende zu nehmen. Ich war sicher, dass es ihr Zuhause war.

Sie wandte sich um und begann zu mir zu sprechen. „Dies ist mein Land. Hier bin ich aufgewachsen und auch meine Kinder und Enkelkinder sind hier aufgewachsen. Dieses Land gehört unserer Familie, solange ich denken kann. Ich liebe es. Das Land hat mich Dinge gelehrt, die mich kein Mensch je hätte lehren können. Ich lernte mehr, als ich verlangt habe. Ich hörte von Dingen, von denen ich nicht wusste, dass sie existierten. Das Land hat seine eigene Weisheit und wenn man es liebt, lehrt es einen."

Dann hielt sie einen Moment inne, bevor sie fortfuhr. „Gedichte sind der beste Weg, das Unsagbare auszudrücken. Ich habe dies mein ganzes Leben lang erfahren. Die Natur verändert uns und fordert uns heraus. Manchmal erhalte ich Einblicke in Dinge, die ich nicht erklären kann. Ich fühle mich verloren in solchen Momenten. Am Anfang fürchtete ich mich vor dem, was mir geschah. Dann erkannte ich, dass ich es in einem Gedicht zum Ausdruck bringen konnte. Das gab mir Trost. Jetzt bin ich Großmutter und ich schreibe immer noch meine Gedichte. Meine Kinder lieben sie. Vielleicht erklären sie ihnen mehr über mich und unser Land, als mir je möglich wäre, indem ich es ihnen einfach erzählen würde."

Ich sah sie an und lächelte. Es war schön zu sehen, dass sie ein Mittel gefunden hatte, um ihre Erfahrungen auszudrücken und sie anderen verständlich zu machen.

Ich fuhr in einem Auto, als ich plötzlich einen Elch vor mir sah. Er stand an der Straße und schien zu warten. Wartete er auf mich? Vielleicht. Ich wusste es nicht, aber ich stieg aus dem Wagen aus und folgte ihm. Irgendetwas fühlte sich merkwürdig an der ganzen Szene an. Ich konnte es mir nicht erklären. Ich fragte

INTERAKTION – 13. Tor

mich, wo ich war? Es fühlte sich bekannt an, dennoch wusste ich nicht, wo ich war. Und der Elch erinnerte mich an ein Krafttier. War er eines?

Nach einer Weile hielten wir am oberen Ende eines Wasserfalles an. Warum waren wir hier? Schweigend sah ich den Elch an und dann ging mir ein Licht auf. Ich war in einem meiner Träume. Ich hatte diese Szene in einem meiner Träume gesehen. War das wirklich möglich? War ich in meiner eigenen Vorstellung, in meinem eigenen Traum? Ich wusste nicht, was ich davon halten sollte und fühlte mich ziemlich ratlos.

„Folge mir", hörte ich den Elch wortlos sagen. Wir gingen durch das Tal, das ich so oft in meinen Träumen gesehen hatte. Dann befand ich mich in der Mitte eines kleinen Dorfes und alle Leute sahen mich an, als sähen sie mich zum ersten Mal und doch war es mehr als einmal gewesen, dass ich hierhergekommen war. Meine Gefühle gerieten in Aufruhr und ich war den Tränen nahe.

Eine alte Frau kam aus einem Zelt heraus. „Du bist hier, um zu lernen. Wir zeigen dir den Ort an dem all deine Vorstellungen und Träume, die du je hattest, zu Hause sind. Unsere Träume und unsere inneren Reisen bringen uns zu Orten, an denen wir nie zuvor waren. Wenn man einmal durch das Tor gereist ist, kann es schwierig sein, den Weg zurück zu finden. Wir haben das alle, zu allen Zeiten erlebt. Ein Tor zu etwas nie vorher Gesehenem kann sich öffnen. Den richtigen Weg zurück zu finden, kann schwierig sein, weil man sich verändert, während man hier ist. Wenn man zurückgeht, ist man verändert. Man hat viele Schätze hier. Einige von ihnen mag man schon gefunden haben. Jedes Mal kann man sich entscheiden, einen davon mitzunehmen oder nicht. Das ist es, was die Menschen innerlich und äußerlich verändert. Selbst, wenn man sich entscheidet, keinen mitzunehmen, warten sie hier immer auf einen. Jedes Mal, wenn man seine Traumwelt betritt, sind sie da."

Ich fühlte mich von ihren Worten tief berührt und fragte mich: Würde ich sie zurückbringen? Mich an sie erinnern, wenn ich in die Realität zurückgekehrt war?

Meine Gedanken mussten gehört worden sein, denn ein Mann sagte zu mir: „Das Leben gibt dir mehr als nur eine Chance, die Diamanten, die du hier findest, in die Gesellschaft zu bringen. Wir wissen, dass es schwierig ist, die Brücke zu überqueren und sie zurück zu bringen. Man wird nicht gleich verstanden. Einige Menschen mögen dich ansehen und denken: worüber spricht sie? Sicher, einige mögen sagen, du seist verrückt, aber du weißt es besser. Bleib dabei. Es gibt einen Weg, es den Menschen mitzuteilen. Es gibt immer einen Weg."

Ich nickte und verließ diesen Ort.

Die Reise durch das dreizehnte Tor ging ihrem Ende entgegen. Ich sah zurück und einige der Szenen bereiteten mir immer noch Kummer in meinem Herzen. Ich hoffte für alle, dass sie einen Weg finden würden, das Unerklärbare auszudrücken.

… INTERAKTION – 14. Tor

Die unbekannte Geschichte

Ich war zurück in Irland. In meiner unmittelbaren Nähe befanden sich viele alte Häuser und ein Schloss. Ich stand auf einer steinernen Brücke und überlegte, wie alt sie wohl sein mochte und wer sie gebaut hatte. Während ich so dastand, fragte ich mich, welche Einsichten die Reise durch das vierzehnte Tor mir wohl vermitteln würde.

In dem Moment sah ich eine junge Frau auf mich zukommen. Sie war gekleidet wie im Mittelalter und trug einen Korb unter dem Arm; ein Anzeichen für mich, dass ich wieder in der Zeit zurück gereist war. Neugierig folgte ich ihr und ihr Weg führte mich auf einen Markt.

Dort verlor ich sie aus den Augen und schrak auf, als plötzlich eine sehr gut gekleidete Frau vor mir stand. Sie zupfte mich am Ärmel und sagte, ich solle ihr folgen. Wer war sie? Ich konnte sie nicht deutlich sehen und wusste auch nicht, wohin sie mich bringen wollte, oder was sie mir zu sagen hatte. Trotzdem ging ich mit ihr. Sie brachte mich vom Markt weg, näher in Richtung Schloss.

Unvermittelt blieb sie stehen und flüsterte mir ins Ohr: „Sag es niemandem, aber ich lebe in diesem Schloss. Ich würde in

große Schwierigkeiten kommen, wenn mein Vater herausfinden würde, dass ich wieder entkommen bin."
Sie ließ meinen Arm los und sagte etwas lauter: „Aber es ist mir egal. Ich will hier sein und mit den Menschen sprechen können. Sie sind so faszinierend, weil sie so viele Geschichten zu erzählen haben. Hast du je ihre Geschichten gehört?"
„Nein", antwortete ich wahrheitsgemäß.
„Das solltest du aber. Sie sind wunderbar und sie haben so viele Geschichten zu teilen. Weißt du, mein Vater versteht das nicht. Er hört nicht auf ihre Geschichten. Die Geschichten, die bei mir zuhause erzählt werden, sind anders als hier."
„In welcher Hinsicht anders?" fragte ich sie.
„Die Geschichten von zuhause drehen sich nur darum, unsere Familie und ihre Errungenschaften zu preisen. Die Geschichten hier habe ich nie zuvor gehört. Diese Menschen erzählen Geschichten über Dinge, die ihnen oder anderen Familien geschehen sind. Sie erzählen Geschichten über Wunder, von denen ich nie gehört habe, von Ereignissen, von denen ich nicht wusste, dass sie geschehen sind. Ich wusste nichts von all diesen Dingen, weil ich nie von ihnen gehört hatte. Die Leute haben es mir nie erzählt. Ich denke oft, dass wir nur das zu hören bekommen, von dem andere denken, dass wir es hören sollten und nicht das, worum es im Leben geht, in all seinen Facetten."
Wenn ich in ihre leuchtenden Augen sah und sie über all diese Geschichten sprechen hörte, war es mir unmöglich, mich nicht ebenfalls mitreißen zu lassen. Sie war so glücklich, Geschichten hören zu können, die so anders waren, als die, die ihr sonst erzählt wurden. Offensichtlich hatte sie mir alles erzählt, was sie mir hatte sagen wollen, denn sie ging zurück zum Markt. Kurz davor drehte sie sich um und legte ihren Finger an die Lippen und ich nickte. Ich würde ihr kleines Geheimnis nicht verraten.
Es war wunderbar, ihr dabei zuzusehen, wie sie mit den Men-

schen sprach, ihnen zuhörte und es genoss. Ich winkte ihr zum Abschied.

Wieder erschien ein Schloss vor mir, aber dieses war ganz anders. Es war größer und die ganze Umgebung sah heller aus. Die Sonne schien und Springbrunnen plätscherten im Garten. Ich sah Menschen in diesem Garten spazierengehen. Dann wurde mir klar, dass ich nach Frankreich, zur Zeit des Barock, gereist war.

Ein junger Mann vor mir erregte meine Aufmerksamkeit und ich beschloss, nachzusehen, wohin er ging. Sobald ich ein offenes Feld in der Nähe erreicht hatte, wünschte ich, ich hätte es nicht getan. Zwei Männer standen sich gegenüber. Ich begriff im selben Moment, dass ich gekommen war, um einem Duell beizuwohnen. Das war wirklich das Letzte, das ich hatte sehen wollen. Aber noch bevor ich entkommen konnte, hörte ich eine nahe Stimme.

„So leben sie hier. Es ist wie ein Spiel für die meisten Männer dieser Zeit. Und es ist ein Spiel für den Mann rechts. Für den anderen Mann jedoch ist es mehr als nur ein Spiel. Das ist das Tragische. Der Mann rechts ist aus einer guten Familie. Er weiß nichts über das Leben außerhalb seiner Gesellschaft. Er kennt nur die Regeln, denen man dort folgt. Er erwartet, dass alle die Regeln kennen und ihnen folgen. Das ist seine Tragik. Der andere Mann ist ihm gleichgültig und es ist ihm auch gleichgültig, was der andere vorher zu ihm gesagt hat. Er kann einfach nicht glauben, dass es eine andere Welt mit anderen Regeln geben könnte. Er weiß nicht, dass ihm dies den Tod bringen könnte. Der Mann auf der linken Seite hingegen hat schon Schweres durchmachen müssen und er weiß, dass es auch ein anderes Leben gibt. Das hat ihn vorbereitet. Für ihn ist dieses Duell eine Frage des Überlebens. Es ist kein Spiel. Er kennt die Regeln des anderen Mannes nicht; er will nur überleben, auch für den Preis, den anderen töten zu müssen. Es ist nicht das erste Mal, dass ihn Männer dieser Art zum Duell herausgefordert haben. Bis jetzt war es ihm gelungen, es zu umgehen, aber dieser Tag ist der Tag, an dem er nach seinen eigenen Regeln leben muss. Seine Tragik ist, dass er nicht weiß, dass es für den anderen ein Spiel ist. Es ist eine Tragödie, weil keiner von beiden bereit ist, jenseits seiner sozialen Zugehörigkeit zu schauen und mit dem anderen zu sprechen, oder zuzuhören. Das kann nur böse enden."

Ich sah zu den beiden Männern hinüber und wünschte, sie würden erkennen, was sie gerade im Begriff waren zu tun. Zu erkennen, dass keiner von beiden dem anderen wirklich zugehört hatte. Dass sie beide nach verschiedenen Regeln spielten. Ich seufzte und verließ den Ort. Unglücklicherweise konnte ich nichts tun. Das Schicksal würde seinen Lauf nehmen.

Ich war zurück in der heutigen Zeit, in einer etwas heruntergekommenen Gegend einer sehr großen Stadt. Auf der anderen Straßenseite waren ein paar Teenager. Es war offensichtlich, dass sie zu einer Straßengang gehörten. Ein junger Mann ging zu ihnen und sprach mit ihnen. Er war älter als sie und kein Mitglied der Gang. Sie schienen ihn sehr zu mögen und hörten ihm zu.

Dann verließ der junge Mann sie und kam zu mir herüber. Ich war erstaunt, als er vor mir stehen blieb und mir in die Augen sah.

„Siehst du diese Teenager da drüben? Sie kennen nichts anderes als ihren Ort hier. Sie kennen den Hass, sie kennen die Gewalt. Das ist alles, was sie je kennen werden. Sie wissen nicht, wie anders das Leben sein kann, weil es ihnen niemand sagt. Sie hören niemanden eine Geschichte erzählen, die sie danach fragen ließe, wie anders das Leben sein kann."

Ich wollte antworten, aber er lief schon wieder hinüber zu den Teenagern. Ich wunderte mich – was geschah dort gerade? Ich konnte nichts sehen, aber der Mann sprach in sehr ernstem Ton mit ihnen.

In dem Moment beschloss ich, über die Straße zu ihnen zu gehen. Würden sie mich sehen? Ja, offensichtlich. Sie sahen mich erstaunt an und ich gebe zu, dass ich sie kaum anders ansah. Der junge Mann sagte etwas zu ihnen, das ich nicht verstand. Die Teenager starrten mich an, ohne ein Wort zu sagen. Mir war ebenfalls nicht danach, etwas zu sagen.

Dann hörte ich den jungen Mann zu den Teenagern sagen: „Ihr müsst wissen, dass sie von einem ganz anderen Ort kommt, ja, sogar aus einem anderen Land. Sie lebt ein anderes Leben als ihr, aber sie hatte auch ihre Kämpfe. Wie wir alle. Seht in ihre Augen und ihr werdet wissen, was es sonst noch gibt."

Ich fühlte mich unbehaglich. Warum sollten sie mir in die Augen sehen? Was war mit meinen Augen? Ich verstand es wirklich nicht. Doch jeder dieser Teenager kam zu mir und sah mir in die Augen. Alle gingen sie mit einem Lächeln wieder weg. Ich hatte keine Ahnung, was sie in meinen Augen gesehen hatten, aber ich lächelte zurück.

Dann wandte sich der Mann an mich. „Danke, dass du ihnen ein anderes Leben gezeigt hast."

„Ich habe nichts gemacht", sagte ich unsicher.

„Du hast ihnen Anerkennung gezeigt, Respekt und Liebe. Ja, du hast ihnen ein anderes Leben gezeigt. Sie mussten nichts weiter wissen als das. Danke, dass du hierher gekommen bist. Sie werden sich immer an deine Augen erinnern."

Ich war erstaunt und ich konnte kaum glauben, was gerade geschehen war. Aber, was es auch sein mochte, solange es den

Teenagern half, eine Vorstellung davon zu bekommen, dass das Leben auch mit Liebe und Respekt zu tun hatte, machte es mich glücklich, dass ich helfen konnte. Ich verließ den Ort und wusste, dass nicht nur die Teenager sich an meine Augen erinnern würden, sondern auch ich würde mich ebenso immer an ihre erinnern.

Mich gleich darauf auf einem Schiff, einem Windjammer, wiederzufinden, hatte ich nicht erwartet. Ich wusste, dass ich wieder in alte Zeiten zurückgekehrt sein musste. In dem Moment hörte ich einen Mann laut rufen: „Land, es ist Land in Sicht!" Alle rannten an die Reling. Auch ich konnte das Land sehen.

Der Kapitän erklärte: „Wir haben also endlich das Ende der Welt erreicht. Lasst uns sehen, was wir dort finden."

Dann wandte er sich um und ich folgte dem Kapitän hinunter in seine Kajüte. Er beugte sich über den Holztisch und prüfte die Landkarte.

„Wir haben wirklich Land entdeckt", sagte ein Offizier, der gerade die Kajüte betrat.

„Ja, das haben wir", sagte der Kapitän und legte eine Hand auf die Schulter des Offiziers.

„Wenn wir geglaubt hätten, was sie uns zuhause im guten alten England gesagt haben, dann wären wir jetzt nicht hier."

„Das ist wahr", antwortete der Kapitän.

Offensichtlich hatten sie an einer Stelle Land entdeckt, wo andere es nicht vermutet hatten. Aus dem Nichts heraus hörte ich eine laute, kräftige Stimme zu mir sprechen. „Es zeugt vom wahren Geist eines Forschers, nicht auf die Geschichten zu hören, die man im Allgemeinen erzählt. Solche Forscher sind bereit, darüber hinaus zu gehen und nach neuen zu suchen. Sie sind diejenigen, die neue Geschichten wieder mit zurück bringen, die die Weltsicht der Menschen neu formt. Diese Männer sind Pioniere, weil sie nicht auf das hören und sich nicht von dem begrenzen lassen, was allgemein gesagt wird, sondern sie gehen weiter und probieren selbst Dinge aus, folgen neuen Ideen, reisen an Orte, an denen noch niemand je zuvor war. Sie folgen einer Geschichte, die noch nie erzählt wurde. Aber dennoch existiert sie."

Ich fühlte mich leicht, denn es machte mich froh, zu wissen, dass es Männer und Frauen gab, die neue Geschichten erkunden. Es würde immer inspirierend sein, ihnen zuzuhören, was sie uns erzählen konnten, wenn sie von der Reise zurückkamen.

Als nächstes reiste ich nach Dänemark. Ich war irgendwo am Strand und schaute auf das dunkle Meer hinaus. Dieser Anblick erinnerte mich irgendwie an das Märchen von der Meerjungfrau. Es war ein inspirierender Ort. Ich stand nur da und beobachtete einen Mann, der ganz in Schwarz gekleidet am Strand entlang ging. Ich war sicher, dass er weder das dunkle Meer noch irgendetwas anderes bemerkte, denn er ging mit gesenktem Kopf. Er sah sehr traurig aus. Etwas an der Szene berührte mich sehr und es tat meinem Herzen weh, ihn so zu sehen. Ich war nicht sicher, ob ich mich ihm nähern sollte oder nicht, aber ich beschloss, es zu versuchen und lief hinter ihm her. Was war mit ihm geschehen?

Als ich ihn erreicht hatte, ging ich einfach nur an seiner Seite und fragte: „Kann ich Ihnen helfen?"

Er blieb stehen und sah mich völlig erstaunt an. Offensichtlich erkannte er mich nicht, wie viele andere auf dieser Reise.

„Gibt es Sie wirklich?" fragte er mich.

Ich wusste zuerst nicht, was ich sagen sollte, aber dann antwortete ich: „In gewisser Weise ja. Müssen Sie es wissen?"

„Hm, ja und nein. Manchmal ist es wichtig und manchmal nicht. Es hängt davon ab, wo ich bin. Wissen Sie, wenn ich hier bin, bin ich ein nachdenklicher Mensch. Es ist mir wichtig, nachdenklich zu sein. Ich mag es, so zu sein. Wenn ich wieder in der Stadt bin, dann bin ich der Märchenonkel und wenn ich zurück bin in der Großstadt, bin ich ein erfolgloser Schriftsteller. Wer ich bin, hängt also immer davon ab, wo ich bin."

„Warum können Sie nicht einfach immer der sein, der Sie sind?" fragte ich erstaunt.

Er lachte. „Ich wünschte, ich könnte es, aber nein, das ist nicht möglich. Ich erzähle die Geschichte, die ich erzählen muss, die Geschichte, die die Leute hören wollen. Sie wollen das hören, was ihnen gefällt und was in ihre Weltsicht passt. Sie wollen nichts hören, was dort nicht hinein passt. Wenn sie ein Bild von mir haben, dann erwarten sie, dass ich dem entspreche, ganz gleich, was ich sonst noch sein könnte oder möchte."

Er seufzte und es tat mir leid, dass es ihm nicht möglich war, wie der zu leben, der er wirklich war.

„Seien Sie nicht traurig", sagte er, „ich bin daran gewöhnt. Immerhin bin ich ein Geschichtenerzähler und ich kann alle möglichen Geschichten erzählen, wenn die Menschen sie hören wollen. Mittlerweile hat mein Leben viele Geschichten und ich erzähle diejenigen, die an manchen Orten gern gehört werden, während eine andere vielleicht an einem anderen Ort gern gehört wird. Es ist in Ordnung. Ich werde darüber hinwegkommen."

„Aber Sie sind nicht glücklich", hakte ich nach.

„Nein, Glück entsteht daraus nicht. Vielleicht eine gewisse Befriedigung darüber, etwas Anerkennung gefunden zu haben, aber nein, Glück kann man darin nicht finden."

Er tat mir leid und ich legte meine Hand auf seinen Arm. Er sah mich an und ich konnte seine dankbaren Augen sehen. Ich lächelte ihn an und hoffte, dass er in meinen Augen die Achtung sehen konnte, die ich für sein ganzes Wesen empfand.

Ich würde gerne glauben, dass er es sah.

War die Reise für heute beendet? fragte ich mich. Ich sah das vierzehnte Tor sich schließen, dennoch wusste ich, es war nicht wie die anderen Male. Die Worte, die heute gesprochen wurden, würden mich dieses Mal länger beschäftigen als sonst. Ich gebe zu, dass das Ende härter war, als bei jedem anderen Tor zuvor. Ich fühlte mich traurig und wusste nicht, warum. Ich weiß es immer noch nicht, aber ich denke, uns begegnen immer wieder Worte und Geschichten, die uns tief berühren, ohne dass wir es erklären können. Und nie wissen wir, welche es sind, die schließlich unser Herz erobern.

INTERAKTION – 15. Tor

Die geheime Sprache

Heute öffnete sich das Tor sehr leicht und ich war nicht einmal überrascht darüber, mich am Titicacasee in den Bergen von Peru wiederzufinden. Am See sah ich ein Feuer, um das einige Männer und Frauen herum saßen. Sie sangen etwas, das ich nicht verstand und es war, als nähme ich an einer heiligen Zeremonie teil. Ich wartete außerhalb des Kreises, um zu vermeiden, bei etwas zu stören, wozu ich nicht eingeladen war. Dann kam ein alter Mann zu mir herüber, nahm mich am Handgelenk und führte mich zum Feuer hinüber. Ich setzte mich neben ihn und blieb still.

Plötzlich begann der Mann mit mir zu sprechen. „Heute geht es nicht darum, etwas zu verstehen, das du mit den Augen erkennen kannst. Es ist ein Tag, an dem wir dich durch eine Reise durch Zeit und Raum führen werden, indem du unsere Geschichten hörst."

Ich fühlte mich gesegnet, dazu eingeladen zu sein, ihre Geschichten zu hören. Ich schloss meine Augen und sah eine Wüste vor mir und der alte Mann sprach mit tiefer und friedlicher Stimme.

„Dies ist der Ort, an dem alles begann. Alles, wovon du heute hören wirst, hat dort begonnen. Wir kamen von einem Ort, der schon vor langer Zeit existierte, aber jetzt sind wir in einer anderen Zeit und an einem anderen Ort."

Kamen die Leute, die um das Feuer herum saßen, von diesem Ort? Oder wurden die Geschichten von heute dort geboren? Ich wusste es nicht. Ich blieb still und hörte weiter zu.

Dann sagten sie mir ohne Worte, dass es jetzt an der Zeit sei, ihren Geschichten zuzuhören. Sie waren bereit, sie mir mitzuteilen.

Eine alte Frau begann. „Vor langer Zeit, als ich ein kleines Kind war, hatte ich das Gefühl, nicht hierher zu gehören. Ich wusste nicht, wer ich war. Meine Eltern wussten nicht, was sie von meinen Gefühlen halten sollten. Sie verstanden es nicht und ich genauso wenig. Dann begegnete mir eine ganz besondere Frau. Sie erzählte mir von der Magie des Landes, über die Magie, die wir überall und in allem finden können. Aber vor allem lehrte sie mich ein großes Geheimnis: die geheime Sprache. Wenn wir die geheime Sprache verstehen, erlangen wir die Fähigkeit, Geschichten zu erzählen und zu hören, die nie zuvor gehört wurden; aber darüber hinaus erhalten wir die Möglichkeit, unser Leben zum Guten zu beeinflussen und auch Gutes für das Leben anderer zu bewirken, indem wir die geheime Sprache benutzen. Das habe ich mein ganzes Leben lang getan. Ich bin eine Hüterin der geheimen Sprache."

Ich war erstaunt. Eine geheime Sprache? Ich hatte keine Ahnung, dass eine geheime Sprache existierte. War es eine universelle Sprache? Die von jedem verstanden wurde? Worum ging es da?

Ein Mann unterbrach meine Gedanken und erklärte: „Wir alle haben das Wissen um diese geheime Sprache, alle, die wir heute hier sind. Sie ist heilig und sie kann nicht von jedem benutzt werden, weil sie dich zerstören kann, wenn du sie nicht zu benutzen weißt. In meinem Fall bin ich über diese Sprache gestolpert, als ich ein junger Mann war. Meist war ich betrunken und in einer Art Traumwelt verloren. Es war eine gewalttätige Zeit und nichts lief gut für mich. Ich war ein schlechter Mensch, der sich in schlechten Gewohnheiten verloren hatte. Es war nicht einfach für andere Menschen, mit mir zusammen zu sein, aber ich änderte mich. Eines Tages entdeckte ich die geheime Sprache und alles änderte sich. Nichts konnte mehr so bleiben wie es war, von dem Moment an, in dem ich sie sah, sie hörte und sie fühlte. Du musst wissen, es ist eine Sprache, die unser ganzes Sein ergreift, nicht nur das Ohr, wie in den meisten unserer modernen Sprachen. Es versetzt dich in die Lage, mit jedem zu kommunizieren, weil es keine Begrenzungen gibt, an die wir durch unsere Erfahrungen gewöhnt sind."

Seine Worte sprachen auf einer ganz tiefen Ebene direkt mein Herz an, das konnte ich spüren. Und er brachte mich zum Nachdenken. Konnte all dies eine mögliche Erklärung sein für meine eigenen Erfahrungen mit unsichtbarer Kommunikation? Ich war mir nicht sicher, aber ich spürte, dass ich in meinem eigenen Verständnis einen Schritt vorankam. Ich saß schweigend und alle um mich herum waren ebenfalls still. Ich fragte mich gerade, was los war, denn niemand sprach. Es wäre sehr unhöflich und respektlos gewesen, die Stille zu stören.

Nach einer Weile sprach der Mann neben mir wieder. „Wir haben unsere Ahnen gefragt, uns die Erlaubnis zu geben, mit dir auf einer tieferen Ebene über die geheime Sprache zu sprechen. Sie haben uns dazu ermutigt, dich mehr darüber wissen zu lassen. Wir können dir nicht alles mitteilen, aber wir vertrauen dir und werden dich das wissen lassen, von dem wir annehmen, dass wir es können."

Dann machte er eine kurze Pause, bevor er fortfuhr. „Die geheime Sprache ist ein Code. Sie enthält Worte und Symbole. Die

Symbole sind Worte und die Worte sind Symbole. Diese Worte und Symbole sind sehr, sehr alt und sie wurden von Generation zu Generation weitergegeben. Nur wenige Menschen waren in der Lage, den Code zu benutzen; die anderen haben dieses Wissen nie erhalten. Der Hauptgrund dafür ist, dass man den Code nur verstehen kann, wenn man durch ein Training gegangen ist. Es braucht viele Jahre des Lernens, um ihn zu verstehen. Die geheime Sprache bietet uns ihre Einsichten nur an, wenn man sich auf eine lange und harte Reise begibt. Es ist nicht einfach, eine solche Reise zu unternehmen. Sie ist sehr herausfordernd und sie kann einem viel Mühsal bescheren. Um den Code zu verstehen, muss man auf diese Reise gehen. Man muss auf vielerlei Weise hart für etwas kämpfen, bei dem die meisten Menschen sich gar nicht erst auf den Weg machen würden. Sie wollen es nicht tun, weil es ihnen zu schwer und anstrengend erscheint. Wir verstehen das. Wir urteilen nicht darüber. Es ist nicht für jeden vorgesehen, Hüter der geheimen Sprache zu werden."

Ich schwieg noch eine Weile, bevor ich ihm und den anderen Männern und Frauen für ihre Worte dankte. Sie hatten mir heute soviel gegeben, dass es mir nicht leicht fiel, es in Worte zu fassen. Ich war berührt und wusste, dass ich eines Tages zu ihnen zurückkehren würde, vielleicht sogar innerhalb meiner Reise durch die verborgenen Tore. Ich würde es sehen.

Ein letztes Mal sah ich auf das Feuer und die Leute am Titicacasee bevor ich den Ort verließ.

Ich wusste, ich war wieder in der Vergangenheit. Ich war mir sicher, dass die Reise mich nach Persien geführt hatte. Ich befand mich in einem Palast und sah einen Lehrer vor mir, dessen Schüler auf dem Boden saßen und ihm zuhörten. Er sah mich und winkte mir, ihm zu folgen. Als ich ihn erreichte, hatte er inzwischen einen anderen Raum betreten. Er hielt ein rein weißes Tuch in seiner Hand. Es war sehr dünn und doch undurchsichtig. Aber irgendetwas war mit diesem Tuch, das ich mir nicht erklären konnte. Was war es nur? fragte ich mich.

Er sah mich an und erklärte: „Das ist der Code, den wir benutzen. Es ist unser Code für die geheime Sprache. Wir haben alle das Wissen um die geheime Sprache, aber jeder benutzt einen anderen Code. Dieses hier ist unser Code."

Ich sagte, „Aber da ist nichts zu sehen, außer einem weißen Tuch!"

„Weil du noch nicht in der Lage bist, ihn zu sehen. Man kann es nicht verstehen, nur indem man es ansieht. Es hat nichts mit dem rationalen Verstand zu tun und dem Ego. Eine Reise auf einer anderen Ebene ist nötig, um die geheime Sprache und ihren Code verstehen zu können."

„Man braucht nicht den Verstand?" fragte ich.

„Man braucht den Verstand. Man muss ihn benutzen. Ohne ihn könnte man ihn nicht sehen, aber das allein ist nicht genug. Eine Sprache im Allgemeinen und die geheime Sprache im Besonderen, kann niemals nur mit dem Intellekt aufgenommen werden. Ich weiß, dass es meist eure Vorgehensweise ist, in der Zeit, in der du lebst, aber es genügt nicht, wenn du die geheime Sprache verstehen willst."

Ich nickte und sah ihn an.

„Meine Schüler folgen diesem Weg. Es ist keine Reise, die man innerhalb kurzer Zeit absolviert. Sie werden ebenfalls einiges mehr brauchen, bis es ihnen geschieht und sie wissen es. Es ist eine Ehre für sie, hier zu sein, aber sie wissen auch, dass es eine Reise ist und harte Arbeit erfordert, um es wirklich geschehen lassen zu können."

Er wandte sich um und kehrte zu seinen Schülern zurück. Ich folgte ihm und zu meiner Überraschung stellte er mich ihnen vor, indem er sagte: „Sie ist auf der Reise zur Entdeckung der geheimen Sprache, genau wie ihr. Sie ist nicht aus dieser Zeit und von diesem Ort. Dennoch seht ihr, dass es keine Grenzen gibt, die uns trennen. Zeit und Ort sind nicht wichtig, um den Code zu verstehen. Die geheime Sprache setzt niemals Grenzen."

Die Schüler sahen mich überrascht an, aber niemand stellte die Worte des Lehrers in Frage. Ich sah sie noch ein letztes Mal an und dann verließ ich den Palast in Persien.

Nun saß ich hier an meinem Schreibtisch und sah aus dem Fenster in einen grauen Himmel hinein. Gedanken gingen mir durch den Kopf. Dieses Tor hatte neue Fragen aufgeworfen, die ich mir vorher nie gestellt hatte. War es denkbar, dass meine ganze bisherige Reise durch Zeit und Raum dazu bestimmt war, mich an diesen Punkt zu führen, zur geheimen Sprache? War es die geheime Sprache, die die unsichtbare Kommunikation, die mich schon seit meiner Kindheit begleitete, ermöglichte, ebenso wie die Kommunikation mit meinem Morgengast? Wie konnte ich sie benutzen, wenn ich sie bis jetzt gar nicht kannte? Erfuhr ich die geheime Sprache, während ich diese Zeilen schrieb, während ich die Stimmen hörte und Orte besuchte, den Geschichten zuhörte?

Ich konnte diese Fragen nicht beantworten, aber es fühlte sich so an, als hätte ich zumindest einen flüchtigen Blick auf eine Antwort erhascht. Das einzige, was ich sicher wusste, war, dass ich diese Reise fortsetzen würde, in der Hoffnung, dass meine Fragen auf diesem Weg ihre Antworten erhalten würden.

INTERAKTION – 16. Tor

Gesellschafts-regeln

Genf ist eine schöne und aufregende Stadt. Ich stand am Hafen, an dem viele Schiffe zu sehen waren, darunter auch Yachten. Mein Blick fiel auf eine dieser Yachten. Sie war so groß, dass ich vermutete, sie müsse sehr reichen Leuten gehören. Es schien, als ob die Yacht mich einlud, an Bord zu gehen. Also ging ich auf das Schiff und landete inmitten einer Party.

Es war offensichtlich eine Party unter reichen und schönen Menschen. Sie plauderten miteinander und hatten viel Spaß. Ich war sicher, dass sie mich nicht sehen konnten, aber dann bemerkte ich ein kleines Mädchen etwas weiter entfernt sitzen, das mich offenbar sehen konnte. Warum? fragte ich mich. Außerdem waren alle anderen Leute auf der Party Erwachsene. Es gab keine Kinder, außer ihr; warum also war sie da und wer war sie? Ich setzte mich neben sie, sagte aber nichts.

Sie sah mich nicht an, sondern konzentrierte sich auf die Leute vor ihr. Dann sprach sie, während wir beide die Party beobachteten, die sich vor unseren Augen abspielte. „Wir sind hier, um zu beobachten. Wir sehen diese Leute hier, wissen aber nichts über sie. Sie sind hinter Mauern versteckt, die wir nicht durchschreiten können."

Wovon spricht sie? dachte ich.

„Ich spreche darüber, dass sie Gefangene ihres eigenen Lebensstiles sind. Sie sind Gefangene ihrer Gier nach mehr Prestige und materiellen Dingen. Nicht alle reichen Leute sind so. Es wäre nicht richtig, das zu sagen, aber die Chance, in die Falle dieser Art von Lebensstil zu geraten, ist größer für Menschen, wie diese, die hier auf der Yacht sind."

Ich sah sie an und verstand immer noch nicht ganz, was sie mir sagen wollte.

Dann fuhr sie fort: „Wenn wir in der Lage sein wollen, wirklich miteinander zu kommunizieren, müssen wir über das reden, was wirklich in uns ist. Wir sollten darüber reden, was uns wirklich wichtig ist, über die Angelegenheiten des Herzens und der Seele. Es sollte nicht so sein, dass die Leute nach der Party zurückgehen in ihre Zimmer, die Tür hinter sich schließen und weinen, weil sie sich unglücklich fühlen. Oft wissen sie gar nicht, warum sie sich so fühlen, aber die Unterhaltungen, die sie auf Partys wie dieser hier führen, nähren ihre Herzen und Seelen nicht. Es ist traurig, aber die meisten Menschen sprechen über unwichtige Dinge; darüber, was man tun kann, um materiellen Erfolg zu haben; darüber, was man mit all dem Geld machen kann, das man hat und sie vergessen, darüber zu sprechen, was ihnen wirklich wichtig ist. Ich wünschte mir, dass die Menschen über Dinge sprechen würden, die ihre Herzen und Seelen stärken. Dinge, die sie in ihren Herzen lächeln lassen würden."

Ich nickte und wusste, dass sie irgendwie Recht hatte. Aber ich wusste auch, dass die Menschen nicht gerne über ihre Gefühle reden.

Sie antwortete auf meine Gedanken. „Ich meine nicht unbedingt, dass man Gefühle teilen sollte, die in einem aufgestaut sind, obwohl das auch ein guter Weg ist. Ich meine, man sollte darüber reden, was einen tief berührt hat. Wie zum Beispiel, wenn man die Nachrichten von einer Katastrophe hört, und darüber zu reden, welche Gefühle sie in einem auslösen und mit anderen zu teilen, was hinter solchen Vorfällen liegt, oder über die innere Botschaft eines Filmes und weshalb er dich berührt hat. Es gibt so viele Möglichkeiten, miteinander zu reden in einer Weise, die unsere Herzen und Seelen nährt. Es ist die tiefere Bedeutung, die uns nährt. Dies sollte uns in unser Zimmer zurückbegleiten und uns auf unsere Betten fallen lassen mit einem Lächeln im Gesicht."

Ich sah mir die Leute auf der Party an und fragte mich, wie viele von ihnen wohl heimgehen würden mit dem Gefühl von Verständnis, Respekt und Frieden. Mit einem schweren Herzen verließ ich die Szene.

Noch nie war ich an einem Ort wie diesem, an dem es nach einem besonderen Kongress aussah. Überall liefen viele Menschen herum und laute Stimmen waren zu hören. Ich war nicht sicher, in welcher Stadt ich war, noch, worum es bei dieser Versammlung ging. In dem Moment sah ich eine Tür zu einem großen Raum offenstehen und ich beschloss, hineinzugehen. Innen standen viele Stühle und ganz vorne war eine Bühne. Auf einer Leinwand über der Bühne sah ich Namen angeschrieben, konnte sie aber nicht deutlich lesen und überall waren Poster und Verkaufsprodukte zu sehen. Je näher ich der Bühne kam, desto mehr Dinge sah ich. Es schien alles Teil einer Show zu sein, die ein bestimmtes Produkt präsentieren sollte, obwohl ich nicht herausfinden konnte, um welches Produkt es sich handelte.

INTERAKTION – 16. Tor

Bald sah ich viele Menschen in den Raum hineinströmen und die Stühle füllten sich schnell. Ich wusste nicht, was ich tun sollte, entschloss mich aber dann, in der Nähe der Bühne zu bleiben, um zu beobachten, was geschehen würde. Kurz darauf kamen drei Männer auf die Bühne und das Publikum applaudierte. Die Männer auf der Bühne begannen eine Art Konversation, aber ich verstand nicht, worüber sie sprachen. Ich beschloss, hinter die Bühne zu gehen und zwei der Männer, die auf der Bühne gewesen waren, kamen auf mich zu. Konnten sie mich sehen? Es sah ganz danach aus.

Als sie vor mir standen, erklärte einer von ihnen: „Wir werden oft unterschätzt an Orten wie diesen. Das liegt daran, dass die Leute nicht wirklich wissen wollen, wer wir sind. Meistens macht es uns nichts aus, nur manchmal wünschen wir uns, mitteilen zu können, wie wir uns wirklich fühlen. Aber wir sind nur hier, um zu unterhalten. Wir müssen die Show am Laufen halten. Wir müssen verkaufen. Wir sprechen mit den Leuten über all die Dinge, von denen wir glauben, dass sie für sie relevant sind."

„Ihr lügt?" fragte ich überrascht.

„Nein, das würden wir nicht tun. Wir bleiben so authentisch, wie wir können, aber man ist auch nicht völlig man selbst. Die Leute kommen hierher wegen unserer Show. Wir erklären, unterhalten und hoffen, sie zufriedenzustellen. Es geht nicht darum, wie wir uns fühlen, wie es uns wirklich geht; es geht darum, was die Leute fühlen und was sie dazu bringt, diese Dinge zu kaufen, die wir verkaufen. Schließlich ist das unser Job."

„Das klingt furchtbar", sagte ich.

„Ich weiß. Wir wissen es alle, aber wir machen weiter, weil wir unsere Jobs und unser Geld wollen. Wir sind nicht schlechter als irgendjemand sonst, aber ich fühle mich oft miserabel. Es ist vielleicht nicht immer fair, aber ich halte diese Gedanken verborgen und verschlossen."

INTERAKTION – 16. Tor

Ich konnte seinen Worten kaum zuhören. Sie fühlten sich so falsch für mich an und es tat mir weh. Ich wusste, dass er nicht glücklich war über das, was er tat, aber er machte trotzdem weiter. Er war zu niemandem unfair und die Leute fragten offenbar nach diesen Dingen. Dennoch fühlte ich mich unangenehm berührt.

Der andere Mann, der neben ihm stand, sah mich an und sagte: „Sie wollen nicht dein wahres Ich, sie wollen die Person, die ihnen über die Show erzählt. Zweifel sind nicht das, worüber man hier spricht. Niemand will etwas über Zweifel oder Ängste hören. Niemand. Das ist nicht das, was sie wollen und das ist nicht das, worüber wir sprechen. Da draußen, da muss man ein Image für die Öffentlichkeit vorleben und obwohl man Gefühle zeigen kann, darf man nie das wahre Ich zeigen."

„Aber das wäre menschlich", sagte ich mit Nachdruck.

„Ich weiß, aber wir machen das nicht. Niemand tut es. Das ist eine der Regeln unserer Gesellschaft. Wenn einmal das öffentliche Auge auf dir ruht, benimmst du dich so, wie die Öffentlichkeit dich sehen will und zeigst nicht dein emotionales Durcheinander. Das ist für die Zeit hinter dem Vorhang."

Das ist hart, dachte ich.

„Ja, das ist es. Manchmal kann es einen zerreißen, aber meistens macht man einfach weiter, denn man profitiert ja auch davon. Ebenso wie das Publikum, denn die Dinge, über die wir sprechen, sind immer wahr. Wir sehen den Job von dieser Seite. Das ist nicht falsch, man sagt nur eben nicht alles, spricht nicht über die negative Seite, die damit einhergeht, weil es das Image ruinieren würde."

Ich muss zugeben, dass diese Unterhaltung nicht einfach für mich war. Meine Gefühle waren in Aufruhr und ich war traurig. Haben wir wirklich solche Regeln in unserer Gesellschaft? Es machte mich traurig, daran zu denken, dass es Leute gab, die so etwas tun mussten. Ich war froh, als ich diesen Ort verlassen konnte.

Ich war irgendwo in einem großen Raum mit vielen Menschen zusammen. Der Raum war voller Bilder und Gegenstände, die etwas mit UFOs zu tun hatten und es gab noch eine Menge anderer Dinge mehr. Ich vermutete, ich war zu einer Art Konferenz gekommen. Die Leute sprachen alle sehr angeregt miteinander. Da sah ich einen Mann auf mich zukommen, der in ein silberfarbenes Shirt gekleidet war. Er nahm mich am Arm und zog mich von der Menge weg.

Dann ließ er mich los und sagte: „Diese Leute hier sehen nur die halbe Wahrheit. Sie haben einen Teil der Wahrheit gefunden, aber sie wissen nicht alles. Oft glauben die Menschen, dass der eine Teil der Wahrheit, den sie entdeckt haben, das Ganze enthielte und so viele andere Teile lassen sie aus. Die Seele und das Herz bieten zusätzliche Informationen, aber sie wollen nichts darüber hören."

„Warum nicht?" fragte ich ihn.

„Weil sie nicht damit umgehen können. Vergiss nicht, die meisten Teilnehmer hier wollen das hören, was ihre Ansichten und Meinungen bestätigt, nicht das, was sie herausfordert."

Ich verstand, was er meinte, aber in gewisser Hinsicht ergab es keinen Sinn für mich. Ich wusste nicht, warum.

„Die Leute hier wollen nicht sehen, was es da draußen sonst noch gibt. Es gibt mehr dort, aber nicht jeder ist bereit, es zu sehen."

Ich war still und wartete darauf, dass er weitersprach. Nach einer Weile sagte er: „Wir sind alle begrenzt in unserer Wahrnehmung, dennoch behaupten wir, alles zu wissen und das ist es, was wir den neuen Suchern hier erzählen. Das Problem ist,

wenn die Menschen noch nicht dafür bereit sind, können sie nicht die gesamte Information bekommen, denn sie sind nicht in der Lage, sie wahrzunehmen."
„Ihr erzählt nicht alles?" „Oh, sicher erzählen wir alles; wir wissen nur selbst nicht alles. Und ja..., wir könnten wissen, dass es mehr gibt, aber wir würden es nicht zugeben. Besonders dann nicht, wenn es um Gefühle geht. Eine emotionale Seite zu diesem Thema? Nein, das würde der Wahrheit nicht weiterhelfen. So arbeiten wir hier."

Ich sagte nichts und dachte: ist die rationale Seite der Dinge wirklich die einzige Wahrheit da draußen? Ich verließ die letzte Szene bedrückt.

Ich kann wirklich nicht beschreiben, wie mich das heutige Tor zurückließ. Aber ich fühlte mich nicht erhoben, sondern ein Teil von mir war traurig und enttäuscht. Ich ließ meine Gedanken schweifen. War es wirklich so schwer für die Menschen, der emotionalen Seite genauso viel Beachtung zu schenken, wie der rationalen? Lag die Wahrheit nicht im Ganzen? Ich weiß nur, dass ich mich merkwürdig fühlte, als ich das Tor sich endlich schließen sah.

INTERAKTION – 17. Tor

Sinnsuche

New York City war der erste Anblick, der sich mir bot, als ich durch das Tor ging. Ich stand auf einer Brücke und ganz New York war unter mir. Als ich mich umsah, glaubte ich meinen Augen nicht zu trauen: fast alle Menschen, die in dieser großen Stadt lebten, bewegten sich in eine Richtung. Alle Straßen waren voller Menschen. Ich fragte mich, wohin sie alle gingen? Noch mehr überraschte es mich, zu sehen, dass Menschen aus allen Gesellschaftsschichten, Männer und Frauen, jung und alt, reich und arm, alle in die gleiche Richtung gingen. Ich konnte nicht erkennen, wem oder was sie folgten, aber tief in mir wusste ich, dass es etwas war, das man nicht mit den Augen wahrnehmen konnte. Es war nichts Greifbares.

Ganz plötzlich blieben alle stehen. Die Leute sahen zum Himmel hinauf. Sie machten mich neugierig, sodass ich ebenfalls hinauf schaute und mich fragte, was sie wohl sahen. Zuerst konnte ich nichts erkennen, aber nach einer Weile wusste ich intuitiv, dass dort ein Licht war. Zu Beginn spürte ich es mehr, als dass ich es sah, aber dann sah ich das Licht. Es war ein helles Licht, voller Liebe. Aber etwas wusste ich ganz sicher: dass die Menschen es nicht sahen. Sie spürten es, denn sie folgten dem Rhythmus, der Stimme und dem Klang des Lichtes, aber sie sahen es nicht.

Gerne hätte ich laut gesagt: „Hey, seht doch, dort ist es!" aber tief in mir wusste ich, es war nicht an mir, das zu sagen. Dennoch sahen die Menschen nach oben und sie alle wussten, dass es da war, obwohl sie es nicht sehen konnten. Wahrscheinlich ließ es sie in diese Richtung gehen, ihrem Gefühl folgend, dass da etwas war, obwohl es unsichtbar war.

Dann gab es eine Veränderung. Ich war ganz erleichtert, als langsam, aber sicher, einer nach dem anderen das Licht ebenfalls sehen konnte. In dem Moment wusste ich, dass es mehr und mehr Menschen sehen würden. Es stellte mein Herz zufrieden und schließlich fühlte ich mich bereit, sie zu verlassen. Aber anstatt die Szene gänzlich zu verlassen, sah ich einige weise Männer und Frauen vor mir.

Eine alte Frau, die in meiner Nähe stand, sagte: „Diese Menschen sind dem Pfad gefolgt, genau wie wir alle und wie jeder, der nach uns kommt, es tun wird. Sie hören, wie es zu ihnen spricht und es veranlasst sie, ihm zu folgen. Es ist wunderbar zu sehen, nicht wahr? Wir fühlen uns auch sehr gesegnet. Jeder Mensch, der das Licht sieht, berührt uns. Wir glauben, dass es leichter wird, jedes Mal, wenn jemand das Licht sieht. Es ist einfacher für diejenigen, die danach kommen, es auch zu sehen."

„Ja", bestätigte ein Mann. „Als ich jung war, war es sehr schwer zu verstehen. Wir hatten es so schwer zu lernen, denn man musste Schranken durchbrechen, aber jetzt gibt es keine Schranken mehr und es wird für jeden einfacher. Wir sind dankbar für die Veränderung."

Ich dankte ihnen für ihre Worte und verließ schließlich New York City.

Ich sah eine alte Frau vor mir, die mit einem Yak durch eine wundervolle Landschaft ging. Das Yak und die Landschaft ließen mich darauf schließen, dass ich nach Tibet gereist war. Ihre Kleidung war alt und sie war langsam, aber irgendetwas brachte mich dazu, ihr zu folgen.

Wir gingen durch alles hindurch. Wir gingen und gingen und hielten nie an. Wir sprachen nicht; wir gingen nur. Ich stellte nichts in Frage, sondern folgte ihr nur. Es erschien mir wie eine endlose Reise und ich fragte mich: kommen wir je ans Ende? Ich wusste es nicht und ging einfach weiter mit ihr mit. Ich kann nicht sagen, wie viele Tage, oder sogar Wochen wir gingen, ohne anzuhalten, ohne ein Wort. Dann endlich, eines Tages, hielten wir an einem See. Das Wasser war kalt, aber sehr erfrischend und wir spritzten uns beide ein wenig ins Gesicht. Als ich danach wieder den Kopf hob, sah ich ein Schloss inmitten des Sees. Eine Fata Morgana? dachte ich. Ich war nicht in einer Wüste, aber es konnte nicht real sein.

„Wir gehen dort hinüber", sagte die alte Frau.

„Aber das können wir nicht", sagte ich. „Es ist nicht real. Es ist in der Mitte des Sees. Das ist nicht möglich."

„Sagt wer? Du?" Sie sah mich mit großen Augen an.

Ich nickte.

„Das weißt du nicht. Du kannst es nicht wissen, oder bist du eine Schamanin, ein weiser Mensch, der alles weiß?"

Ich schüttelte den Kopf; natürlich war ich das nicht.

„Dann folge mir und sei still. Wir wollen sie nicht aufwecken, bevor es an der Zeit ist."

Ich blieb still und folgte ihrer Führung misstrauisch. Ich weiß nicht, wie es uns gelang, voranzukommen, aber plötzlich standen wir in der Mitte des Sees. Ich sah das Wasser bis zu meiner Brust, aber ich fühlte kein Wasser um mich herum. Es war ein merkwürdiges Gefühl.

„Schließ deine Augen", sagte sie.

Nach einer Weile, während ich sie geschlossen hielt, sagte sie: „Nun öffne sie wieder."

Als ich sie öffnete, sah ich eine weite Wüste um mich herum. Mitten in dieser Weite sah ich einen Palast, hell und farbenfroh. Es sah fantastisch und wunderschön aus.

„Lass uns hineingehen", sagte sie.

Kaum hatten wir den Palast betreten, wurden wir von vielen Menschen begrüßt. Sie freuten sich alle, uns zu sehen. Meine Begleiterin veränderte sich vor meinen Augen. Sie war plötzlich eine große und unglaublich schöne Frau. Sie hatte eine so helle, schöne, starke und zarte Aura, dass es mich verzauberte. Ich hätte schwören können, dass sie die Königin dieses Palastes war.

„Folge mir", sagte sie.

Sie setzte sich hin und zeigte auf den Platz neben sich. „Wir sind einen langen Weg gereist, um hierher zu kommen. Wir gehen jedes Jahr auf diesen Weg. Wir müssen es tun, weil wir uns daran erinnern wollen, wer wir sind. Wir kommen hierher und wir reden, wir hören der Musik zu, die in unseren Herzen singt. Hier hören wir die Worte, die wir längst vergessen und verloren geglaubt haben. Wir kommen hierher und lassen uns von der Schönheit dieses Ortes berühren. Und wenn wir dann zurückkehren, haben wir sie in unseren Herzen."

„Ist es wie in den Träumen?" fragte ich.

Sie lachte. „Ja, wir sind in einem Traum. Jeder von uns kommt jede Nacht hierher. Wir reisen hierher und wir kehren immer zurück mit Worten, die wir nicht kannten, oder vergessen hatten."

„Warum erinnern wir uns nicht an die Worte?" fragte ich.

„Das ist eine Frage der Wahl und selbst für uns ist es ein unbekanntes Geheimnis. Jeder kann hierher kommen."

„Aber nicht jeder tut es."

„Ja", sagte sie und ihre Stimme klang voll Trauer. „Unglücklicherweise nicht. Viele Menschen gehen nicht so weit. Sie lassen sich in ihren Träumen nicht mitnehmen. Traurig, aber wahr, doch jeder hat diese Möglichkeit."

Mir taten diejenigen leid, die nicht an diesen Ort reisen konnten und ich fragte mich, wie sie wohl den Weg finden konnten. Was mich in dem Moment überraschte, war die Erkenntnis, dass niemand einen Führer brauchte, um hierherzukommen.

„Nein", sagte sie und lachte, „es ist frei. Man muss nichts dafür bezahlen, oder einen Führer haben, um hierherzukommen. Es gehört allen."

„Obwohl es eine lange Zeit dauert, um hierherzukommen. Ich meine, wir haben eine lange Zeit gebraucht", sagte ich.

„Ja, das stimmt", antwortete sie ernst. „Wir müssen eine lange Reise machen. Aber wir können jede Nacht auf diese Reise gehen. Nach einigen Nächten, ich kann nie genau sagen, wie viele, kommt man hier an."

„Muss ich irgendetwas tun, um hierher kommen zu können?" fragte ich.

„Nein", sagte sie und lachte wieder, „es nur zu wollen, ist genug. Es ist eine Wahl, die man trifft und dann muss man nur daran glauben. Dann kann man auf die Reise gehen. Am Ende wirst du die Worte finden, nach denen du gefragt hast. Die Worte warten hier. Du musst nur hierher kommen und sie abholen."

Ich war ihr ungemein dankbar, dass sie mir diese Reise gezeigt und sie mir erklärt hatte. Es war ganz bestimmt ein Ort, den zu besuchen sich lohnte. Hoffentlich werden viele Menschen danach suchen, dachte ich. Sie lächelte mich an und ich erkannte, dass ich den Ort verließ.

INTERAKTION – 17. Tor

Ich war in der Zeit und im Raum zurückgereist. Ich stand inmitten eines Dschungels und ganz in meiner Nähe sah ich mit Gewehren bewaffnete Männer wie die Konquistadoren, die spanischen Eroberer. Sie bahnten sich ihren Weg durch den Dschungel. Es war offensichtlich, dass sie etwas zu finden hofften, das ihnen Glück und Freude bringen würde.

Keiner der Männer konnte mich sehen. Sie hatten merkwürdige Augen und schienen nicht zu bemerken, was um sie herum war. Sie suchten nach etwas und dieses Etwas machte ihre Augen eng und ihre Herzen unempfindlich gegenüber jedem und allen Dingen um sie herum. Da war eine Art Gier in ihren Augen zu sehen. Ich folgte ihnen und wir kamen zu alten Ruinen. Dieser Ort muss in alter Zeit einmal ein reicher Ort gewesen sein. Aber die Konquistadoren sahen es nicht; stattdessen konnte ich ihr Verlangen und ihre Gier sehen. Sie wollten dieses Etwas finden, was auch immer es war. Es war ihre Reise, ihre Suche.

Ich sah einen großen Mann oben auf einem der Tempel stehen. Er lächelte mir zu und ich wusste, dass er von den Männern ebenfalls nicht gesehen wurde, denn wie ich, war er aus einer anderen Zeit. Ich ging die Stufen hinauf, bis ich die Spitze des Tempels erreichte, während die Konquistadoren die Umgebung absuchten.

Ich stand neben dem großen Mann. Als er mit mir sprach, konnte ich jedes seiner Worte laut und deutlich hören. „Die Menschen sind all die Jahrhunderte hindurch hierhergekommen, um nach Gold zu suchen. Sie hoffen, dass es ihre Herzen heilen wird, wenn sie das Gold entdecken und dass es ihnen Frieden und Freude bringen wird. Es ist ihr Verstand, der es ihnen weismacht, aber ihre Seelen wissen, dass es nicht genug ist."

Er hielt inne und fuhr dann fort. „Die Menschen kommen hierher, weil sie eine Frage haben und sie wollen die Antwort. Sie sind sich dessen nicht bewusst, aber tief in ihrem Inneren wissen sie, dass sie etwas finden wollen, das alle Kämpfe und alle Mühen, durch die sie in ihrem Leben hindurchgingen, wert ist. Das Gold, das sie hier zu finden hoffen, wird ihnen nicht die wahre Erfüllung bringen, aber es ist genug für sie. Sie streben danach, obwohl ihr Herz sich nach etwas anderem sehnt. Ihre materiellen Bedürfnisse zu befriedigen, ist der Weg, von dem sie glauben, dass er für sie der richtige ist."

Ich war traurig, dass sie nicht weiter gehen wollten, um ihr Herz und ihre Seele zufrieden zu stellen.

„Es ist ihre Entscheidung. Sie suchen nach etwas. Sie haben nur nicht verstanden, wonach sie suchen. Wenn man nicht weiß, wonach man wirklich sucht, dann nimmt man das, was man erreichen kann und was wertvoll und kostbar zu sein scheint."

Ich nickte und wartete, bis er fortfuhr. „Das Kostbare und Wertvolle lässt dich auf die Reise gehen. Du willst dein eigenes wertvolles und kostbares Selbst ausdrücken. Du glaubst, dass es das Gold ist, das dich wertvoll und kostbar macht, wenn man nicht weiter sieht. Es ist oft einfacher für die Menschen, den Wert des Goldes zu verstehen und zu finden, anstelle ihres eigenen inneren Wertes. Oft werden sie traurig, weil es nicht das ist, wonach sie wirklich gesucht haben, aber sie denken, es sei das Beste, das sie finden können, das Beste, das sie sich wünschen können und deshalb soll es ihnen Glück bringen. Darum tun sie das."

Ich sah zu den Konquistadoren und dachte über die Worte nach, die mir gesagt wurden. Ich bezweifelte, dass sie hier das Glück finden würden.

Ich saß wieder an meinem Schreibtisch und dachte über das heutige Tor nach. Ich fragte mich, ob es bald zu Ende sein würde.

Da hörte ich eine Stimme zu mir sprechen. Ich sah mich um und da ich niemanden sehen konnte, beschloss ich, einfach zuzuhören. Das Tor hatte mich schon an merkwürdigere Orte gebracht und langsam gewöhnte ich mich an die Bilder und Stimmen, obwohl mir dies alles immer noch viel Vertrauen abverlangte.

Die Stimme, die sprach, war männlich, tief und ernst. „Wir wollen uns erfüllt fühlen und etwas in unserem Leben erreichen. Wir sind in diese Welt gekommen, um etwas Einzigartiges von uns herzubringen und wir fühlen den starken Drang, es mit der Welt zu teilen. Wir suchen nach dem Wort, das dieses Etwas beschreibt. Es ist unsere Vision, die wir suchen. Das ist eine der wichtigsten Fragen, die wir in unserem Leben beantwortet haben wollen."

Er hielt für ein paar Minuten inne, bevor er fortfuhr. „Wenn wir einmal das Glück hatten, es zu finden, fühlen wir uns ganz und glücklich in einer Weise, die wir nie für möglich gehalten hätten. Die Suche in uns ist sehr stark und wir unternehmen sie, obwohl wir uns dessen nicht einmal bewusst sind. Worin sie besteht, oder wie wir suchen, ist eine andere Frage. Es geht nicht darum, einen bestimmten Beruf zu erlernen, oder ein bestimmtes Talent zu entwickeln. Man kann nie sagen, worin die Vision einer Person besteht. Niemand weiß das; nur die Menschen selbst wissen es, wenn sie sie einmal gefunden haben."

„Hat das etwas mit Schicksal zu tun?" fragte ich.

„Nein. Die Suche wird nie jemandem das Recht nehmen, selbst verantwortlich zu sein. Es ist immer an einem selbst, das Beste daraus zu machen. Wenn du dich auf den Weg begibst, dann wird er dich motivieren. Was immer dich motiviert, das bringt dich deiner Vision näher. Die Suche ist das höchste Ziel in deinem Leben. Vergiss niemals, dass du niemandem sagen kannst, was sein oder ihr Ziel ist; du kennst nur dein eigenes. Vielleicht geht es darum, Mutter zu sein; vielleicht darum, einfach nur das Leben zu genießen; vielleicht darum, eine bestimmte Arbeit zu tun, oder auch ein bestimmtes Talent zu zeigen. So Vieles ist möglich. Wenn du dich entscheidest, deiner Suche zu folgen, begibst du dich auf eine Reise, die dich Tag für Tag näher zu dir selbst bringt. Das ist alles, was am Ende zählt und wichtig ist."

Zu meiner Überraschung wurde das Tor noch nicht geschlossen; stattdessen hatte es mich an einen anderen Ort geführt, in eine andere Zeit. Ich war in einem trockenen Land. Anfangs konnte ich nicht sagen, wo, aber dem Aussehen der Häuser nach zu urteilen, musste es irgendwo im mittleren Osten sein. Es erinnerte mich an die Zeit, als es noch Sultane und Kalifen gab.

Ich sah einen kleinen Jungen, der in schmutzigen, weißen Kleidern steckte und umherrannte. Er trug etwas bei sich, das ich nicht sehen konnte. Offensichtlich war es etwas sehr Kostbares, denn er behandelte es sehr sorgfältig und, zu meiner Überraschung, auch sehr liebevoll. Er blieb stehen und legte diese Dinge in ein Loch, das er in die Erde gegraben hatte. Ich konnte kaum glauben, was ich da sah. Mein Erstaunen wuchs, als ich erkannte, was diese Dinge waren: Juwelen. Er hatte Juwelen in das Loch getan. Wie konnte er das tun? fragte ich mich. Die Juwelen leuchteten in allen Farben. Da waren Saphire, Rubine, Diamanten und viele andere. Es war überwältigend.

Dann bemerkte ich, dass von Zeit zu Zeit jemand auf den Jungen zuging und ihn um ein Juwel bat. Er gab sie immer sehr freizügig. Es gab nur eine Bedingung: sie mussten zuerst fragen. Aber die meisten Leute gingen vorbei, ohne ihn auch nur anzusehen. Ich ging auf ihn zu und er lächelte, als er mich sah. Ich fragte ihn: „Was erzählen dir die Leute, die hierher kommen, um eines dieser Juwelen zu bekommen?"

„Nicht viel. Nur, warum sie hier sind", antwortete er.

„Ich nehme an, dass das nicht so schwer zu beantworten ist." Er schüttelte den Kopf. „Es ist schwierig für sie. Oft wissen sie nicht, warum sie hier sind, warum sie dieses eine Juwel wollen. Es ist schwierig für sie. Sie haben Angst, mich zu fragen."

„Warum?" fragte ich.

„Weil ich nicht der bin, den sie erwarten. Ich bin nur ein Junge, aber sie wollen einen Meister oder Sultan fragen. Sie sind nicht besonders glücklich darüber, mich fragen zu müssen. Sie sind nicht glücklich darüber, dass ich die Juwelen herumtrage und sie in dieses Loch lege. Sie denken, dass es anders sein sollte. Deshalb gehen sie und suchen in den Palästen und sprechen mit den Sultanen. Sie möchten nicht mit mir reden."

„Das ist traurig", sagte ich; so ganz verstand ich nicht, weshalb sie nicht mit ihm reden wollten.

Er lächelte. „Ja und nein. Für mich ist es in Ordnung. Einige Leute finden immer ihren Weg zu mir. Ich bin glücklich, wenn jemand kommt und mich fragt. Das macht meinen Tag immer heller. Und es geschieht, weißt du."

„Bist du ein Hüter dieser Juwelen?"

„Ja, es ist unsere Familientradition. Ich bin ein guter Hüter."

Ich musste lächeln, als er das mit so viel Stolz sagte. Es war schön zu sehen, wie seine Augen sich mit Stolz, Liebe und Hingabe füllten. Er würde diese Tradition ganz sicher am Leben erhalten.

„Woher wissen sie, welches der Juwelen sie wählen müssen?" fragte ich.

„Sie erzählen ihre Geschichte. Es ist wichtig, dass sie mir ihre Geschichte erzählen, weil sie ihnen zeigt, welches der Juwelen ihres ist. Aber sie müssen ihre Geschichte erzählen."

Ich fragte: „Erzählen sie dir nicht immer ihre Geschichte?"

„Sie erzählen mir eine Geschichte, aber oft ist es nicht ihre eigene. Viele Menschen haben keine eigene Geschichte. Sie tragen die Geschichten anderer Leute mit sich herum, aber sie kennen ihre eigene nicht. Auf diese Weise werden sie ihr eigenes Juwel nicht finden. Du musst deine eigene Geschichte erzählen, damit du finden kannst, was zu dir gehört."

Ich dankte dem Jungen. Er lächelte und ich konnte sein glückliches Gesicht sehen, wie er so herumsprang und sich über sich selbst und seine Aufgabe freute. Ich war sicher, er war der beste Hüter, den man sich wünschen konnte. Hoffentlich würden viele Menschen mit ihm sprechen und ihm ihre Geschichten erzählen, sodass sie ihr einzigartiges Juwel finden konnten.

Sind die Juwelen vielleicht die Antwort, die wir bekommen, wenn wir unserer Suche folgen und DIE Frage stellen? Ich wusste nur, dass dieses Tor viele Ebenen hatte, die noch zu verstehen sein würden. Ich wusste, dass das Schließen des Tores nahe war. Es schloss sich heute sehr leise, als ob es meine Gedanken nicht stören wolle, die sich in meinem Kopf befanden.

Lose Enden

Das Tor öffnete sich zu einem Ort irgendwo in Norditalien. Ich war sicher, dass ich wieder im Mittelalter war, eine Zeit, in der viele berühmte Künstler in dieser Gegend lebten. Ich ging durch schmutzige Straßen voller Menschen, die hastig umherliefen. Ich fragte mich, was hier vor sich ging, denn die Menschen gingen normalerweise viel langsamer. Da sah ich eine Kutsche daherkommen. Mir war nicht ganz klar, wer darin sein könnte, aber ich wusste, es war entweder eine königliche Person oder ein Bischof.

Ein junger Mann, der einige Papiere unter dem Arm trug, lief hinter der Kutsche her. Offensichtlich wollte er zu der Person in der Kutsche vorgelassen werden, aber man erlaubte es ihm nicht. Er kam an mir vorbei und ich hörte sein Seufzen. Enttäuschung zeigte sich auf seinem Gesicht. Er verließ die Straße, betrat ein kleines Haus und zog sich dort in ein Zimmer zurück. Ich folgte ihm und war überrascht, dort alle Arten von Papieren und Stiften zu sehen. Obwohl hier alles nach einem heillosen Durcheinander aussah, war erkennbar, dass hier ein wirklich intelligenter und kreativer Kopf arbeitete. Der junge Mann setzte sich niedergeschlagen hin und eine junge Frau betrat den Raum.

Sie versuchte, ihn zu trösten. „Sei nicht enttäuscht. Es wird noch andere Gelegenheiten geben, mit ihm zu sprechen."

„Ich weiß nicht. Ich weiß nicht, wie es mir je möglich sein wird, mit ihm zu sprechen. Sie lassen mich nicht zu ihm, sie lassen es einfach nicht zu. Es kann sein, dass er gar nicht an meiner Arbeit interessiert ist", antwortete der junge Mann verzweifelt.

„Mach dir keine Sorgen. Ich bin sicher, er muss nur.... du weißt schon. Er braucht Zeit. Vielleicht braucht er nur Zeit. Du solltest dir keine Sorgen machen."

„Das kannst du leicht sagen. Es ist nicht morgen oder an irgendeinem anderen Tag wichtig. Es ist jetzt wichtig. Ich muss es ihm jetzt zeigen. Wenn nicht, hat es nicht mehr die gleiche Qualität. Ich muss es jetzt tun. Ich muss wieder gehen. Ich kann es nicht einfach sein lassen", sagte der junge Mann.

„Warte!" hörte ich die junge Frau ihn bitten, aber er stand auf, nahm alle Papiere und ging.

Ich folgte ihm und war überrascht, wie schnell er ging. Dann blieb er stehen. Er schien unsicher zu sein, ob er es tun solle oder nicht. Er seufzte tief und ging dann zielstrebig zum Schloss. Als er das Schloss erreichte, wurde er hineingelassen. Es waren viele Menschen dort, die ihn schon kannten, aber offensichtlich nicht derjenige, mit dem er reden wollte.

Ein älterer Mann kam und fragte: „Warum bist du wieder hier? Er ist noch nicht bereit, dich zu empfangen. Ich habe es dir schon gesagt."

Der junge Mann antwortete: „Aber er muss. Ich habe darüber nachgedacht, was du sagtest und, ja, ich stimme dir zu, aber ich muss ihn jetzt sehen. Ich kann nicht warten."

„Hör zu, es ist -" Der ältere Mann wurde von einem Priester unterbrochen.

„Was geht hier vor?" fragte der Priester ärgerlich.

„Dies ist der junge Mann, über den ich sprach. Er will ihn sehen."

INTERAKTION – 18. Tor

„Ah, der Mann, der mehrmals die Woche hierherkommt und um eine Unterredung bittet?" fragte der Priester, obwohl es mehr eine Feststellung als eine Frage war.

„Ja", antwortete er.

„Also gut, junger Mann, zeig mir, was du hast", sagte der Priester.

„Nein, das kann ich nicht. Ich werde es nur dem Bischof zeigen", beharrte der junge Mann.

„Ich werde sehen, was ich für dich tun kann", sagte der Priester und ging. Der junge Mann war glücklich, denn es konnte vielleicht endlich klappen.

Der Priester kam zurück und sagte: „Es tut mir leid, er will dich nicht empfangen. Der Bischof hat andere Probleme, große Probleme. Geh zurück, junger Mann und komm in ein paar Jahren wieder."

Er war sehr enttäuscht und doch war ich sicher, dass dieser junge Mann nicht aufgeben würde. Vielleicht war es jetzt nicht die richtige Zeit, aber sicher würde es eines Tages soweit sein. Ich ging mit ihm hinaus und alles veränderte sich. Der junge Mann wurde direkt vor meinen Augen älter.

Er sah nun wie ein weiser alter Mann aus. Er sah mich an und sagte: „Selbst, wenn man für etwas eine sehr lange Zeit kämpfen muss, wie zum Beispiel, dass man mit jemandem sprechen muss, der dir nicht zuhören will, gib niemals auf. Das Problem, das der Bischof damit hatte, mich zu empfangen, war seine Angst. Er hatte Angst, weil er wusste, dass unsere Begegnung alles verändern würde. Er war nicht bereit dafür, deshalb hielt er sich von mir fern. Ich verstand es zu der Zeit nicht. Ich brauchte Jahre, um zu verstehen, was vor sich ging. Jetzt bin ich älter und weiser. Ich kann erkennen, wovor er sich fürchtete. Es war die Angst davor, etwas Neues in sein Leben zu lassen. Er wollte nicht, dass sich etwas ändert."

Ich fragte: „Woher wusste er um seine Angst dir gegenüber, obwohl ihr euch nicht begegnet seid?"

„Der unsichtbare Teil von uns ist überall. Es ist möglich, zu kommunizieren, ohne die Stimme zu benutzen, oder ohne die physische Gegenwart. Ich tue das die ganze Zeit. Ich spreche zu allen möglichen Leuten in ihren Träumen. Später, wenn sie meinen Namen hören, kennen sie mich irgendwie. Sie können nicht sagen, woher oder wie, aber sie kennen mich. Ich komme ihnen bekannt vor. Was sie fürchten, ist das, was ich ihnen im Traum erzähle."

„Erinnerst du dich an die Worte?" fragte ich.

„Nein. Ich erinnere mich nicht an das, was ich sage, aber manchmal erinnere ich mich daran, mit ihnen zusammen gewesen zu sein. Ich träume morgens oft von einer Person und weiß, dass ich diese Person besucht habe. Manchmal spüre ich aus unerklärlichen Gründen den Drang, dieser Person zu begegnen. Es ist schwer, dieser Intuition zu folgen, aber ich muss es tun. Weißt du, es gibt keinen anderen Weg. Man muss dem einfach folgen. Es ist die einzige Möglichkeit für mich, es zu verstehen."

„Verstehen sie, warum du sie besuchst?"

„Meistens nicht. Ich versuche, nicht über die Träume zu sprechen. Ich bin da vorsichtig, aber ich spreche über andere Dinge, zu denen sie einen Bezug haben könnten. Doch mit dem Bischof war es anders. Ich wollte ihm etwas zeigen, das ich geplant hatte, für ihn zu tun. Etwas Neues; etwas, das noch nie dagewesen war. Ich denke, es machte ihm Angst."

„Ich vermute, dass es jetzt zu spät ist, mit ihm zu reden", sagte ich.

„Ja, das ist wahr, aber es ist gut so, wie es jetzt gekommen ist", antwortete er und lächelte mich an. Ich sah ihn ein letztes Mal an, bevor die ganze Szene vor meinen Augen verschwand.

INTERAKTION – 18. Tor

Ich stellte fest, dass ich weder Italien noch das Mittelalter verlassen hatte, aber ich war in einer anderen Stadt, in Rom. Ich befand mich in einem Raum, in dem viele Leute an Skulpturen arbeiteten. Als ich mich umsah, bemerkte ich einen jungen Mann, der mit einem älteren im Gespräch war. Da ich sie nicht hören konnte, ging ich näher. Der ältere Mann sagte etwas, das ich nicht verstand und der andere seufzte nur. Der junge Mann wandte sich daraufhin ab und verließ den Raum. Ich folgte ihm. Er setzte sich nah an den Tiber und ich setzte mich neben ihn. Er war sehr traurig und ich fragte mich, warum. Sollte ich ihn fragen? Ich bekam nicht die Möglichkeit dazu, denn er stand gleich wieder auf und ging. Ich folgte ihm und nach ein paar Minuten wandte er sich einem Haus zu, das nach einer Taverne aussah. Dort begann er zu trinken und flirtete mit allen anwesenden Frauen. Was machte er da? Wer war er?

Ich hörte eine Stimme neben mir. „Er ist ein strebsamer junger Mann. Sehr begabt, aber völlig unbekannt. Bis jetzt hat niemand von ihm gehört. Er versucht, für einen berühmten Bildhauer zu arbeiten. Das Problem ist, dass sie ihn nicht anhören. Er hat alles versucht und ist sehr traurig, dass der Meister nicht mit ihm reden will. Er weigert sich, weil der junge Mann keine Empfehlung hat. Er kennt keine wichtigen oder reichen Leute. Er hat nichts zu bieten, außer seinem außergewöhnlichen Talent. Und das ist der gefährliche Teil."

„Warum?" fragte ich.

„Der Meister, für den er arbeiten will, ist berühmt. Er stellt lieber Leute ein, die nicht so gut sind, wie er selbst. Es macht ihn weniger verletzlich. Die Geschichte des jungen Mannes ist sehr traurig und sie wird sich nicht so schnell ändern, obwohl er hofft, dass es so sein wird."

Mir tat der junge Mann leid. Wie schwer musste es sein, nicht gehört zu werden, nur weil man nicht die richtigen Leute kannte. Ich hoffte, er bekäme seine Chance, sein Talent zu zeigen.

Als nächstes fand ich mich in einem Garten wieder. Er erinnerte mich an einen typischen Zen-Garten in Japan. Ich sah mich ein wenig darin um. Warum war ich hier? Dann hörte ich ein Geräusch. Ich folgte diesem Geräusch und kam an einen Platz, an dem ich einige wie Samurais gekleidete Männer sah. Vor ihnen kniete ein Mann, den Kopf gebeugt. Nein! Schrie ich in meinem Inneren; ich will nicht hier sein! Hier fand gerade eine Exekution statt. Dieser Mann würde sterben und die Samurai waren seine Henker. Ich konnte es nicht glauben. Ich wollte so schnell wie möglich fort. Merkwürdigerweise konnte ich von einer Sekunde zur nächsten nicht mehr deutlich sehen, was da vor sich ging, aber ich wusste, dass ich noch dort war.

Dann hörte ich eine Stimme sagen: „In früheren Zeiten haben wir niemandem gestattet, unseren Shogun zu sehen. Es war nicht erlaubt und so, wie diesen armen Mann, kostete es Viele das Leben. Aber er hatte keine Wahl. Seine ganze Familie wurde getötet und sein Dorf war in Verzweiflung. Er hatte nichts zu verlieren. Er kam hierher, um Hilfe zu erbitten. Er missachtete den Code, dass man nicht darum bitten darf, den Meister zu sehen. Es ist nicht erlaubt, ihn zu sehen, ja, nicht einmal, nach ihm zu fragen."

„Warum nicht?" wollte ich wissen.

„Weil es das Gesetz ist. Man muss es ohne Wenn und Aber respektieren. Das Gesetz hat seine Gründe. Wenn die Menschen einen Shogun oder Meister fürchten, dann beten sie ihn an. Wenn er nicht erreicht werden kann, wird es zum heiligen Akt, nur schon mit ihm sprechen zu können. Das erhöht ihr Prestige und die Menschen sehen zu ihm auf. Das möchte jeder Shogun oder Meister erreichen. Auf diese Weise kennt ihn niemand wirklich und die Menschen sehen nur das von ihm, was er sie sehen lassen möchte. Sie beten ihn an. Das ermächtigt ihn dazu, das zu tun, was er tun möchte. Er kann die Regeln bestimmen und jeder hat ihnen ohne Frage Folge zu leisten. Und sie tun es, weil sie glauben, wenn man so unerreichbar ist, so weit vom Gewöhnlichen entfernt, dann müsse der Meister heilig oder etwas Besonderes sein. Das ist es, was ihm Macht gibt."

Diese Worte waren schwer zu akzeptieren, aber ich wusste, dass sie wahr waren. Viele Menschen neigen dazu, diejenigen anzubeten, die über ihrem eigenen Status stehen.

Ich war zurück in der heutigen Zeit, inmitten einer großen Menschenmenge. Ich hörte Leute reden und nach kurzer Zeit wurde mir klar, worum es hier ging. Ein Paar feierte gerade Hochzeit. Es war nicht irgendein Paar, sondern ein königliches. Deshalb warteten all diese Menschen hier. Sie wollten Braut und Bräutigam verheiratet sehen. Eine königliche Hochzeit.

„Sie ist so hübsch", sagte eine Frau neben mir.

„Oh ja und so bodenständig. Sie ist wie eine gewöhnliche Frau. Ist das nicht wunderbar?" sagte eine andere Frau.

„Sie sind fantastisch. Sie ist so schön und er sieht so gut aus. Sie passen gut zusammen."

„Ich habe gehört, dass sie wirklich eine nette Person ist, überhaupt nicht snobistisch."

„Ja, und er scheint genauso zu sein. Ach, wie schön. Sie sind so normal."

„Sie tun gut daran, es zu sein", sagte jemand anderes.

„Was?" fragten beide Frauen wie aus einem Munde.

„Hey, wir zahlen für sie. Sie können es sich nicht erlauben, snobistisch zu sein. Sie sind nicht besser als wir."

Beide Frauen wurden ärgerlich. „Was weißt du schon? Sie sind wunderbare Menschen. Sie brauchen von niemandem Unterstützung. Sie sind einfach großartig. So außergewöhnlich. Ach, einfach unglaublich."

Ich musste lächeln, als ich so ihrer Unterhaltung zuhörte. Die Frauen waren offensichtlich sehr stolz auf ihre königliche Familie. Genau wie Fans über ihre Lieblingsstars reden. Nun ja, vielleicht war es ja gar nicht so anders, dachte ich. Dann geschah etwas Merkwürdiges. Ich wechselte innerhalb der Szene den Platz. Ich stand nun auf dem Balkon, auf dem das königliche Paar und ihre Gäste den Leuten zuwinkten.

Ich hörte einen älteren, neben mir stehenden Mann mit vielen Medaillen sagen: „Die Leute benehmen sich heute sehr nett. Wir haben Glück, dass wir ihnen zeigen konnten, wie viel sie uns bedeuten, indem wir ihnen die Hochzeit gaben, die sie wollten."

Ein anderer Mann antwortete: „Ja, wirklich. Die Dinge haben sich so sehr geändert. Als wir jünger waren, war die Distanz zwischen uns und dem Volk viel größer. Sie konnten nicht einfach auf uns zukommen und mit uns reden. Es ist jetzt so anders. Ich weiß nicht, ob ich das mag."

„Ja nun, ich auch nicht. Es ist mir ein wenig zu nah. Ich mag es nicht, so nah bei den Leuten zu sein. Ich finde, es sollte immer noch eine gewisse Distanz zwischen uns bleiben."

„Das ist sehr wichtig. Aber die jungen Leute heute sehen das anders."

„Nun ja, ich denke, sie werden es noch lernen."

„Das ist wahr. Einige Zwischenfälle mit ein paar verrückten Leuten und sie werden nicht mehr so offen ihnen gegenüber sein. Es ist den Besten von uns auch passiert, nicht wahr?"

„Ja, genau."

Das Paar schien seinen Tag zu genießen und ich fragte mich, wie viele ihrer Gäste wohl dachten, dass Distanz nötig sei. Es machte mich traurig, dass es für viele Menschen normal war, eine Distanz zu halten. Auf der anderen Seite war ich nicht sicher, dass sie dafür nicht auch ihre Gründe haben mochten.

Zu meiner Überraschung war ich zurück in Italien, allerdings zur Zeit des Römischen Reiches. Ich stand auf dem Balkon eines großen Anwesens. Es gab einen kleinen Garten mit einem Springbrunnen. Es gefiel mir dort. Man konnte die ganze alte Stadt überblicken.

Ein älterer Mann näherte sich mir. Er sah wie ein Lehrer aus und er schien sehr nachdenklich zu sein. In Gedanken versunken stand er neben mir und blickte wie ich über die Stadt. Ich war nicht sicher, ob er mich bemerkt hatte und ich fragte mich, wer er wohl sei. Ich sah eine Frau hinter ihm, die ihn mit Trauer in den Augen ansah. So, wie sie gekleidet war, erinnerte sie mich an eine Priesterin.

Sie bewegte sich nicht, wandte mir aber den Kopf zu und sah mir in die Augen. „Dieser Mann ist ein sehr berühmter Philosoph und Denker. Er glaubt, dass die Worte, die er empfing, seine eigenen sind. Das ist nicht richtig. Es sind nicht seine eigenen, obwohl er das gerne glaubt. Die Menschen bewundern ihn und denken, er sei etwas Besonderes. Er ist es auch und gleichzeitig auch nicht. Er ist nicht im Geringsten anders, aber er liebt es, das zu denken. Das macht ihn schwierig und es hält ihn davon ab, all den anderen Stimmen zuzuhören, die zu hören wären. Er erlaubt den Menschen nicht, von ihm zu lernen. Er erlaubt es nur denen, die er ausgewählt hat. Er versteht nicht, dass die Worte, die er empfangen hat, ein Geschenk waren, das er teilen sollte. Er behält Vieles für sich. Er hat mit den ihm gegebenen Worten nicht das gemacht, was eigentlich vorgesehen war. Das trennt ihn. Er ist sich dessen nicht bewusst, aber es trennt ihn vom Leben und von den anderen Menschen."

Ich hörte ihr zu und fühlte mich traurig. Gedanken gingen mir durch den Kopf, aber ich sah das Tor neben mir und wusste, dass es an der Zeit war, sofort hindurch zu gehen, bevor es geschlossen wurde.

Feen und Naturgeister

Das schöne und wilde Irland war der Startpunkt für die heutige Reise. Ich stand auf einer Klippe am Meer vor einem großen Felsen. Seine Form erinnerte mich an Stonehenge. Es waren Gravuren darauf zu sehen und ich fragte mich, was sie bedeuteten. Ich konnte sie weder deutlich erkennen, noch verstand ich sie. Eine Frau näherte sich mir. Sie sah anders aus als irgendjemand, den ich vorher je gesehen hatte. Sie war aus einer anderen Zeit, aber da war noch etwas anderes an ihr. War sie eine Fee? Ich wusste es nicht.

Dann begann sie zu erklären: "Dies hier ist der Stein unseres Landes. Wir lieben es, seine Stimme zu hören, jedes Mal, wenn wir hierher kommen. Nie kommen wir hierher, ohne sie hören zu wollen. Viele Menschen folgen uns. Sie kommen und hoffen, dass die Stimme ebenfalls zu ihnen sprechen möge. Hier, an diesem Ort, hoffen sie, sie zu finden. Wir wissen, wie dieser Ort zu uns spricht und wir lieben es, seine Stimme zu hören. Dennoch ist es für viele Menschen schwierig zu verstehen. Sie versuchen es an vielen anderen Orten, aber schließlich kommen sie alle hierher. Es ist eine Reise, die wir alle unternehmen und jedes Mal, wenn jemand gestorben ist, kommen die Menschen hierher, um nach Antworten zu suchen, nach Antworten, die sie bis jetzt noch nicht gehört haben. Das ist es, was sie hierher bringt."

Ihre Worte berührten mich und ich war in Gedanken versunken. Deshalb war ich überrascht, als sie mich am Ärmel zupfte und mich mit sich fortzog. Während ich mit ihr ging, betrat ich eine andere Welt. Ich kann es wirklich nicht beschreiben, aber es fühlte sich so anders an als jeder Ort, an dem ich je vorher war. Es war, als hätte ich die Welt der Feen betreten. Alles dort war in ein sanftes und helles Licht getaucht und doch auch mit einem verborgenen Schatten und es lag sogar eine gewisse Melancholie in der Luft.

An einem Brunnen hielten wir an und sie bat mich, mich zu setzen und ihr nochmals zuzuhören. Sie nahm eine Harfe und begann darauf zu spielen, langsam und ruhig. Ich hörte ihren Worten zu, konnte sie aber nicht verstehen. Dann hielt sie inne und sagte: „Lass dich heute durch die Welt der Feen führen. Wir würden gerne unsere Worte und unsere Weisheit mit dir teilen."

Als ich mich fragte, wohin ihre Worte mich führen würden, fand ich mich in einem Tal wieder. Es war ein mystisches Tal, mit engen Felsen und einem dichten Wald. Es gab dort Wasserfälle und das Licht versetzte alles in einen goldenen Traum. Man konnte Feen singen und tanzen hören. Dann wurde ich zu einem Mann geführt. Er war groß und gutaussehend und er hatte eine Aura so hell wie ein Stern.

Er sah mich mit einem Lächeln in seinem Herzen an und sagte zu mir: „Wir grüßen dich, hier, in unserem Land. Die Zeiten haben sich geändert in unserem Land, wie alles andere auch. Wir haben verstanden, dass unsere Zeit vorüber ist, dass wir nicht mehr diejenigen sind, die über diese Stätte verfügen. Dennoch bleiben wir hier, dankbar, wenn wir gehört werden, aber wir haben das Zepter abgegeben. Wir sind offen für andere, die unseren Wurzeln folgen wollen. Wir sind offen, unsere Herzen mit ihnen zu teilen, sodass sie ihren Weg durch die Ewigkeit finden mögen und für unser Land sorgen."

Ich dankte ihm für seine Worte und dachte darüber nach. Es schien mir, dass die Feen es liebten, mit uns zu reden, mit uns alles zu teilen, was sie wussten. Das war wirklich ein ermutigender Gedanke.

Als Nächstes war ich auf dem Campus einer Universität in unserer Zeit. Ich sah viele Studenten umhergehen und dachte daran, ihnen zu folgen, aber dann sah ich einen der Lehrer. Er hatte etwas, das in mir den Wunsch aufkommen ließ, ihn kennenzulernen. Er sah mich an und lächelte mir zu und ich wusste in dem Moment, dass er mich nicht nur sah, sondern mich auch wiederzuerkennen schien. Doch er sagte nichts und erlaubte mir nur, ihm zu folgen. Als wir das Gebäude betraten, wandte er sich seinem Büro zu. Ich hielt mich dicht hinter ihm. Als ich den Raum betrat, schloss er die Tür und bat mich, mich zu setzen. Er lächelte mich die ganze Zeit an und ich fragte mich, was er hier machte. Er war so anders als alle anderen Lehrer. Es war fast etwas Andersweltliches um ihn herum.

Er erklärte: „Ich bin hier, weil ich versuche, die Studenten so viel wie möglich über meine Welt zu lehren. Meistens geht es um Dinge, die ich nicht in Worte kleide, aber dennoch lernen sie über die Dinge meiner Welt. Oft weiß man nicht, dass man mit seiner Persönlichkeit lehrt. Wie bist du als Person? Wer bist du tief in deinem Inneren? Sieh mich an, ich bin ein Elf. Ich war es schon immer. Deshalb kann ich dich sehen, nicht wahr? Nun, als Elf habe ich viel von meinem Volk gelernt. Dinge, die du noch nicht kennst. Ich rede mit den Studenten nicht darüber, dass ich ein Elf bin. Ich spreche überhaupt nicht mit ihnen über Dinge, die meine Welt betreffen. Dennoch fühlen sie, dass ich anders bin, weil ich mit ihnen auf einer anderen Ebene kommunizieren kann. Eine Ebene, die für andere nicht sichtbar ist, nicht einmal für die Studenten selbst. Sie sind sich dessen nicht bewusst. Aber sie hören andere Dinge. Dinge, die ich nicht gesagt haben mag, aber wenn es für sie bestimmt ist, dann geht es direkt in ihr Herz. Es geht immer darum, wer du tief in deiner Seele bist. Dieser Teil jeder Person kommuniziert in jeder Sekunde, in der wir mit jemandem sprechen, selbst, wenn die Menschen sich dessen nicht bewusst sind. Wir hören diese Stimme nur nicht. Die Menschen sind sich dessen nicht bewusst, nicht vollständig, jedenfalls. Aber es geschieht und die Menschen erkennen, dass etwas Besonderes geschieht, aber sie können nicht sagen, was es ist. Das ist die unsichtbare Kommunikation, die wir Elfen praktizieren. Die Menschen könnten es ebenfalls tun, sie müssen es nur wollen. Du musst nur deiner tiefsten, innersten Stimme zuhören und dann kannst du sie mit anderen teilen. Aber vergiss nicht, es geht nicht darum, Worte zu benutzen, sondern es geht darum, wer du bist."

Ich lächelte ihn an und dankte ihm. Ich war sicher, dass er ein wahrer Segen für seine Studenten war. Dann verließ ich den Ort, obwohl ich gerne länger geblieben wäre.

Vor mir war ein Schloss und ich stand in dem wilden Garten davor. Ich fühlte mich sofort zuhause und ging umher, um mir die ganze Schönheit dieses Ortes anzusehen. Da rief eine kleine Stimme meinen Namen. Woher kam sie? Von dem Bach, der in der Nähe floss, stellte ich fest. Ich näherte mich dem Wasser und obwohl ich es nicht wirklich sehen konnte, wusste ich, dass dies die Heimat der Wasserfeen war. Ich sah ihrem Spiel zu und eine Fee erhob sich.

Sie wuchs, bis sie fast so groß war wie ich und dann sprach sie zu mir. „Bist du je an einem Ort wie diesem gewesen? Hast du je einen Strom voller Wunder gesehen? Hast du je bemerkt, dass die Luft in den Bergen mit Freude erfüllt ist? Hast du je bemerkt, dass ein See an kleinen, einsamen Orten heilig ist? Hast du uns gesehen? Dort sind wir überall zuhause. Wir kommunizieren mit euch auf diesem Wege. Wir sprechen immer zu euch durch die Schönheit dieser Erde. Es ist unser Weg, euch zu zeigen, dass wir hier sind. Schönheit ist unser Weg."

Dann erhob sich die Stimme einer anderen Fee und sie fügte hinzu: „Wir haben so viel zu teilen, wir haben so viel zu erzählen. Frage dich selbst, woher du kommst und du wirst bald wissen, woher wir kommen. Finde uns und du wirst deine Quelle finden."

Eine andere Fee erzählte mir: „Ich bin hier, um dir zu sagen, dass wir den Sonnenschein lieben, dass wir die Wolken lieben, dass wir den Wind lieben. Wir lieben die Dinge, die wir sind. Liebst du, was du bist?"

Ich wusste, dass ich noch mehr Worte von ihnen hören würde, aber zu meiner Überraschung war es diesmal keine Fee. Es war ein Elf, der zu mir zu sprechen begann.

Er sagte: „Siehst du, dies hier ist das Land der Feen. Sie haben alle erfahren, was es bedeutet, eine Fee zu sein, wie eine Fee zu sprechen, um andere verstehen zu lassen. Ich frage dich, wie hast du verstanden, wer du bist? Hast du je daran gedacht, dass du auch einige unserer Fähigkeiten haben könntest? Hast du dich je gefragt, warum wir uns euch so nahe fühlen? Das ist so, weil wir eins sind. Wir sind Feen und Elfen, ja, aber wir sind auch ihr und ihr seid wir. Wir reden miteinander auf anderen

Ebenen, aber wir reden. Wir sind eins. Danke, dass du gekommen bist."

Ich war sehr dankbar für die wunderbaren Worte, die mir die Feen und der Elf mitgeteilt hatten. Ich sah sie ein letztes Mal an, wie sie voller Freude spielten, als ich den Ort verließ.

Ich war wieder im Reich der Feen. Ein runder Tisch aus Kristall stand in der Mitte eines Gartens. Feen und Elfen, weiblich und männlich, standen um diesen erstaunlichen Tisch herum. Sie hielten einen Rat ab.

Ich saß auf einem Stuhl und wartete. Sie sprachen miteinander, aber auf eine so ungewöhnliche Weise, wie ich es noch nie erlebt hatte. Sie benutzten alle Arten von Sprachen. Ich konnte es kaum glauben. Einer von ihnen sprach nur mit Kräutern. Wann immer er etwas zu sagen hatte, legte er ein Kraut auf den Tisch und alle nickten. Sie verstanden. Ein anderer hatte alle Arten von Juwelen. Er legte ein Juwel auf den Tisch, wenn er etwas sagen wollte. Und wieder verstanden ihn alle. Jemand anders zeichnete verschiedene Symbole als Antwort auf den Tisch. Eine Fee sang eine Antwort und eine andere deutete hinauf zu den Sternen, um ihre Antwort zu geben. Der Leiter des Rates hörte allen zu und er verstand sie alle.

Dann ließ er sie alle gehen und bat mich, näher zu ihm zu kommen. Ich setzte mich auf den Stuhl neben ihm und er begann zu sprechen. „Dies ist unser Geschenk an dich. Kommunikation ist auf so viele verschiedene Weisen möglich, dass du staunen würdest. Sie geht über die normale Wahrnehmung hinaus. Sie kann für dich unsichtbar sein. Manchmal ist sie es, manchmal nicht. Begrenze dich nicht auf die Art der Kommunikation, die du bisher aus deinem Leben kennst. Es ist viel mehr möglich. Wir wollen dir helfen und die ganze Weisheit, die wir haben, mit dir teilen. Wir kommunizieren auf Ebenen mit dir, die du noch nicht ganz kennengelernt hast. Du kannst immer mit uns auf diesen Ebenen kommunizieren. Wenn du willst, sind wir für dich da. Es ist so viel mehr in einem jeden Wesen hier auf der Erde, als momentan sichtbar ist. Das ist unser Geschenk an dich. Mögest du mit dem Sonnenschein des Lebens gesegnet sein."

SACRED GROUND

Wenn
wir auf dem
Sacred Ground
kommunizieren,
dann sprechen
unsere Seelen
miteinander

Respekt

Dieses Tor öffnete sich einem tiefblauen Himmel und sehr trockener Erde. Dennoch war eine Magie in diesem Teil der Welt wahrnehmbar, die wahrhaft erleuchtend wirkte. Inmitten dieser Szene sah ich eine Kiva, einen heiligen Raum, der von den Ureinwohnern Amerikas benutzt wurde. Ich wusste, dass ich hineingehen sollte, fühlte mich aber zu aufgeregt. Als ich es dann schließlich tat, wurde ich von einem Mann begrüßt, der mich bat, mich zu setzen.

Er sagte: „Träume. Wenn du zu träumen beginnst, wirst du auf einer anderen Ebene real. Das wird dich zu dem Ort führen, an dem du sein möchtest."

Ich wollte träumen, stellte aber fest, dass meine Gedanken auf verschiedenen Wegen umherschweiften und nicht einmal für einen kleinen Moment zum Stillstand kommen wollten.

Ich hörte ihn sagen: „Viele Gedanken wandern durch unseren Verstand. Wir müssen vorsichtig sein, welchen wir folgen wollen. Wenn wir den richtigen folgen, dann werden wir das ausdrücken, was unser Herz uns sagt; wenn nicht, werden wir Dinge sagen, die wir nicht meinen. Wir müssen unsere Gedanken sorgfältig auswählen. Das ist der erste Schritt, den man befolgen muss, wenn man den Sacred Ground (heiligen Boden) betreten möchte."

Nachdem er diese Worte gesprochen hatte, bemerkte ich, dass ich in der Lage war, meine Gedanken anzuhalten und ich bemühte mich, sorgsam diejenigen auszuwählen, die es mir wert schienen, ihnen zu folgen.

Als ich meine Augen öffnete, stellte ich fest, dass ich wieder durch Zeit und Raum gereist war. Ich sah mich um und sah die alten Ruinen eines Maya-Tempels, die viel besser erhalten waren, als ich angenommen hatte.

Die Luft war kühl, aber es fühlte sich angenehm für mich an. Aus dem Nichts heraus sah ich einen sehr großen Mann vor mir auftauchen. Seine Gegenwart war beeindruckend und ich wusste, dass er über eine Weisheit verfügte, die über alles hinausging, was ich je bei einem Menschen erfahren hatte. Er war sehr farbenfroh gekleidet und ich fragte mich, ob er ein Maya-Priester sei. Obwohl er nichts sagte, kletterte ich mit ihm zusammen die Stufen zu einem der Tempel hinauf. Oben angekommen zeigte er auf die Sonne, die gerade unterging. Alles um uns herum war in Rot und Orange eingetaucht.

Als ich in die Sonne blinzelte, flog ein Vogel auf uns zu und zu meinem Erstaunen war es nicht irgendein Vogel, sondern ein Phönix, der direkt neben dem Maya-Priester landete.

Der Priester sagte: „Die Weisheit des Phönix ist tief und er erzählt dir Dinge, von denen du noch nie gehört hast. Folge ihm und du wirst ihn hören."

Ich sah ihn an und er lächelte. „Ich gab dir den Phönix anstelle von Worten. Beobachte ihn und du wirst sehen, dass meine Worte nicht nötig sind."

Ich nickte und der Maya-Priester ging. Ich sah den Phönix an und fühlte mich seltsam berührt von seiner Gegenwart. Seine Augen waren so tief, wie das tiefste Meer und ich wusste, ich würde mit ihm keine Worte benötigen; seine bloße Gegenwart berührte einen tieferen Teil in mir. Dieser tiefere Teil in mir hatte alles verstanden, was der Phönix repräsentierte, was er mir auf seine eigene unsichtbare Weise erzählte. Vielleicht war ich mir dessen nicht vollkommen bewusst, aber tief in mir wusste ich es.

Ich lächelte den Phoenix an, da hörte ich: „Folge meinen Flügelschlägen. Jedes Mal, wenn ich mit den Flügeln schlage, wirst du dich selbst dort wiederfinden, wo du hingehörst."

In dem Moment wusste ich, dass der Phönix mich durch das heutige Tor und seine Begegnungen führen würde. Ich hieß ihn von ganzem Herzen willkommen.

Ich war in einem Herrenhaus irgendwo in England. Irgendwie kam mir der Ort bekannt vor, doch konnte ich nicht genau sagen, wo ich mich befand. Alles, was ich wusste, war, dass in diesem Haus spirituelle Séancen abgehalten wurden. Es erinnerte mich ein wenig an das England des späten neunzehnten und den Beginn des zwanzigsten Jahrhunderts, als der Spiritismus sehr populär war. Ob er noch heute in diesem Haus praktiziert wurde, konnte ich nicht sagen. Ich wurde müde und wollte mich setzen, oder besser noch, das Haus verlassen, aber es war mir nicht möglich. Ich sah mich um und stellte fest, dass es zu anderen Zeiten offenbar auch für andere schwierig gewesen war, diesen Ort zu verlassen. Viele verstorbene Seelen wurden hier festgehalten. Sie waren wie Gefangene, die hier bewacht wurden. Sie wollten gehen, aber man erlaubte es ihnen nicht.

Da hörte ich eine Stimme, die mir erklärte: „Die Kommunikation mit den Seelen, die hier zelebriert wurde, hielt sie an diesem Ort fest und machte es ihnen unmöglich, ihn zu verlassen. Die Menschen haben ihnen nicht mit ihrem Herzen zugehört. Die Seelen fühlten sich verletzt, weil ihnen ihr freier Wille genommen wurde. Diejenigen, die mit ihnen kommunizierten, hielten sie zurück und deshalb sind sie hier gebunden. Die Seelen sind traurig und fühlen sich jetzt sehr müde."

Es tat mir leid für sie, aber ich wusste wirklich nicht, was ich hätte sagen können. Da betrat eine Frau den Raum und setzte sich neben mich.

Sie erklärte: „Es stimmt. Zu manchen Zeiten taten die Menschen alles, um mit den Seelen kommunizieren zu können. Sie dachten, sie würden anderen Menschen und auch den Seelen damit helfen. Es war für niemanden gut, weil sie nicht den freien Willen respektierten, den auch eine Seele hat. Sie haben sich nicht um Respekt bemüht. Zu oft wurde er vergessen und dann wurden die Menschen von Albträumen verfolgt, weil die Seelen nicht bereit waren für diese Begegnung und die Menschen waren es ebenso wenig."

Sie lehnte sich zurück und ich fühlte mich von ihren Worten berührt. Dann verschwand sie und ich sah den Phönix wieder neben mir. Ich fragte mich, ob ich diesen Ort nun verlassen würde, da hörte ich die Stimme des Phönix' in meinem Kopf.

„Es ist hier geschehen und es geschieht immer noch an vielen anderen Orten. Sie rufen die Seelen und machen Rituale, ohne darauf zu hören, was diese sagen. Wenn man nicht hinhört, hört man auch das Nein nicht. Wenn die Seelen nicht reden wollen, können sie nicht einfach weggehen. Sie werden durch die Rituale und all die anderen Methoden gebunden, die die Menschen benutzen. Ihr Anteil an dieser Kommunikation ist wesentlich und darf nicht missbraucht werden, aber oft fühlen sie

sich nicht respektiert. Das macht die Kommunikation zu einer traurigen Angelegenheit für alle Beteiligten und sie bringt mehr Schaden und Verletzungen als alles andere. Es ist nicht viel, was sie verlangen. Respekt für sich, für ihre Worte und Akzeptanz, wenn sie nicht daran teilnehmen möchten, das ist alles, worum die Seelen bitten. Und das ist nicht viel."
Ich nickte, ja, das war nicht viel.

Ich war in der Zeit zurückgereist. Es sah so aus, als sei ich bis in die Zeit von König Arthur zurückgegangen. Vor mir konnte ich einen hohen Turm sehen, der Teil einer Schutzmauer um ein Schloss herum war. Unter dem Dach war ein Fenster und ich wusste, dass dort ein Zauberer war. Als ich an dem Turm hochsah, spürte ich wieder die Gegenwart des Phönix in meiner Nähe und das nächste, woran ich mich erinnere, ist, dass ich im Turm war.

Der Zauberer unterrichtete einige Kinder. Ich fragte mich gerade, was er wohl unterrichtete, als ich ihn sagen hörte: „Heute wollen wir über Pflanzen sprechen und wie man sie zum Heilen benutzt. Diese Pflanzen hier haben ihre Zustimmung gegeben, bei uns zu sein und ihre Weisheit mit uns zu teilen. Man kann nicht einfach hingehen und sie nehmen; man muss sie fragen, ihnen zuhören und ihre Entscheidung respektieren. Wenn ihr das nicht macht, wird es nur negative Auswirkungen haben. Wenn ihr Glück habt, werden sie einfach nur nutzlos als Medizin für die Menschen sein, aber sie können auch Schaden anrichten. Seid also vorsichtig und respektiert die Pflanzen. Ihre Weisheit ist größer als eure. Behandelt sie angemessen."
Die Kinder nickten. Aber ich war nicht sicher, ob sie ihn wirklich verstanden hatten und ihm zustimmten. Nachdem sie gegangen waren, kam eines der Kinder zurück und fragte: „Können

Blumen sprechen? Ich meine, sprechen sie wirklich? Ich höre sie nie sprechen. Wie kann ich ihnen zuhören, wenn ich sie nicht hören kann?"

„Sie sprechen sehr wohl. Ihre Sprache zu verstehen, braucht Zeit, aber wenn du respektvoll bist, dann kannst du einen Sacred Ground schaffen, der dir erlaubt, sie zu hören und mit ihnen zu sprechen. Aber du musst respektvoll sein. Das ist sehr wichtig. Höre, was sie zu sagen haben. Respektiere ihren freien Willen."

„Ja, aber haben sie einen freien Willen?" fragte der kleine Junge.

Der Zauberer wurde ärgerlich. „Natürlich. Das ist Teil des universellen Gesetzes. Alles und Alle haben einen freien Willen. Es ist anders für Pflanzen als für uns. Trotzdem haben sie einen freien Willen, nein zu sagen, wenn sie fühlen, dass ihnen Schaden zugefügt werden soll. Stelle niemals ihr Recht auf eine Wahl in Frage und auch nicht ihr Recht darauf, hier zu sein, genauso, wie du das Recht hast, hier zu sein. Wir alle hängen voneinander ab. Vergiss das niemals."

Er war immer noch sehr ärgerlich. Der kleine Junge nickte nur und floh aus dem Zimmer. Er rannte fast in einen kräftig gebauten und hart aussehenden Mann, der gerade den Raum betreten hatte. Ich war sicher, dass er der Hausherr des Schlosses war und wahrscheinlich der Vater der Kinder.

„Hm, nun..." begann der Lord vorsichtig, „was kannst du für mich tun, damit ich die junge Frau heiraten kann? Ich möchte sie wirklich zur Frau. Ich brauche deine Hilfe."

Der Zauberer seufzte und ich konnte seine Gedanken hören: er hat keinen Respekt vor den unsichtbaren Dingen. Er interessiert sich nur dafür, wie sie ihm helfen können. Wenn er nur wüsste, dass er viel schneller heilen würde und alles besser für ihn liefe, wenn er Respekt hätte, aber wer bin ich, es ihm zu sagen? Ich bin ein Zauberer, erzogen in einer Tradition von Respekt und was tue ich? Ich helfe ihm, seine egoistischen Ziele zu verwirklichen und das ist bis zu einem gewissen Grade gegen alles, was ich je gelernt habe.

Er seufzte wieder und ich wusste, dass er sich eingesperrt fühlte. Er wollte ihm nicht dabei helfen, aber er wusste auch nicht, wie er es vermeiden konnte. Ich konnte sehen, dass er viele schlaflose Nächte hatte, weil ihn diese Gedanken verfolgten.

Der Phönix erschien wieder und nahm mich auf seinen Flügeln mit zu der alten Bibliothek in Alexandria in Ägypten. Ich stand in einer offenen weißen Halle und sah viele junge Leute durch die Gänge laufen. Sie waren alle sehr aufgeregt. Ich hörte sie sagen: „Er ist hier. Er ist wirklich hier und er wird heute zu uns sprechen."

Ich folgte ihnen, um zu sehen, mit wem sie sprechen würden. Als ich mit ihnen zusammen eine weitere, offene Halle betrat, war ich sehr erstaunt, den Mann vor mir zu sehen. Es war wieder der Maya-Priester und seine Präsenz war genauso beeindruckend, wie bei unserer ersten Begegnung. Dieses Mal war er ganz in weiß gekleidet und sein Gewand sah aus wie eines, das man in der Antike trug. Seine Weisheit erfüllte den ganzen Raum. Alle waren still und voller Ehrerbietung.

Ich setzte mich und hörte seinen Worten zu. „Die Art, wie wir jetzt leben, ist sehr verschieden von derjenigen unserer Vorfahren. Wir haben Weisheit aus vielen Teilen der Welt zusammengetragen. Wir wissen viel, ihr alle wisst viel, aber es ist keine Weisheit, die wir haben. Es ist Wissen, das wir mit uns herumtragen, aber was wir wirklich suchen, ist Weisheit. Lasst mich euch sagen, dass ihr Weisheit erlangen könnt. Aber ihr könnt keine Weisheit erlangen, ohne die universellen Gesetze zu kennen. In erster Linie müsst ihr die universellen Gesetze lernen."

„Was sind die universellen Gesetze?" fragte einer der Studenten.

Er lächelte. „Alles zu seiner Zeit. Für heute sei dir versichert, wenn du Weisheit erlangen willst, dann betrittst du einen Sacred Ground. Nichts auf diesem Grund geschieht ohne Respekt. Die universellen Gesetze beinhalten Vieles und mit der Zeit werdet ihr darüber lernen - aber keine Eile. Weisheit kann nicht erlangt werden, indem man durch die Zeit hastet. Man muss geduldig sein. Wenn ihr euch erlaubt, geduldig zu sein, dann werdet ihr in der Lage sein, zu lernen. Aber vergesst niemals, respektvoll zu sein. Es ist das erste der universellen Gesetze, das wir befolgen müssen, wenn wir den Sacred Ground betreten wollen."

In diesem Moment bemerkte ich die Augen des Priesters auf mir. Ich erkannte, wie stark unsere Verbindung war und es kostete mich einige Überwindung, ihn und seine Worte zu verlassen, aber ich wusste, es war Zeit zu gehen.

Der Phönix reiste mit mir zurück an den Ort mit dem Maya-Tempel. Zu meinem Erstaunen fand ich dort auch den Maya-Priester wieder. Ich war glücklich, ihn zu sehen, doch ich seufzte, denn ich war nicht sicher, ob ich die Geschichten, die heute erzählt wurden und die Worte, die mir gegeben worden waren, korrekt gehört hatte.

Der weise Mann sagte: „Mach dir keine Sorgen, du hast es gut gemacht. Manchmal ist es schwierig, anderen Stimmen zuzuhören und sie zu respektieren. Unsichtbare Kommunikation kann für die Menschen schwierig sein. Es erfordert viel Hingabe und Respekt. Viele denken, es sei einfach, aber wenn man nicht vorsichtig genug ist, beginnt die Manipulation. Du warst respektvoll und das war alles, worum wir bitten konnten. Wir danken dir."

Als er verschwand, hinterließ er mich mit dem tröstlichen Gefühl, etwas richtig gemacht zu haben.

Ich sah den Phönix an und konnte seine Stimme hören. „Ich kam hierher als Symbol. Erkenne, wer ich bin und du weißt, wo du stehst. Jeder weiß, wo er im Leben steht, wenn er auf die Tiere achtet, die in seinem Leben erscheinen. Wir sind die Symbole dieses Wissens für jeden, der uns sieht."

Seine Worte berührten mein Herz. Ja, vielleicht hatte der Phönix Recht. Ich denke, sein Symbol war nicht nur für mich gedacht, sondern auch für das heutige Tor. Vielleicht wird jeder, der dies liest, auf seine eigene Weise verstehen, was der Phönix zu sagen hat.

Ich erkannte, dass das Tor bald geschlossen werden würde und ließ meine Gedanken ein letztes Mal umherschweifen. Respekt war in jeder Kommunikation wichtig und er schien noch wichtiger zu sein, wenn man den Sacred Ground aufbaute, um ihn zu betreten. Ich vermutete, dass das heutige Tor den Beginn eines Lernprozesses darstellte, um verstehen zu können, was man brauchte, um den Sacred Ground zu erschaffen und wie man ihn in unserer täglichen Kommunikation anwenden kann. Bald nach diesen abschließenden Gedanken wurde das Tor geschlossen.

Liebe

Ich konnte sehen, wie sich das Tor öffnete und mir enthüllte, wie ich am Steuer eines Wagens saß. Ich fuhr am Meer entlang, irgendwo im Südwesten Irlands. Ich fuhr eine Straße hinauf und sah ein altes, heruntergekommenes Haus. Ich verlangsamte die Fahrt und wollte anhalten, als eine Frau neben dem Haus auftauchte. Was mich überraschte, war, dass sie eine arme Frau aus sehr alter Zeit war. Mindestens einige Hundert Jahre zurück, vermutete ich. Ich fuhr in einem Wagen aus der heutigen Zeit und gleichzeitig erfuhr ich eine andere Zeit. Ich muss gestehen, dass es mich verwirrte.

Ich brachte den Wagen schließlich zum Stehen und beschloss, auszusteigen und zu ihr zu gehen. Mir fiel der Name Biddy Early ein. Den Namen hatte ich schon einmal gehört. Dann erinnerte ich mich plötzlich daran, dass ihre Geschichte eine irische Legende war. Sie war eine weise Frau und Wunder über ihre Heilkunst waren überall bekannt. Mehr wusste ich nicht über sie. Während ich auf sie zuging, winkte sie mir, als habe sie mich erwartet. Sobald ich bei ihr angekommen war, begann sie zu gehen, ohne ein Wort zu verlieren. Es gab einen Pfad, der neben dem Haus begann und ich folgte ihr. Als ich sie ansah, drehte sie sich um und lächelte mir zu. Ich wollte meinen Augen nicht trauen, als ich sah, wie sie sich vor meinen Augen in eine schöne junge Frau verwandelte. Ich war erschrocken und mein Erstaunen wuchs, als sie sich kurz darauf wieder in eine alte Frau zurückverwandelte. Ich kniff einige Male die Augen zusammen, während sie sich mehrmals von alt zu jung und wieder zurück verwandelte.

Schließlich hörte dieses Hin und Her auf und sie blieb die schöne junge Frau. Ohne erkennbaren Grund wusste ich plötzlich, dass sie eine Fee war, oder eine gewesen war. Es war schwer zu sagen, was richtig war. Sie bedeutete mir, ihr schneller zu folgen, während sie mehr oder weniger den Pfad hinauflief. In diesem Moment erinnerte ich mich daran, dass man sagte, dass die Feen und Biddy Early miteinander kommunizierten. Konnte das der Grund dafür sein, dass Biddy Early sich vor meinen Augen in eine Fee verwandelt hatte? Oder war sie immer noch Biddy Early? Ich konnte nicht sagen, wer diese Frau wirklich war.

Ich folgte ihr, bis wir an einem kleinen Haus ankamen. Die Atmosphäre im Haus und darum herum war gemütlich und friedlich. Dies war ein Ort, den man Heim nennen konnte.

Schließlich sprach sie. „Hier drinnen ist die Liebe zuhause. Die Menschen haben nichts zu teilen, außer ihrer Liebe, aber sie tun es von ganzem Herzen. Deshalb werden wir oft hier gesehen und wir kommen so oft wie möglich hierher. Es ist das Haus aus Biddy Early' s Kindheit. Hier hörte sie von uns und sah uns. Ihre Liebe zu uns gab ihr die Fähigkeit, mit uns zu sprechen. Wir sprachen auf einem Sacred Ground miteinander. Biddy Early hatte verstanden, was es bedeutete. Sie war in der Lage, bedingungslos zu lieben und deshalb konnte sie den Sacred Ground betreten und mit uns sprechen."

„Warum habt ihr ihr die Flasche gegeben?" fragte ich, denn ich erinnerte mich daran, dass die Geschichte herumging, dass sie immer eine Flasche mit sich trug, aber niemand wusste, was darin war. Es wurde nur gesagt, sie habe sie von den Feen bekommen.

„Sie hat sie sich verdient. Sie war eine Heilerin und ihre Heilkunst galt nicht nur den Menschen, sondern auch uns. Ihre Liebe zu uns war stark und mächtig und sie beschützte uns lange Zeit. Wir waren froh, sie zu haben, deshalb gaben wir ihr, was wir konnten. Wir geben immer zurück, was man uns gibt."

Ich dankte ihr für ihre Worte und sah sie durch die Büsche verschwinden. Ich wusste jetzt, dass sie eine Fee war, aber ich konnte immer noch nicht sagen, wer sie wirklich war. Ich kehrte zu meinem Wagen und in meine Welt zurück.

Ich spürte die Kälte und bemerkte, dass es Winter war. Ich befand mich inmitten der Wälder irgendwo in Nordamerika. Vor mir sah ich ein kleines, hübsches, gemütlich aussehendes Haus. Ich folgte dem Pfad, der zu ihm hinführte. Als ich fast bei diesem Haus angekommen war, sah ich eine alte Frau in der Nähe. Sie war wie ein Holzfäller gekleidet und hielt eine Angelschnur. Sie bemerkte mich nicht und ich ging zu ihr. Als ich bei ihr ankam, sah ich einige junge Männer um sie herum stehen.

„Komm schon", sagte der eine, „es wird gut werden. Du kannst diesen Ort verlassen und irgendwo an einem weniger verlassenen Ort ein bequemes und gutes Leben führen."

„Dieser Ort ist nicht verlassen", antwortete sie heftig. „Es ist ein wunderbarer, aufregender Ort. Du hast keine Ahnung."

„Naja, wahrscheinlich nicht", hörte ich einen der Männer flüstern.

Der andere Mann sagte: „Beth, komm mit uns. Hier draußen gibt es nichts für dich und du wirst älter. Es wird nicht mehr gut sein für dich. Du kannst dir nicht selbst helfen, wenn du dich verwundest."

„Und, wer könnte das?" fragte sie spöttisch.

„Ein Arzt."

„Ah, ein Arzt..." sagte sie und sprach nicht weiter, aber ich konnte ihre Gedanken hören. Sie liebte ihr Leben in den Wäldern. In der Wildnis bekam sie mehr Hilfe und Unterstützung, als sie es von irgendwo anders her erwarten konnte. Mir schien, als habe sie eine so starke Verbindung zu allem hier draußen, dass, wann immer ihr etwas geschah, sie sehr schnell gesund werden würde. Sie kannte die richtigen Kräuter und auch die richtigen Worte. Sie würde sich hier nie einsam und verloren fühlen. Sie hatte alles. Vor allem sah ich, dass sie eine Frau mit einem sehr großen Herzen war. Alles um sie herum berührte sie mit ihrer Liebe und im Austausch nährte alles ihr Herz.

„Aber du wirst hier einsam sein", hörte ich einen Mann sagen.

„Einsam?" sie schrie es fast. „Ich bin nicht einsam. Jeden Morgen, wenn ich aufwache, spreche ich mit den Vögeln. Sie hören mich und bringen mir, was ich brauche. Jeden Tag spreche ich mit den Fischen. Jeden Tag spreche ich mit all den Tieren hier draußen und allen Pflanzen und Bäumen. Sogar der Himmel spricht mit mir. Ich spreche in jeder einzelnen Sekunde mit jedem um mich herum; also, nein, ich bin ganz sicher nicht allein."

„Sie ist verrückt", sagte einer, aber offensichtlich nicht leise genug, denn sie sah ihn ärgerlich an.

Dann lachte sie. „Oh, das ist nicht das erste Mal, dass man mir so etwas sagt. Nur, weil ich Wege der Kommunikation kenne, die ihr nicht kennt, heißt das nicht, dass ich verrückt bin. Aber gut, nach eurem Verständnis mag es so sein. Es tut mir leid für euch Jungs, dass ihr hier umsonst heraufgekommen seid, aber ich werde diesen Ort nicht verlassen."

Die Männer seufzten, aber dann paddelten sie weg. Ich konnte sehen, dass sie erleichtert war, wieder allein zu sein. Sie ging hinein und ich hörte sie sagen: „Wie können sie auch nur annehmen, dass ich allein sei? Niemand ist je so geliebt worden, wie ich. Was wissen sie schon?"

Sie lächelte und ich dachte, sie sieht so zäh aus, so hart, aber sie hat wirklich das weiteste Herz, das ich je gesehen habe.

Der nächste Ort, an den ich reiste, war irgendwo in den Bergen des Südwestens von Amerika. Ich befand mich in einem Tal mit großem Buschbestand, aber es gab nur wenige Bäume. All die Farben dieses Tales beeindruckten mich sehr. Es hatte alle Schattierungen von Blau und Grau. Am Ende des Tals befand sich ein sehr hoher Berg, der wie ein Beschützer wirkte und ich wusste, dass dieser Berg vielen Menschen heilig war. Ein Pfad öffnete sich vor mir, den ich entlang wanderte und der mich den Berg hinauf führte. Sobald ich den Berg erreicht hatte, wusste ich, dass ich an einem heiligen Ort war. Alles hier fühlte sich heilig an.

Ich war noch nicht ganz hinauf geklettert, als ich zu meiner Überraschung einen kleinen See fand. Eine alte Frau stand am Ufer, farbenfroh gekleidet, wie man es von den Indios in Südamerika kennt. Ihr ganzes Verhalten und ihre Erscheinung zeigten mir, dass sie eine weise Frau war, vielleicht sogar eine Schamanin oder eine Medizinfrau. Sie war sehr klein und zart. Ein glückliches Lächeln erschien auf ihrem Gesicht.

Sie sah mich mit großen, liebevollen Augen an. Ich ging zu ihr hinüber und sie griff nach meiner Hand. „Kind, wie schön, dass du hierhergekommen bist. Jetzt werden wir den Boden ins Leben rufen, den du brauchst."

Ich wusste nicht, wovon sie sprach, aber ich ließ mich von ihr führen. Vor einem kleinen Feuer setzte sie sich nieder und nahm einen Haken, um das Feuer zu schüren. Ich saß neben ihr.

Sie sagte: „Du versuchst also, die Antworten zu finden."

„Ja, ich möchte etwas über den Sacred Ground wissen", antwortete ich.

„Ja, der Sacred Ground. Mutter Erde ist unser Sacred Ground. Glaubst du, dass du mehr tun musst, als sie zu respektieren und zu lieben?"

„Ich weiß es nicht."

„Hör mir zu. Wenn du hinaus gehst und zu irgendjemandem sprichst, dann erschaffst du den Sacred Ground. Der Sacred Ground, den du gestaltest, ist nicht losgelöst von der Erde, irgendwo im Himmel. Dennoch kann der Sacred Ground nicht mit den Händen gestaltet werden; es ist etwas, das du im Herzen machst, in deiner Seele."

Ich sah sie an, ein wenig unsicher mit der Antwort.

Sie lachte. „Ja, ich weiß. Um dorthin zu kommen, musst du in dein Herz hinein gehen. Immer, wenn du den Sacred Ground betreten und darauf kommunizieren willst, kannst du in dein Herz und in deine Seele gehen. Aber du musst immer in Verbindung mit Mutter Erde bleiben. Weißt du, warum?"

„Nein."

„Weil sie diejenige ist, die ihn erschafft. Sie ist diejenige, die ihn ermöglicht. Ohne sie ist es nicht möglich, ihn zu erschaffen. Du musst sie wissen lassen, dass du den Sacred Ground betreten möchtest und sie wird ihn für dich öffnen."

„Ich muss mit ihr sprechen?"

„Ja", antwortete sie lachend, „natürlich musst du das. Hast du gedacht, nur denken und Tagträumen hilft? Nein, so funktioniert es nicht. Es wirkt, weil du Mutter Erde ihren Teil dazu beitragen lässt."

Ich begann zu verstehen. Der Sacred Ground nahm langsam mehr materielle Form an.

Sie hatte meine Gedanken gehört, denn sie sagte: „Ja, manchmal verliert man sich einfach nur in Schwingungen. Die Art, in der ihr miteinander kommuniziert, geschieht durch Schwingungen, ob du sie mit Hilfe des Geistes oder mit den Mitteln der modernen Kommunikation benutzt. Auf diese Weise kann Mutter Erde dir keinen Zugang zum Sacred Ground verschaffen."

„Aber was geschieht, wenn ich und die andere Person weit voneinander entfernt leben? Kann man dann auch einen Sacred Ground erschaffen?"

„Natürlich geht das. Entfernung ist kein Problem, oder denkst du, dass Mutter Erde nur hier existiert?" fragte sie mit einem Schmunzeln.

„Nein, natürlich nicht."

„Siehst du, sie ist überall und sie wartet auf uns. Wir können sie immer um Hilfe bitten. Sie möchte es nur wissen. Sie kann es nur tun, wenn du es sie wissen lässt."

„Ich verstehe", sagte ich und nickte.

„Sicher tust du das", sagte sie, „aber sei dir dessen bewusst, du musst lieben. Ohne Liebe geht es nicht. Und, weißt du, sie ist intelligent, sie weiß, wenn du keine Liebe im Herzen hast. Sie weiß, wenn du andere nicht liebst. Die Menschen glauben, sie könnten nach Belieben mit ihr umspringen. Aber das kann niemand. Sie ist sehr hilfreich, aber nur, wenn du ihr Liebe entgegenbringst und den Respekt, den sie verdient. Dann hilft sie dir, den Sacred Ground zu öffnen."

Ich fragte mich: bedeutet das, dass ich einfach hingehen und sie bitten kann, mir mit dem Sacred Ground behilflich zu sein?

„Genau", sagte die alte Frau.

„Was geschieht dann?" wollte ich wissen.

„Ich weiß es nicht. Ich weiß nicht, was für dich dabei herauskommt. Es ist für jeden anders. Sie ist nicht nur meine Lehrerin, sondern auch deine."

Sie sagte nichts mehr und ich wusste, dass sie mir alles gegeben hatte, was sie konnte. Ich dankte ihr von ganzem Herzen, aber sie lächelte nur.

„Folge deinem Weg, Kind. Es wird nicht das letzte Mal sein, dass wir uns begegnen."

Ich hoffte, dass sie Recht hatte, denn ihre Weisheit war wirklich beeindruckend und ich hatte große Achtung vor ihr.

Ich kannte Interlaken, eine schöne Touristenstadt in der Schweiz, seit meiner Kindheit. Ich stand im Kurpark und schaute zur Sonnenuhr, da bemerkte ich einen Mann, der durch den Park lief. Ich weiß nicht genau, was mir daran auffiel, aber irgendetwas an ihm zog meine Aufmerksamkeit an. Er war wie ein Geschäftsmann gekleidet und ich wusste, dass er ein Hoteldirektor war. Ohne lange darüber nachzudenken lief ich hinter ihm her. Während ich noch lief, blieb er plötzlich stehen und wandte sich zu mir um. Konnte er mich sehen?

„Ich bin so froh, dass du gekommen bist", sagte er.

Ich wusste nicht, was ich sagen sollte. Hatte er mich erwartet? Warum?

„Du musst mit mir kommen, sonst ist es zu spät. Bitte, ja?" fragte er mit verzweifelter Stimme.

„Natürlich", ich war einverstanden und nickte ihm zu.

Er lief noch schneller und ich versuchte, mit ihm Schritt zu halten. Direkt vor dem Kanal blieb er stehen. Ich hatte einen Notfall erwartet, so, wie er lief und sprach, aber es war nichts zu sehen.

„Warum sind wir hier?" fragte ich ihn.

„Ich will dort hineinspringen", sagte er.

„Warum?"

„Weil ich dadurch entkommen kann."

Entkommen? Meinte er.... Nein, das konnte nicht sein. Ich konnte es nicht glauben, dennoch fragte ich ihn vorsichtig: „Du willst dich umbringen?"

„Nicht wirklich, aber irgendwie schon, ja. Ich weiß es nicht. Was meinst du?"

Ich wusste nicht, was ich sagen sollte; ich suchte nach Worten. Wer war dieser Mann? Was war mit ihm los? Dann wurde mir plötzlich ein Rückblick gezeigt. Ich sah ihn als kleinen Jungen, der ein ärmliches Leben lebte. Er war ein so trauriger Junge, der nichts hatte, das sein Herz in irgendeiner Weise wärmen konnte. Ich fühlte so viel Verzweiflung, dass ich mich fragte, wie er überhaupt die Kindheit hatte überleben können.

„Ja", sagte er ruhig, „das war mein Leben. Jetzt geht es mir gut. Ich habe alles, was ich brauche." Tränen liefen ihm die Wangen hinunter. „Und doch habe ich nichts, das mein Herz wieder heil macht."

Er tat mir so unsagbar leid, dass ich ihn fest in die Arme nahm. Er klammerte sich so fest wie möglich an mich und ich konnte fast nicht mehr atmen. Was konnte ich nur tun, um ihm zu helfen? Ich wollte ihm helfen, denn es war so niederschmetternd, ihn so zu sehen. Dann wusste ich es. Während ich ihn in den Armen hielt, bat ich Mutter Erde um den Sacred Ground. Langsam konnte ich etwas anderes unter unseren Füßen bemerken, aber auch eine Veränderung der Atmosphäre. Alles um uns herum schien sich zu verändern. Wir standen immer noch am selben Fleck, demselben Ort und doch war alles anders. Es fühlte sich an, als ob sich ein Kokon mit einem alles umfassenden Frieden um uns herum aufbaute. Es gab ein tröstliches Gefühl. Ich beschloss, meine ganze Liebe in diesen Sacred Ground hinein fließen zu lassen, um schließlich den Weg zum Herzen dieses Mannes zu finden. Er hielt mich die ganze Zeit umschlungen. Schließlich löste er sich langsam.

„Was ist passiert?" fragte er. „Wo bin ich?"

Ich lächelte. „Immer noch am selben Ort, aber auf dem Sacred Ground. Diesen Sacred Ground brauchst du, um dein Herz und deine Seele zu nähren. Kannst du es fühlen?"

„Ja. Es ist, als ob ich diesen Ort nie wieder verlassen möchte."

Zu meiner Überraschung bekam ich einen weiteren Rückblick auf seine Kindheitserinnerungen, aber diese waren anders. Eine davon war an Weihnachten und sie zeigte, wie glücklich er damals war. Er schien sich jetzt ebenfalls an die glücklichen Momente zu erinnern. Er lächelte. Wir wussten, ohne zu reden.

„Danke", flüsterte er.

„Das ist wirklich gern geschehen", antwortete ich und sagte ihm, er solle Mutter Erde um den Sacred Ground bitten, wo immer er sei und mit wem immer er spreche. Er würde sich immer genährt fühlen in der Weise, wie er es brauchte.

Er sah mich an und umarmte mich wieder, dieses Mal nicht in Verzweiflung, sondern voller Dankbarkeit und mit – ja, universeller, bedingungsloser Liebe. Er lächelte noch, als er ging. Er war im Frieden. Das war alles, was zählte. Ich sah ihm nach, während ich diesen unglaublichen Frieden und die Liebe auch in mir spürte. Der Sacred Ground hatte die mächtigste Kulisse aufgebaut, die ich je erlebt hatte. Ich war so dankbar dafür.

Diese Szene hatte mich tief berührt. Wäre es möglich, dass der Sacred Ground unsere Kommunikation in eine friedvolle und nährende verwandelt, wenn wir ihn erschaffen? Ich war mir noch nicht sicher, aber ich hatte Hoffnung in meinem Herzen und in meiner Seele.

Ich wusste, dass ich mich dem Ende der Reise durch dieses Tor näherte, aber sie schien noch nicht ganz beendet. Ich spürte plötzlich meinen Morgengast neben mir. Ich konnte seine ganze Liebe spüren. Das war unsere Verbindung. Diese Liebe war es, die mich durch unsere Gespräche trug. Mehr als einmal hatte ich Zweifel an unserer Kommunikation, zweifelte an allem, was wir teilten. An diesem Punkt verstand ich noch nicht die Art unserer Kommunikation und manchmal machte es mir der Verstand schwer, zu akzeptieren, wie es war.

Offenheit

Ich war in die Zeit des Römischen Reiches versetzt worden. Ich befand mich auf einer Insel, die wie Zypern aussah. Nahe am Meer sah ich einen Schäfer auf einer Klippe stehen, der einige Schafe hütete. Er stand dort auf seinen Stock gestützt. Auf der anderen Seite sah ich einige Leute die staubige Straße hinuntergehen. Sie waren anders gekleidet als der Schäfer und irgendwie wusste ich, dass sie zur intellektuellen Elite dieses Ortes gehörten. Unweit des Schäfers setzten sie sich und begannen über etwas zu debattieren - worum es ging, konnte ich nicht hören. Der Schäfer sah sie ohne Ausdruck in den Augen an. Er verstand nicht genau, worüber sie sprachen, aber seine Gedanken, die ich hören konnte, überraschten mich: warum machen sie so viel Aufhebens davon, wenn doch die Antwort so einfach ist? Der Schäfer wandte sich wieder seinen Schafen zu, als einer der Gelehrten auf ihn zukam. Wieder hörte ich seine Gedanken: oh nein, nicht schon wieder. Können sie mich nicht in Ruhe lassen?

„Sei gegrüßt, Schäfer. Was macht deine Arbeit?" fragte der Gelehrte.

„Gut." Sagte er einsilbig.

„Was sagst du, Schäfer? Ist der Himmel blau, oder ist es nur unsere Interpretation? Sehen wir es, wie es wirklich ist, oder sehen wir nur das, von dem wir glauben, wir würden es sehen? Wir wollen die Antwort eines einfachen Mannes hören."

Der Schäfer seufzte. Es war vermutlich nicht das erste Mal, dass sie ihm Fragen stellten. Er antwortete: „Der Himmel ist Teil unseres Lebens, ebenso wie die Schafe hier. Er erscheint blau für uns. Das ist die Farbe, die er gewählt hat und sie lässt unser Herz leichter werden. Was müssen wir mehr wissen?"

„Nun ja..." Als der Gelehrte noch über die Antwort des Schäfers nachdachte, riefen ihn die anderen wieder zu sich.

Bevor er zurückging, fragte der Gelehrte den Schäfer noch: „Würdest du mir den Gefallen tun und für einige Antworten zu uns kommen?"

„Ja, gut", stimmte er zu, obwohl ich sicher war, dass er nicht besonders glücklich darüber war.

Sie erklärten ihm: „Wir haben darüber debattiert, ob die Dinge, die wir im Außen sehen, wirklich so sind, wie sie sind, oder ob sie uns so erscheinen, wie wir sie sehen wollen. Oder vielleicht ist auch keine dieser Annahmen richtig? Was sagt ein Mann wie du dazu?"

Der Schäfer seufzte wieder und dachte über ihre Fragen nach. Dann antwortete er: „Wir sehen die Dinge so, wie sie gemeint sind."

„Aber sie könnten nicht das sein, was sie sind", sagten die Gelehrten.

Er lachte. „Natürlich nicht. Sie sind viel mehr, aber es ist die Art, für die sie sich entschieden haben, sich uns zu zeigen."

Die Gelehrten diskutierten über seine Antwort und sagten dann: „Daraus folgt, dass es nicht der richtige Ansatz ist, danach zu fragen, was sich dahinter verbirgt. Da sind wir anderer Meinung."

Der Schäfer sagte: "Nein, ihr könnt fragen, aber zweifelt nicht. Es steckt immer mehr hinter einer Sache, aber wenn sie sich entschieden hat, nur eine spezielle Seite von sich selbst zu zeigen, dann ist es so. Wir müssen das akzeptieren."

"Das ist zu einfach", sagte einer der Gelehrten, der nicht glücklich mit den Antworten des Mannes war. Und nicht lange danach schickten sie den Schäfer weg, der mehr als willens war, zu seinen Schafen zurückzukehren.

Die Gelehrten, die jetzt wieder sich selbst überlassen waren, sagten: "Er sieht es falsch, aber wir müssen es verstehen, denn er weiß nicht, was hinter allem steckt. Er ist kein gebildeter Mann. Wir sollten das nicht vergessen. Er ist ein einfacher Mann, ein Schäfer. Er wird unsere Fragen niemals verstehen." Sie stimmten alle darin überein und hatten den Schäfer schon bald vergessen.

Der Schäfer wusste, was sie dachten. Sie dachten immer so. Jedes Mal, wenn sie ihn fragten. Er lächelte. Sie wussten nicht, was er wusste und er wollte ihnen nicht mehr erzählen, als sie wissen mussten. Wenn sie nicht begreifen konnten, dass Einfachheit der erste Schritt ist, um die Welt zu verstehen, würden sie nie weiterkommen. Er sah seine Schafe an und lächelte noch immer. Nur dadurch, dass er Tag für Tag hier draußen war, und seine Schafe hütete, hatte er mit der Zeit Weisheit gewonnen. Es war eine Weisheit, die aus einer anderen Quelle stammte, als das Wissen, das der Verstand der Menschen erschafft.

Als nächstes war ich in einem mir unbekannten botanischen Garten mit vielen verschiedenen Pflanzen, Blumen und Schmetterlingen. Er war wunderschön. Ich ging die schmalen Pfade entlang und sah einen Lehrer mit seinen Schülern kommen. Er ging mit ihnen, blieb ab und zu stehen und erklärte ihnen alles, was er über die verschiedenen Pflanzen und Bäume wusste. Der Lehrer sah müde aus und ich war nicht sicher, ob die Schüler wirklich aufmerksam dabei waren.

Dann hörte ich jemanden neben mir. Ich bemerkte sein Abzeichen, das ihn als Direktor dieses botanischen Gartens auswies. Er sah sie an, während er mit mir sprach. „Ja, Sie haben Recht. Er ist müde. Er ist nicht wirklich daran interessiert, aber er hat alles über die Pflanzen gelesen. Er hat ein großes Wissen. Aber die Kinder sind nicht an seinen Worten interessiert; sie sind daran interessiert, was die Pflanzen ihnen erzählen können. Sie brauchen einen praktischen Ansatz – sie zu berühren, sie zu riechen. Auf diese Weise würden sie die Weisheit erlangen, die dieser Garten ihnen bieten kann. Der Lehrer versteht es nicht. Sein Verstand ist voller Theorien und die möchte er lehren, nicht die praktische Seite. Wenn er sich auf die praktische Seite konzentrieren würde, wäre er nicht mehr in der Lage, sich wie ein Lehrer zu verhalten – so, wie er es sieht. Er hat Angst, seine Autorität zu verlieren. Die Kinder würden alles Nötige lernen, wenn ihnen erlaubt würde, ihre Sinne zu öffnen, aber man lässt es nicht zu. Sie müssen das Wissen lernen und sie verlieren die Weisheit."

Ich sah die Kinder und ihren Lehrer an, da fragte mich der Direktor, ob ich ihm hinausfolgen wolle. „Ich kann es den Leuten nicht oft genug sagen, die hierher kommen: lasst euren Intellekt beiseite, lasst beiseite, was ihr gelernt habt, dann werdet ihr in der Lage sein, Weisheit zu erlangen und den Sacred Ground betreten."

„Den Sacred Ground?" fragte ich erstaunt und wunderte mich, was er darüber wissen mochte.

Er lächelte. „Ja, man gestaltet den Sacred Ground mit allem, was einen umgibt. Wenn man es so macht, dann gewinnt man Weisheit. Aber man muss seine Theorien und sein Wissen beiseite lassen und stattdessen das Herz, die Seele und die Sinne öffnen."

Ich nickte und dachte über seine Worte nach. Vielleicht hatte er Recht, vielleicht war da etwas dran. Ich war nicht sicher. Seine traurigen Augen ruhten auf den Kindern. Ich wünschte ihm, dass er Menschen begegnen würde, die empfänglicher für seine Gedanken waren. Vielleicht würde es so sein. Kurz darauf verließ ich den Ort.

Die nächste Szene, in der ich ankam, kam mir merkwürdig bekannt vor. Nach einer Weile erkannte ich, dass ich irgendwo im Ödland des australischen Outback war. Als ich das erste Mal dort war, fühlte ich mich von dem Frieden überwältigt, der dort spürbar war und dies war etwas, das seitdem in meinem Herzen geblieben war. Ich stand oben auf einem der Hügel und vor mir sah ich einen großen alten Mann mit breiten Schultern.

Er starrte mich an, als kenne er mich schon das ganze Leben und sagte: „Ich habe schon lange gewartet, aber erst heute ist der richtige Tag für dich, um hierher zu kommen."

„Danke", flüsterte ich und sah ein Pferd neben ihm auftauchen. Es war ein schönes, dunkelbraunes Pferd. Es war definitiv das schönste Pferd, das ich je gesehen hatte.

Der alte Mann erklärte: „Dieses Pferd wird dir zeigen, was du nicht sehen kannst. Wenn du den Sacred Ground betreten willst, dann rufe es. Seine Weisheit wird dich führen."

Wunderbar, dachte ich, wie die Krafttiere.

„Ja", sagte er lachend, „ein wenig wie die Krafttiere. Doch ist es anders, weil dieses Pferd kein Krafttier ist; dieses Pferd ist ein geistiges Wesen. Das ist ein wichtiger Unterschied."

„Warum ist das wichtig?" fragte ich, da es mir nicht verständlich war.

Er lachte wieder. „Ich weiß. Du denkst, es ist nicht wichtig, aber für das Pferd ist es das. Gib ihm das Recht, ein geistiges Wesen zu sein, dann wird es seine Weisheit mit dir teilen, während du den Sacred Ground betrittst."

„Ein Krafttier kann das nicht?" fragte ich, da ich darüber gelesen und es so gelernt hatte, dass es das sei, was sie tun, obwohl es schon lange her war, sodass ich vielleicht etwas übersehen hatte.

„Sicher kann es das", antwortete er, „aber die Botschaften sind andere. Dieses geistige Wesen erscheint als Pferd, aber es kann auch als etwas anderes erscheinen. Du kannst das Pferd als Symbol benutzen, wie du es gelernt hast, aber begrenze es nicht darauf. Dahinter steckt mehr, als du gelernt und erfahren hast. Lass deine Seele sprechen, lass dein Herz sehen und du wirst in der Lage sein, die Weisheit zu erlangen, die dieses geistige Wesen dir zeigen kann."

Ich nickte und begann zu verstehen. Ich hatte von den Schamanen und ihrem Umgang mit Krafttieren gehört. Doch wieder einmal schien es einfach nur Wissen zu sein und wir haben die Tendenz, uns darauf zu beschränken. Es schien mehr dahinter zu stecken und dieses Mehr war Weisheit. Ich wusste nicht, ob ich mit meinen Gedanken auf dem richtigen Weg war, aber vielleicht war es zumindest die richtige Richtung.

Er lächelte mich an und sagte: „Danke, dass du gekommen bist und ich freue mich schon auf unsere nächste Begegnung."

Ich lächelte auch und, wer weiß, vielleicht würde ich ihn wiedersehen. Dann verließ ich den Ort mit einem tiefen Frieden in meinem Herzen.

Ich saß im Hörsaal einer Universität irgendwo in Europa. Der Saal war voll und die Aufmerksamkeit aller war ganz und gar auf den Professor gerichtet und auf das, was er zu sagen hatte. Ich sah ebenfalls zu ihm hin, bemerkte aber etwas Merkwürdiges an der Situation. Um den Professor herum schien ein Licht. Wer war er? fragte ich mich. Das Licht war so intensiv, dass ich ihn kaum sehen konnte. Die anderen Studenten sahen das Licht nicht, aber ihre Augen waren ganz auf ihn gebannt und es gab keine Geräusche, nicht einmal ein Flüstern im Raum. Nichts, außer der Stimme des Professors.

Ich war überrascht, als ich erkannte, dass er über Astronomie sprach. Er erklärte viele Dinge, aber ich konnte sie nicht wirklich aufnehmen. Das Licht um ihn herum veränderte sich stetig, während er sprach; in einem Moment dehnte es sich aus und im nächsten zog es sich wieder zusammen.

Als ich noch voller Verwunderung dieses Licht beobachtete, beugte sich ein Student in meiner Nähe zu mir herüber und sagte: „Er ist ein Experte, nicht wahr? Er ist der Beste, wirklich."

Ich nickte, obwohl ich nicht wusste, ob es stimmte oder nicht.

„Ich war vorher an einer anderen Universität, aber niemand ist in der Lage, die Dinge mit so viel Herz und Weisheit zu erklären, wie er. Ich nehme an, das kommt daher, weil er so besonders ist", sagte er.

„Er ist besonders?" fragte ich verwirrt.

„Nun ja, weißt du, er wurde etwas anders ausgebildet, als die anderen."

„In welcher Hinsicht anders?" wollte ich wissen.

„Nun, er war da draußen. Zumindest sagt er das."

Ein Gedanke kam mir in den Sinn. „Meinst du, im Kosmos, im Weltall?"

„Ja." Er unterdrückte ein Lachen, damit die anderen nicht

gestört würden. „Genau. Obwohl es dafür kein Anzeichen gibt, dass er tatsächlich in einer Raumfähre gewesen ist."

Der Student lehnte sich wieder zurück und ich dachte über seine Worte nach. Vielleicht war dieser Mann in anderer Weise zu den Sternen gereist, um ihre Weisheit zu erlangen. Dann sah ich, wie der Professor seinen Kopf in meine Richtung wandte und mich direkt anlächelte. Da wusste ich, dass er meine Gedanken gehört hatte und ich lächelte zurück. Es war wunderbar zu sehen, wie viele Studenten von seiner Vorlesung profitierten. Ganz gleich, wie er seine Weisheit erlangt haben mochte, er war in der Lage, ihnen etwas zu geben, das ihre Seelen tief berührte.

Dieses Tor war das erste, das ich auf dem Sacred Ground erfahren hatte. Ich war vorher auch schon darin eingetreten, während ich diese Zeilen schrieb, aber dieses Mal war es eine bewusste Erfahrung. Ich möchte Ihnen sagen, dass der Unterschied enorm ist. Vor allem spürte ich einen Frieden in mir und in meiner Umgebung, den ich vorher nicht erfahren hatte.

Als das Tor geschlossen war, verließ ich den Sacred Ground. Ich war erstaunt darüber, wie sich alles um mich herum viel intensiver und heller anfühlte, als ich zurückkam.

23 Freiheit

Ich war in Chicago, aber nicht in der Gegenwart. In meiner Nähe war eine junge Russin, die gerade in die Vereinigten Staaten gekommen war. Ich nahm an, sie sei eine Einwanderin. Wer war sie? Sie stand vor einem kleinen, heimelig aussehenden Haus mit einem weißen Gartenzaun und betrachtete es. Ihre Augen sahen nicht glücklich aus. Es war nicht ihr Heim. Nachdem sie das Haus betreten hatte, sah ich sie mit einem Mann und seiner Frau beim Abendessen am Tisch sitzen.

„Also, wie war deine Reise?" fragte der Mann.

„Ich denke, sie war gut", antwortete sie.

„Du bist jetzt in den Vereinigten Staaten. Wenn du eine Arbeit findest und den richtigen Ehemann, wirst du ein gutes Leben führen."

Sie blieb still und kämpfte mit sich selbst, was sie dazu sagen sollte. Dann antwortete sie: „Nein, das will ich eigentlich nicht."

Alle Augen waren auf sie gerichtet. „Was meinst du damit?"

„Nein. Das ist nicht das Leben, das ich will. Ich möchte nicht das gleiche Leben haben wie ihr. Ich möchte meine Kunst leben.

Ich möchte das sein können, wozu ich bestimmt bin. Ich möchte Schriftstellerin sein, eine berühmte Schriftstellerin."
Das Ehepaar sah sich nur an, dann sagte der Mann: „Das ist Unsinn. Wer sollte deine Schriften veröffentlichen?"
„Wer sollte das nicht wollen?" antwortete sie provokativ.
„Was?" Die beiden waren bestürzt. „Wovon redet sie?"
Die Ehefrau entschied: „Lasst uns nicht mehr darüber reden. Sie ist manchmal so. Ihre Mutter sagte es mir schon. Sie wird es schon selbst herausfinden."

Die junge Frau sagte nichts mehr, aber ihre Gedanken kamen bei mir an und ich war erstaunt über ihre Entschlossenheit, ihr Streben nach Freiheit und ihre Klarheit, sich von niemandem in ihren Entscheidungen beeinflussen zu lassen. Ich fragte mich, ob sie wohl ihren Weg finden würde.

Ich hörte eine Stimme neben mir. „Sie hat alles, was sie braucht, um eine berühmte Schriftstellerin zu werden, aber sie hat noch nicht herausgefunden, wie sie es anderen begreiflich machen kann. Sobald sie herausgefunden hat, wie sie anderen klarmachen kann, was sie wirklich will, wird es ihren Ruhm sogar noch vermehren."

Ich sah sie an und hoffte, sie würde die richtigen Worte finden, um sich anderen verständlich machen zu können, obwohl ich mir nicht sicher war. Ihre Sehnsucht nach Freiheit und Unabhängigkeit war so groß, dass ich mich fragte, wieviel ihr andere Menschen bedeuteten.

Ich stand am Ufer eines Sees. Der See war in völliger Wildnis gelegen. Es waren nur Bäume zu sehen und es schien, als gäbe es sonst nichts. Auf der anderen Seite des Sees trank ein Elch Wasser. Ich sah mich um, um zu verstehen, weshalb ich hier war, da sah ich ein Flugzeug auf dem Wasser landen, direkt an einem kleinen Landesteg. Einige Leute stiegen aus dem Flugzeug aus. In diesem Moment sah ich das große Ferienhaus in meiner Nähe, das ich vorher nicht bemerkt hatte. Die Leute, wahrscheinlich Touristen, gingen zum Haus hinüber.

Ich überlegte gerade, ob ich ihnen folgen solle, als ich bemerkte, dass der Pilot mich anstarrte. Sah er mich? Er lächelte und winkte. Ich beschloss, zu ihm hinüber zu gehen und er fragte mich, ob ich mit ihm kommen wolle.

„Ja", sagte ich.

Das Flugzeug stieg hoch hinauf und wir flogen über die Wildnis. Es war unglaublich schön hier. Ich war sprachlos, alles sah so fantastisch aus. Es fühlte sich nach totaler Freiheit an, so weit hinauf fliegen zu können.

„Das sind die Momente, die ich liebe", sagte der Pilot.

Ich nickte; das konnte ich gut verstehen.

„Willst du etwas über den Sacred Ground wissen?" fragte er.

Ich sah ihn an. Woher wusste er davon?

Er lächelte. „Unsichtbare Kommunikation, weißt du?" Ich konnte ein leichtes Grinsen auf seinem Gesicht erkennen.

Dann fuhr er feierlich fort: „Der Sacred Ground ist nicht nur dafür da, dir ein friedliches Gefühl zu geben, oder dich geliebt und respektiert zu fühlen. Er geht darüber hinaus. Er gibt dir sogar das, was du hier erfährst."

„Was meinst du?" fragte ich.

„Freiheit. Die Freiheit, zu sein, wer du bist. Das wahre Selbst zu sein. Es ist die größte Freiheit, die man erreichen kann. Du kannst sein, wer du bist. Dies ist die Freiheit, die du auf dem Sacred Ground finden kannst."

„Wow", sagte ich und fragte mich, wie es sich anfühlen würde und ob es wirklich so sein würde.

„Aha, ein wenig skeptisch?" fragte er mich und sah mich an.

Ich lächelte nur; offensichtlich hatte er meine Gedanken gehört.

„Okay, sieh mal dort unten. Siehst du die Leute, die gerade hierher gekommen sind?"

Ich nickte.

„Es wird wahrscheinlich nicht lange dauern, bis sie beginnen werden, miteinander in verletzender Weise zu reden. Wie so oft, wenn die Menschen im Urlaub sind. Was sie allerdings nicht wissen, ist, dass dies hier ein ganz besonderer Sacred Ground ist."

„Wirklich?" fragte ich.

„Ja, der Sacred Ground hier wurde schon vor langer, langer Zeit gestaltet und wird schon seit so langer Zeit benutzt, dass er immer noch sehr stark und lebendig ist. Obwohl es nichts ändern oder ausmachen würde, wenn sie nichts darüber wüssten. Sie würden ihre Zeit hier verbringen und ihn nie erfahren, obwohl der Sacred Ground existiert."

Ich hörte nur zu und er fuhr fort. „Es gibt eine Frau in dieser Gruppe, die ihn spürt. Wenn sie stabil genug und ihr Drang nach Freiheit stark ist, wird sie ihn sehen. Dann kann sie diesen Sacred Ground aktivieren, aber sie muss vorsichtig sein."

„Warum?"

„Freiheit. Sie muss sich an die Freiheit erinnern. Das ist der wichtigste Faktor dabei. Nun, vielleicht haben wir Glück und wenn ich zurückkomme, um sie abzuholen, werden sie sagen, es seien die besten Ferien, die sie je hatten. Wir werden sehen."

Ich blieb still und dachte über seine Worte nach. Ich verstand das Wort Freiheit, aber ich hatte noch nicht herausgefunden, was er genau mit Freiheit in Bezug auf den Sacred Ground meinte. Vielleicht würde ich es mit der Zeit herausfinden.

„Jetzt ist es an der Zeit, zurückzukehren, junge Dame." sagte er und ich sah, dass er zum See zurück flog. Ich dankte ihm für diesen wunderbaren Ausflug in die Freiheit.

Der Raum, in dem ich mich jetzt befand, war sehr groß. Es schien dort eine Versammlung oder ein Kongress stattzufinden. Der Raum war mit sehr vielen Menschen angefüllt. Vorne auf der Bühne stand eine Frau und sprach zum Publikum. Ich versuchte, ihr zuzuhören, aber ich konnte sie nicht verstehen. Stattdessen sah ich Farben. Ich war sehr überrascht. Es war, als sei der ganze Raum mit Farben ausgefüllt. Leichte und helle Farben wie orange, gelb und weiß. Diese Farben gaben dem Raum eine wundervolle, heimelige und liebevolle Atmosphäre. Während ich die Farben sehen konnte, wusste ich, dass die anderen sie nicht sahen, aber trotzdem war ich sicher, dass sie die besondere Atmosphäre dieses Raumes spürten.

Neben mir bemerkte ich einen Mann, der sich unwohl fühlte. Es überraschte mich zu sehen, dass er von Blau und anderen dunklen Farben umgeben war. Irgendwie verursachten die hellen Farben bei ihm Unwohlsein. Dann sprach er zu der Frau neben ihm und verließ den Raum. Ich folgte ihm. Draußen sah ich ihn in tiefen Zügen die frische Luft einatmen. Ich fragte mich, was mit ihm los sei.

„Ist alles in Ordnung mit Ihnen?" fragte ich ihn.

„Ja, ja, danke. Es war nur... ich nehme an, es war ein bisschen zu viel für mich, wissen Sie?"

Ich nickte und stand einfach da. Dann fuhr er fort: „Wissen Sie, ich bin gekommen, weil alle sagen, sie sei eine große Heilerin. Dass sie die Menschen motiviert und großartig sei."

Vielleicht hat er Recht, dachte ich, wegen des wunderbaren Gefühls, das ich drinnen hatte.

Er fuhr fort: „Aber ich spürte es nicht. Irgendwie war es zu viel für mich. Wissen Sie, ich wollte nicht... wie kann ich es sagen? Ich wollte das nicht fühlen. Es war, als solle ich mich in einer bestimmten Art und Weise fühlen und ich wollte mich nicht so fühlen. Ist es falsch, das zu sagen? Natürlich sollte ich mich gut und glücklich fühlen wollen, nicht wahr? Ich weiß nicht... ich bin wirklich durcheinander."

Was meinte er?

Er erklärte: „Ich kam hierher, weil ich vor kurzem jemanden verloren habe und verzweifelt bin. Ich trauere sehr und es ist einfach zu viel für mich, jetzt vorgeben zu sollen, dass alles gut und wunderbar ist."

„Trauer muss man fühlen", sagte ich zu ihm.

„Ja, ich weiß, aber ich will es nicht mehr fühlen. Und doch, als ich hierher kam, wollte ich auch diese positiven Gefühle nicht."

„Nehmen Sie sich Zeit für die Heilung", war alles, was ich ihm sagen konnte und ich legte meine Hand auf seinen Arm als tröstende Geste.

Er warf mir einen Blick zu und sagte ein ruhiges „Dankeschön" bevor er ging.

Während ich ihm gedankenverloren nachsah, hörte ich eine unbekannte Stimme hinter mir. „Er fühlt sich verloren, seine Gefühle sind in Aufruhr und er will trauern. Er kann trauern. Trauer hilft. Aber nicht hier. In diesem Raum glaubt die Heilerin, dass nur positive Gefühle willkommen sein sollten. Sie glaubt, wenn du dich niemals schlecht fühlst, dass dir dann nichts Schlechtes geschehen kann. Aber sie versteht es nicht richtig. Sie wendet ihre Glaubenssätze auf jeden und jede Situation an. Sie hat in diesem Raum eine Energie erzeugt, in der jeder sich leicht und hell fühlen kann. Aber das passt nicht für jeden. Die Menschen sind verschieden und jeder von ihnen fühlt sich anders und braucht andere Dinge. Man kann nicht jedem das Gleiche erzählen. Jeder entscheidet für sich selbst, was er in einem bestimmten Augenblick braucht. Als Heiler hat man die Verantwortung, nicht zu versuchen, jeden das Gleiche fühlen zu lassen. Selbst, wenn man es gut meint, kann man nicht wissen, was das Beste für jemand anderen ist. Man kann kein heilendes Umfeld gestalten, wenn jemand nicht dazu bereit ist, geheilt zu werden. Es ist nicht das Ziel eines jeden."

Ich fragte mich, ob sie den Sacred Ground kreiert hatte und die Stimme sagte sehr bestimmt: „Nein, du kannst den Sacred Ground nicht gestalten, ohne die Freiheit und Unabhängigkeit jedes Einzelnen zu respektieren. Es ist ihre Wahl, sich darauf einzulassen, oder auch nicht. Man kann diese Regel nicht verletzen oder manipulieren. Das ist mit dem Sacred Ground nicht möglich."

Die Stimme war schnell wieder verschwunden und wieder war ich meinen eigenen Gedanken überlassen, um die Worte zu verarbeiten. Vielleicht ist etwas Wahres an den Worten dieser Stimme, dachte ich schließlich.

Ich war glücklich, als ich sah, dass ich zu der alten Schamanin aus dem einundzwanzigsten Tor in die Wildnis der Berge bei Santa Fé zurückgekehrt war. Sie saß auf dem Boden und hielt einen Stab in der Hand. Die alte Frau zeichnete gerade etwas in den Sand, als ich ankam. Sie sah nicht einmal auf, als ich mich näherte, deshalb setzte ich mich nur neben sie und wartete.

„Du bist zurückgekommen?" fragte sie lächelnd.

„Ja." Lächelte ich zurück.

„Alles, was du heute erlebt hast, hat uns Mutter Erde erzählt. Man kann nicht auf dem Sacred Ground leben und man kann den Sacred Ground nicht erschaffen ohne den Respekt für die Freiheit. Es funktioniert einfach nicht."

Das ist gut, dachte ich.

„Ja, das ist es. Die Menschen kamen in den alten Zeiten öfter zu mir als jetzt und wollten wissen, wie man ein Schamane oder ein Heiler wird. Sie wollten helfen. Das ist ein ehrenwertes Ziel, aber sie haben nicht verstanden, was ich ihnen sagte."

„Was hast du ihnen gesagt?" fragte ich.

„Ich erklärte ihnen, dass Mutter Natur möchte, dass wir unsere Freiheit behalten. Sie möchte, dass wir für uns selbst sorgen und dass andere Menschen ebenfalls für sich selbst sorgen. Sie möchte, dass wir mit jedem Mitgefühl haben, aber sie möchte auch, dass jeder durch seine eigene Kraft geheilt wird."

Ich nickte.

Sie fuhr fort: „Jedenfalls kamen sie und ich lehrte sie über den Sacred Ground. Sie lernten, wie man ihn erschafft. Und Mutter Erde gab ihre Zustimmung. Aber als sie ihn benutzten, fielen sie in ihrer Entwicklung zurück."

„Warum?" fragte ich.

„Sie vergaßen die Freiheit. Sie wollten den Sacred Ground kreieren und zwangen die anderen in ihn hinein. Sie gingen davon aus, dass jeder ihn wollte. Sie wollten in bester Absicht helfen, aber sie vergaßen, die anderen zu fragen, ob sie einverstanden seien, auf diese Weise zu kommunizieren. Sie vergaßen die Freiheit."

Ich fragte mich, ob man den Sacred Ground wirklich nicht kreieren konnte, wenn die anderen es nicht wollten.

„Oh, sicher kannst du den Sacred Ground jederzeit und überall kreieren", antwortete sie auf meine Gedanken, „aber du kannst ihn nicht ausdehnen, wenn die andere Person nicht daran teilhaben will. Du musst fragen, sonst wird der Sacred Ground nicht so wirken, wie du es erwartest."

Ich verstand nicht ganz, was sie meinte.

Sie war still und fügte dann hinzu: „Wenn du auf dem Sacred Ground kommunizierst, dann ändert sich deine Art zu sprechen. Jeder fühlt es, aber es bedeutet nicht, dass die andere Person daran teilnehmen will. Vielleicht ist es nicht der richtige Zeitpunkt für sie, oder es ist nicht möglich. Was auch immer der Grund sein mag, du musst ihre Freiheit akzeptieren, zu wählen, ob sie daran teilnehmen wollen, oder nicht."

Langsam gingen mir ihre Worte ins Herz. Ich dankte ihr und sagte Auf Wiedersehen.

Sie lächelte. „Vielleicht kommst du zurück."

Ich hatte nicht damit gerechnet, ein Schloss zu sehen; dennoch freute es mich sehr. Das Schloss war irgendwo in Schottland, aber ich wusste nicht, in welche Zeit ich hinein gekommen war. Neben dem Schloss befand sich ein See und beide waren von Wald und vielen Büschen umgeben. Das Schloss war riesig und verfallen. Alles hier schien auseinander zu fallen und ich vermutete, dass hier schon seit langer Zeit niemand mehr gewohnt hatte. Ich hörte ein Rascheln und dann sah ich einen Jäger den schon fast überwachsenen Pfad daherkommen. Er sah mich.

„Ah, sind Sie eine Besucherin? Wir sehen hier nicht mehr so oft Menschen", sagte er.

„Wirklich? Warum nicht? Es ist so schön hier", antwortete ich.

„Hm, nun ja... Ich weiß nicht..." Er zögerte. „Es ist kein guter Ort mehr, um hier zu sein, wissen Sie. Die ganze Geschichte und so."

„Was meinen Sie?" fragte ich.

Er sah mich überrascht an und sagte: „Man sagt, dass hier schreckliche Dinge geschehen sein sollen. Wissen Sie, so etwas wie Teufelsanbetung und so. Zumindest ist es das, was man sich so erzählt. Hier müssen merkwürdige Menschen gelebt haben. Ich weiß es nicht genau, aber es ist merkwürdig."

Er drehte sich um und fügte hinzu: „Seien Sie vorsichtig, es ist kein guter Ort. Gehen Sie am besten sobald wie möglich wieder weg, ja?"

Ich nickte, aber ich muss zugeben, dass seine Worte mich nur noch neugieriger darauf machten, zu sehen, was die Leute an diesem Schloss so beunruhigte. Ich ging näher und war mir nicht ganz sicher, wie sich der Ort anfühlte, aber ich fühlte mich dort zumindest nicht unwohl. Ich stand da und wartete und ganz plötzlich veränderte sich das Schloss innerhalb von Sekunden. Es wurde ganz hell, voller Farben und Glück. Es war ein wunderschöner Ort. Ich war verzaubert. Wie konnte diese Veränderung geschehen?

Eine schöne Frau ging durch den Korridor. Sie sah aus wie eine Fee oder Priesterin. Ihre Gestalt war zart, aber ihre Aura war überwältigend. Eine sehr weise Frau, da war ich sicher. Als sie ganz nah bei mir war, nahm sie meine Hand und sagte: „Dieses Schloss wird oft als böse angesehen. Die Menschen sehen nur das, was sie sehen können. Ich konnte ihnen nicht erklären, wie schön es ist. Nur, wenn sie ihre Wahrnehmung veränderten, konnten sie uns sehen."

„Warum kann ich dich sehen?" fragte ich verwundert.

Sie lächelte. „Du hast den Sacred Ground betreten. Jeder, der ihn betritt, kann uns sehen."

„Wirklich?"

„Ja, jedem, der den Sacred Ground betritt, öffnet sich eine neue Welt."

"Aber ich bin nicht eingetreten", sagte ich.

Sie lachte. „Das musst du nicht. Es liegt nicht immer an dir. Manchmal öffnen ihn auch andere. Wie wir, wir erschaffen den Sacred Ground an vielen Orten und wenn jemand vorbeikommt, der bereit für ihn ist, wird er uns sehen und in den Sacred Ground eintreten. So einfach ist das."

„Das ist wunderbar", sagte ich. „Das bedeutet, es gibt viele andere, die auch den Sacred Ground kreieren?"

„Sicher. Aber sie können nicht mit den Augen wahrgenommen werden, sondern nur mit dem Herzen und der Seele."

Ich lächelte sie an und dankte ihr für ihre Worte. Ich liebte ihre Worte, aber sie waren etwas zu unrealistisch für mich. Ich gebe zu, es ist nicht immer einfach für mich, meinen Intellekt beiseite zu lassen und meiner Seele und meinem Herzen zu folgen. Ich befinde mich oft im Kampf mit diesen beiden Seiten.

Sie legte ihre Hand auf meinen Arm. „Ich weiß, du bist nicht die Einzige. Viele von euch haben Schwierigkeiten, diese beiden Fähigkeiten in Einklang zu bringen. Verstand und Herz. Das ist verständlich. Setze dich nicht selbst unter Druck. Ihr werdet alle dorthin gelangen, jeder in seinem eigenen Tempo."

Ich dankte ihr und winkte ihr zum Abschied. Dann war ich zurück in der Realität, in der das Schloss nahezu verfallen war und merkwürdigerweise fühlte ich mich hier mehr zuhause. Das überraschte mich. Warum fühlte ich mich mehr zuhause, wenn das Schloss fast verfallen war? Ich konnte es mir nicht erklären. Ich konnte es einfach nicht. Da sah ich, wie sich das Tor langsam schloss. Ich musste den Ort verlassen. Ich tat es mit einem glücklichen, aber etwas verwirrten Gefühl.

Seelenverbindung

Das Tor öffnete sich mit Blick auf einen großen Swimmingpool. Es war Nacht und ich saß auf einem Sessel am Pool und schaute in den sternenübersäten Himmel. Ich fühlte Frieden. Während ich mich in diesen Anblick verlor, spürte ich eine Gegenwart in meiner Nähe, wandte mich aber nicht um. Ich hatte keine Angst, denn ich wusste, dass die Gegenwart hinter mir jemand war, dem ich meine Seele anvertrauen konnte.

Er stand hinter mir und schaute genau wie ich zu den Sternen hinauf. Für einen Moment waren wir beide still, bevor er sagte: „Erinnerst du dich?"

„An was sollte ich mich erinnern?" fragte ich.

Ich sah ihn immer noch nicht, hörte nur seine Stimme, so weise und zärtlich, dass es mein Herz berührte. „Als wir zusammen etwas über die Sterne gelernt haben."

„Nein, wann war das?" fragte ich.

„Oh, in einer anderen Zeit, an einem anderen Ort."

„Wie bitte?" ich verstand nicht, was er meinte.

„Wir kennen uns schon seit sehr langer Zeit."

Ich konnte nichts sagen. Ich fühlte mich so im Frieden, dass mir die Worte nicht über die Lippen kamen.

„Vielleicht erinnerst du dich nicht - nicht jetzt, aber es ist so."
„Du meinst, dass ich früher schon gelebt habe?" fragte ich.
„Nein", sagte er lachend, „so würde ich es nicht sagen. Wir haben Zeit zusammen verbracht, ja, aber du solltest es nicht so verstehen, als sei das vor diesem Leben gewesen."
Er hielt inne und suchte offensichtlich nach den richtigen Worten. „Es gibt keine lineare Zeit, keinen begrenzten Raum. Eure Wissenschaftler haben es schon vor langer Zeit entdeckt und sie haben Recht. Also, es ist nicht so, dass man einer klaren Linie folgt von einem Leben zum nächsten. Was wir erfahren haben, wie wir voneinander gelernt haben, geschah in anderer Weise. Es gibt kein Wort, das es genau erklären kann, aber ich möchte dich nur wissen lassen, dass wir zusammen die Sternenkunde lernten. An einem anderen Ort, in einer anderen Zeit. Dieses Wissen ist immer noch da, in dir vergraben und manchmal bekommst du einige Einblicke darin."

„Vielleicht sind wir einander in den Sternen begegnet", neckte ich ihn.

Er lachte. „Vielleicht, oder in deinen Träumen, oder in einem anderen Universum, oder wo auch immer... das können wir nicht sagen, außer, dass es keine lineare Zeit gibt und keinen begrenzten Raum. Das ist alles, was wir wissen müssen."

Ich sagte nichts mehr, weil es mir irgendwie nicht wichtig war, es zu wissen. Ich musste mich nicht darum kümmern, wie oder wann wir uns begegnet waren. Ich fühlte mich einfach gut so, wie es jetzt war und das war alles, was mir im Moment wichtig war.

Er setzte sich neben mich und wir sahen wieder zu den Sternen hinauf. Dann fuhr er fort: „Die Menschen vergessen oft, dass sie mehr sind als ihr physischer Körper. Wir haben so viel mehr, wir sind so viel mehr."

„Ja." Da war ich genau derselben Meinung.

„Aber jetzt sind wir hier und ich bin glücklich, dich wiederzusehen. Du wusstest so viel über die Sterne. Du warst gut, weißt du."
Ich lächelte. „Wirklich?"
„Ja, wirklich. Es ist so schön, dich nach so langer Zeit wiederzusehen. Danke."
Erst dann wandten wir uns zueinander. Ich konnte ihn nicht deutlich sehen – es war zu dunkel – aber ich erinnerte mich sofort an seine Augen. Das Gefühl, seine Augen wiederzuerkennen, war überwältigend und ich musste ihn umarmen. Wir verloren uns beide in unserer Umarmung und mein Herz klopfte langsam, als hätte es nach Hause zurück gefunden. Es war mir gleich, wo oder wie wir uns begegnet waren, aber ich wusste, dass wir uns liebten. Er verschwand und bald darauf spürte ich, wie ich ebenfalls den Ort verließ.

In Paris gibt es viele Friedhöfe, auf denen viele berühmte Menschen begraben sind und ich wusste, dass ich zu einem dieser Friedhöfe gereist war. Ich ging dort spazieren und war überrascht über die vielen alten Gräber, die dort zu sehen waren. An einem Grab blieb ich stehen. Es war nicht besonders auffällig und ich konnte nicht einmal einen Namen finden, aber die Jahre waren deutlich zu erkennen: 1823 – 1867 stand dort. Ich wusste nicht, was mich daran so überraschte, dennoch blieb ich bewegungslos stehen. Dann sah ich eine Frau zu diesem Grab herüberkommen. Sie bemerkte mich nicht und ihre ganze Aufmerksamkeit war auf das Grab gerichtet. Sie hielt eine Blume in der Hand, die sie auf den zerbrochenen Stein legte.
„Ich vermisse dich", sagte sie und fuhr nach einer Weile fort. „Es tut mir leid, dass ich nicht früher kommen konnte, aber es gibt so Vieles, um das ich mich kümmern muss."

Ich sah sie mir genau an. Sie war eine Frau in den Vierzigern. Was mich überraschte, war, sie in einem Chanel-Kostüm zu sehen. Ich hatte nicht erwartet, jemanden bei einem Friedhofsbesuch so gekleidet zu sehen. Noch mehr überraschte mich, was sie gesagt hatte. Warum kam sie hierher, an ein so altes Grab?

Ich sah den Gärtner zu ihr herüber kommen. „Ah, Sie sind wieder da, Mademoiselle Isabelle? Das ist schön. Ich bin froh, dass Sie gekommen sind. Sie sind die einzige, die es wirklich versteht."

„Oh, Monsieur Hugo, ich wünschte, es wäre nicht so. Sie sind der einzige, der mir zuhört. Was würden die Leute sagen, wenn sie wüssten, dass ich das Grab eines Mannes besuche, der schon gestorben ist, lange, bevor ich überhaupt geboren wurde, der nicht einmal ein Verwandter der Familie war?"

„Ja. Die Leute würden sich wundern. Sie haben Recht."

„Ich verstehe nicht, warum es für die Leute so schwer zu verstehen ist. Sie reden über Seelenverwandte, aber sie können nicht verstehen, dass man sie manchmal in Menschen findet, die nicht in derselben Zeit leben, wie wir."

„Mademoiselle Isabelle, ich verstehe Sie, aber wie ich schon sagte, viele andere Menschen nicht."

Sie sah auf das Grab. Nach einigen stillen Minuten fragte sie ihn: „Wie ist es ihm in der letzten Zeit ergangen?"

„Nichts Ungewöhnliches. Obwohl ich dort einmal ein seltsames Licht bemerkt habe, aber es verschwand sehr bald. Also, nein, es ist nichts Ungewöhnliches geschehen."

„Ich bin so froh, dass Sie sich um ihn kümmern, Monsieur Hugo. Ich bin sicher, dass er sich freut, dass sein Grab nicht einfach vergessen wurde", sagte sie.

„Ja, vielleicht. Aber wichtiger ist, Mademoiselle, dass Sie ihn nicht vergessen haben. Das ist wichtiger als ein Grab."

„Ich vermute, Sie haben Recht. Erinnern Sie sich an das erste Mal, als ich hierher kam?"

Er lachte. „Wie könnte ich das je vergessen? Eine Frau, die ein Grab sucht, ganz verzweifelt danach sucht und als sie es gefunden hat... Sie sagten... Erinnern Sie sich? Sie sagten mir: dies ist der Mann, den ich mehr als mein Leben liebe. Er ist mein Mann."

„Ja." Sie lachte ebenfalls. „Ich hatte Glück, Ihnen zu begegnen. Jeder andere hätte geglaubt, dass ich verrückt geworden sei."

„Das nehme ich auch an." Er nickte lächelnd.

„Und jetzt komme ich jede Woche hierher und obwohl ich mich immer noch nicht so sehr an unsere gemeinsame Zeit erinnere, fühle ich die Verbindung."

Er nickte. „Es geht um die Verbindung. Es spielt keine Rolle, ob man die Person zu ihren Lebzeiten gekannt hat oder nicht. Eine Verbindung lässt sich niemals leugnen oder verraten."

„Sie sind wirklich ein Philosoph", sagte sie liebevoll.

„Nun, man wird dazu, wenn man hier so viel Zeit verbringt."

Sie nickte nur und fuhr dann ein letztes Mal mit ihrer Hand über den Grabstein, dann verließen beide den Friedhof.

Ich stand da und sah auf das Grab. Aus dem Grab selbst konnte ich mir nichts herausdeuten, aber ich wusste, dass ich Zeugin einer sehr intimen Szene geworden war. Ich würde sie in meinem Herzen behalten.

Als nächstes war ich in der Bretagne, diesem wundervollen Teil des nordwestlichen Frankreichs, an einem dunkelblauen See, der von einem mystischen Wald umgeben war. Er war malerisch und ich spürte Erinnerungen an meine erste Reise in die Bretagne zurückkommen. Vor mir war ein altes Schloss mit einem großen Turm. Es war in ein schönes Licht getaucht, was der ganzen Szenerie einen zauberhaften Rahmen verlieh. Vor dem Schloss war ein Garten, der sich zur Straße hin öffnete und dort sah ich eine wunderschöne junge rothaarige Frau singen. Ich konnte die Worte nicht verstehen, wusste aber, dass sie in der alten bretonischen Sprache sang. Sie begleitete ihren Gesang mit der Gitarre und viele Leute saßen vor ihr auf der Erde und hörten ihrem wahrhaft inspirierenden Gesang zu. Es erinnerte mich an die alten Zeiten. Zeiten, in denen Musik von Barden gespielt wurde. Die Zeit der Legenden. Ihr außergewöhnliches musikalisches Talent erstaunte mich. Sie war in der Lage, die Menschen in der Zeit zurückzuversetzen. Ich war sicher, dass jeder hier es so fühlte.

In ihre Musik eingetaucht, sah ich den alten Mann zuerst gar nicht. Erst als er mir ganz nah war, bemerkte ich ihn. Er sah so aus, wie ich mir immer Merlin, den Zauberer, vorgestellt hatte. Ob er nun Teil meiner Vorstellungskraft war, oder nicht, ich war glücklich, ihn zu sehen.

„Nein", sagte er zu mir, „ich bin keine Einbildung. Ich kam heute ihretwegen hierher. Sie war eine Schülerin von mir und jetzt spielt sie. Sie hat immer noch ihr großes Talent. Sie ist wunderbar, nicht wahr?"

Ich konnte dem nur zustimmen.

„Sie erinnert sich nicht an mich und meine Zeit, aber sie fühlt sich in ihrem Herzen zu den alten Zeiten hingezogen, wie du es nennen würdest. Sie spürt, dass es ihre Bestimmung ist und dass es ihre Wurzeln sind und obwohl sie nicht weiß, warum, hat sie Recht. Die meisten Leute hier, waren ebenfalls in der anderen Zeit. In ihren Seelen erinnern sie sich, aber nicht so sehr mit ihrem Verstand."

Ich wandte mich wieder ihr zu und war still. Er sprach ebenfalls nicht, aber ich wusste, dass er nachdachte.

„Würdest du für einen Moment mit mir kommen?" fragte er nach einer Weile.

Ich nickte und folgte ihm. Wir gingen einen nahen Hügel hinauf. Oben angekommen, sahen wir den See, der von Wald umgeben war, unter uns liegen.

Er deutete auf den See und sagte: „Du warst vor einiger Zeit hier, nicht wahr?"

„Ja." Ich nickte.

„Erinnerst du dich an mein Grab?"

Ich lächelte, weil ich mich daran erinnerte, ein Grab gesehen zu haben, von dem man sagte, es sei Merlins Grab.

„Es ist gut, dass du zurückgekommen bist. Viele Menschen tun das; das ist gut. Ich versuche, ihre Seelen wiederzuerkennen, wenn sie an mein Grab kommen und manchmal kenne ich sie. Manche kenne ich nicht, aber es ist immer gut, alte und bekannte Seelen wiederzusehen."

„Kannten wir uns auch?" fragte ich.

„Ja, und wenn du ehrlich zu dir selbst bist, weißt du, dass du es dort am Grab auch gespürt hast."

Ich wusste nicht, was ich sagen sollte. Vielleicht hatte er Recht; ich war nicht sicher.

Er legte eine Hand auf meine Schulter und sagte: „Folge einfach deiner Intuition. Wenn dir jemand begegnet, bei dem du das Gefühl hast, ihn zu kennen, vertraue diesem Gefühl. Vertraue auf dich selbst, dass du diese Person schon seit langer Zeit kennst. Vielleicht seid ihr euch nicht in diesem Leben begegnet. Es macht keinen Unterschied; eure Seelen sind verbunden. Es ist eine Verbindung, die wir eingegangen sind und wir lieben es, den Seelen wieder zu begegnen, die wir schon lange Zeit kennen."

„Sind wir mit vielen Menschen verbunden?"

„Oh ja", sagte er lachend, „mit sehr vielen. Dennoch wirst du nicht allen in diesem Leben begegnen, aber wenn es geschieht, ist es immer eine große Freude."

„Aber manchmal begegnen mir Menschen, die ich von Anfang an nicht mag", sagte ich.

„Ja, natürlich, das geschieht auch. Nicht alle deine Erfahrungen mit anderen Menschen waren positiv, sodass immer noch Spannungen zurückbleiben können. Ja, diese Erfahrungen sind auch möglich."

Ich dachte über die Menschen in meinem Leben nach.

Er unterbrach meine Gedanken und sagte: „Dennoch begegnen einem auch immer wieder neue Seelen. Seelen, zu denen bis jetzt noch keine Verbindung bestand. Mit ihnen ist es nicht die gleiche anfängliche Familiarität, die du zu anderen spürst. Es ist eher ein Gefühl von Abenteuer, von etwas Neuem, Interessantem."

Mir fiel nichts mehr ein, was ich hätte sagen können, darum war ich einfach still. Er beugte sich zu mir herunter und zeigte Richtung Westen. „Siehst du, dort drüben ist dein Land. Daher kommst du, aber jetzt" – er zeigte zum Osten – „lebst du dort, in dieser Zeit. Das ist heute deine Heimat."

Er war für einen Moment still, bevor er erklärte: „Deshalb fühlst du dich im Westen ebenfalls zuhause."

Dann sah er mich ein letztes Mal an und ich war beeindruckt von seinem heiteren und liebevollen Gesicht. Ich war ein wenig traurig, als er ging, aber kurz nach ihm verließ auch ich diesen Ort.

Ich war in einem Haus, das ich nie zuvor gesehen hatte. Ich wusste nur, dass es ein Haus in einer großen Stadt irgendwo in den Vereinigten Staaten war. Ich wunderte mich über das Haus, da es mir bekannt vorkam, obwohl ich es noch nie zuvor gesehen hatte. War ich vielleicht doch schon einmal hier gewesen? Nein, da war ich sicher. Ich hatte auch noch nicht von diesem Haus geträumt, zumindest nicht, soweit ich mich erinnern konnte und dennoch schien es mir ein Zuhause-Gefühl zu vermitteln. Als würde ich den Ort kennen.

Zu meiner großen Überraschung sah ich meinen Morgengast das Haus betreten. Ich konnte es kaum glauben; er war es wirklich. Er bemerkte mich nicht. Wohnte er hier? Ich wusste es nicht, aber es sah so aus. Er war nicht allein gekommen; er hatte einen Freund dabei. Mein Morgengast setzte sich in einen Sessel und entspannte sich, während ich an die Wand gelehnt stand und immer noch kaum glauben konnte, was ich da sah. Sein Freund brachte ihm ein Bier. Obwohl ich in meinem Herzen wusste, dass es das Haus meines Morgengastes war, war es offensichtlich, dass sein Freund sich hier ebenfalls zuhause fühlte.

Die Männer setzten sich und begannen fernzusehen. Sie sprachen nicht sehr viel, während sie auf den Bildschirm sahen. Ich fragte mich, was sie wohl ansahen, da ich nichts erkennen konnte. Dann sah ich plötzlich ein Foto auf dem Bildschirm. Es war ein Foto meines Heimatdorfes. Warum war es auf dem Bildschirm? In diesem Moment sprang mein Morgengast von seinem Stuhl hoch und lief zum Fernseher, um die Stopptaste zu drücken.

„Verdammt", sagte er mit weit aufgerissenen Augen, „ich kenne den Ort."

„Nein, das kann nicht sein", sagte sein Freund ruhig.

„Sicher. Mann, ich kenne den Ort", er schrie es fast, bevor er sich wieder in den Sessel setzte und sich langsam beruhigte. Dann sagte er mit ernster Stimme: „Doch, ich kenne den Ort."

„Aber du bist noch nie dort gewesen. Oder etwa doch?" fragte sein Freund.

„Verdammt, ich war noch nicht einmal in dem Land. Shit, trotzdem weiß ich, dass ich den Ort kenne." Ich war überrascht, ihn so viel fluchen zu hören. Ich hatte ihn vorher noch nie so erlebt. Warum versetzte es ihn so sehr in Aufregung?

„Warum glaubst du, dass du den Ort kennst?" fragte sein Freund vorsichtig.

„Träume vielleicht?"

„Ach, komm. Träume?" sagte sein Freund mit einem Grinsen. Du glaubst doch nicht an Träume, oder?"

„Naja…"

„Ernsthaft, du glaubst daran?" fragte sein Freund überrascht.

„Ja, naja… ich weiß es nicht. Alles ist möglich."

Beide waren jetzt still, dann sagte sein Freund: „Ja, schon möglich. Okay. Also, was ist jetzt mit dem Dorf?"

„Ich wollte, ich wüsste es. Irgendetwas ist an dem Ort. Ich weiß es einfach nicht…"

„Vielleicht eine alte Verbindung?" fragte sein Freund langsam.

„Welche Verbindung?" mein Morgengast sah ihn fragend an.

„Du weißt schon, früheres Leben, oder so", sagte sein Freund.

„Zur Hölle, ich glaube nicht an frühere Leben", sagte er energisch.

„Naja, vielleicht solltest du, wenn man sich das hier so ansieht." Sein Freund war weitaus mehr überzeugt, als mein Morgengast.

„Das glaube ich nicht. Komm, ich würde mir jetzt gern einen Film ansehen", sagte mein Morgengast, ganz offensichtlich, um jeder weiteren Diskussion darüber aus dem Weg zu gehen.

Sein Freund legte eine DVD ein und startete sie. Obwohl mein Morgengast nicht mehr über die ganze Angelegenheit sprechen wollte, wusste ich, dass er erschüttert war. Es hatte ihn sehr tief berührt, auch, wenn er es sich nicht erklären konnte. Er wollte einfach nicht mehr darüber nachdenken und doch konnte er nicht leugnen, dass er eine seltsame Sehnsucht nach diesem Ort verspürte. Er fluchte und hoffte, es würde sobald wie möglich wieder vergehen.

Ich wusste, dass es zu schwierig für ihn war, die Möglichkeit einer unerklärlichen Verbindung anzuerkennen. Ich konnte ihn verstehen, wusste aber auch, dass er irgendwann einmal darüber nachdenken würde. Aus Mitgefühl legte ich meine Hand auf seine Schulter. Er schien für einen Moment angespannt, aber gleichzeitig konnte ich seine Liebe spüren. Vielleicht hatte er mich nicht erkannt, aber ich wusste, seine Seele schon.

Es ist wirklich schwierig zu erklären, wo ich danach war. Obwohl es Nacht war, wusste ich, dass ich in einem Garten stand, von dem aus man eine große Stadt sehen konnte, die oben in den Hügeln gebaut worden war. Es waren viele Lichter zu sehen und ich wusste, dass ich nicht in der heutigen Zeit war. Darüber hinaus war es nicht einmal eine Zeit, die ich je gekannt hatte. Das Wort Atlantis kam mir in den Sinn, obwohl ich nicht wusste, ob Atlantis je existiert hatte. Ich nahm an, ich müsse mir darüber keine Gedanken machen, da meine Reisen durch die unsichtbaren Tore mich überall hinführen konnten.

Eine kleine Veranda war um den Garten herum gebaut worden, von der man eine wunderbare Aussicht hatte. Dort sah ich einen jungen Mann stehen. Er war in Weiß und Gold gekleidet und eine sehr friedliche Aura umgab ihn. Dann kam eine ältere Frau auf ihn zu. Sie beugte sich zu ihm und gab ihm einen Kuss. „Es ist Zeit, mein Sohn. Alle warten darauf, den neuen König zu begrüßen. Du musst gehen."

„Ich werde da sein. Ich brauche nur noch ein wenig mehr Zeit", sagte er.

Sie nickte und ging. Seine Augen suchten meine und er kam auf mich zu. Ich war erstaunt, dass er mich sah.

Er sagte: „Ich bin froh, dass du zurückgekommen bist." Ich sah ihn erstaunt an und fragte mich, was er meinte.

„Zurück?" fragte ich.

„Ja, erinnere dich, dass du hier warst", sagte er, als sei es das Normalste der Welt. Er hatte eine schöne Stimme und während ich seinen Worten lauschte, erinnerte ich mich daran, von diesem Ort geträumt zu haben.

Er nickte zufrieden. „Gut, dass du dich erinnerst. Mein Königreich ist schön und doch werden wir alle dieses Jahr nicht mehr überleben."

Er sprach die Worte sehr ruhig, obwohl das, was er sagte, doch niederschmetternd war.

„Was?" fragte ich verblüfft.

Er sah mich mit seinen schönen Augen an und sagte: „Es wird ein Erdbeben geben, das uns das Leben hier unmöglich machen wird. Die meisten Seelen werden ihre Körper verlassen müssen."

„Sie werden sterben?" fragte ich bestürzt.

Er sah mich überrascht an. „Sterben? Ja... nun ja. Ja, ich denke, man könnte es so nennen."

„Ihr nennt es nicht sterben?" fragte ich verwirrt.

„Nein. Ich habe dieses Wort noch nie gehört, aber mir scheint, dass der Klang dieses Wortes etwas Endgültiges hat."

„Es bedeutet, den Körper zu verlassen und nicht zurückzukehren." Erklärte ich ihm.

„Aber man kommt zurück", sagte er mit absoluter Sicherheit und einem leicht überraschten Ausdruck darüber, wie ich auch nur anders hatte denken können.

Ich antwortete: „Aber man kehrt nicht in denselben Körper zurück."

Er nickte und seine Stimme klang wieder entspannt. „Ja, nun

ja..., das stimmt." Dann hielt er einen Moment inne und sagte: „Aha, das nennt ihr sterben in eurer Kultur. Interessant."

Ich muss zugeben, dass ich nahe daran war, auszuflippen, über die Art, wie er so ruhig über das Verlassen von Körpern und die Rückkehr in Körper sprach.

„Wir glauben nicht in derselben Weise daran, wie ihr. Aber das ist wirklich nicht so wichtig. Erinnert ihr euch nicht aneinander?" fragte er.

Was meinte er jetzt wieder? Es fiel mir nicht leicht, dieser Unterhaltung zu folgen. Ich fragte: „Erinnern?"

Er antwortete in seinem ruhigen Ton. „Naja, du weißt schon. Wenn ihr euch begegnet und einander in die Augen seht, erinnert ihr euch dann an die anderen Zeiten, in denen ihr miteinander gesprochen habt?"

„Ich weiß nicht", sagte ich und fragte mich, welche anderen Zeiten er meinte. Träume, andere Leben, oder sogar etwas anderes?

„Du weißt es nicht?" fragte er überrascht.

Ich versuchte, es ihm zu erklären. „Nein. Ich weiß es wirklich nicht. Ich nehme an, dass die meisten nur ein Gefühl von Vertrautheit zueinander haben."

Er nickte. „Ja, das macht Sinn. Ihr fühlt die Verbindung, aber ihr wisst nicht, warum. Ihr wisst wirklich nicht, warum?"

„Nein", sagte ich.

„Oh, das ist... merkwürdig. Warum vergesst ihr es? Oder müsst ihr es in eurer Kultur vergessen?" fragte er mit großer Neugier in seiner Stimme.

„Oh, das weiß ich nicht, ich habe nie darüber nachgedacht", antwortete ich wahrheitsgemäß.

„Das ist merkwürdig", sagte er, „aber euer Herz erinnert sich, ja?" Ich nickte. „Ich denke, ja, obwohl ich nicht weiß, ob das für jeden so ist."

„Nun ja" war alles, was er sagte und dann blieb er still. Er dachte über unser Gespräch nach und ich fragte mich, was er wohl darüber dachte. Dann sagte er: „Wie kommuniziert ihr dann aber miteinander?"

„Wie? Ich verstehe nicht. Was meinst du?" fragte ich, wieder einmal verwirrt.

Er erklärte: „Wenn ihr euch nicht erinnert, wie könnt ihr dann kommunizieren?"

„Wir müssen uns nicht erinnern. Wir kommunizieren einfach so", antwortete ich.

„Wirklich?" Er zog die Augenbrauen hoch. „Das ist aber seltsam. Wir müssen uns immer erinnern, damit wir auf bereichernde Weise miteinander kommunizieren können."

„Oh, das weiß ich nicht. Wir reden einfach", sagte ich.

Er sah wieder hinüber zur Stadt und wandte sich dann wieder zu mir. „Das bedeutet, ihr gebraucht Worte und sprecht sie aus, aber eure Seelen sind nicht auf einem gemeinsamen Grund?"

„Was ist der gemeinsame Grund?" fragte ich.

„Sacred Ground", erklärte er. „Kennst du den Sacred Ground?"

Ich nickte und fragte: „Kennst du den Sacred Ground auch?"

„Ja. Wir können nur so miteinander kommunizieren. Es ist die einzige Möglichkeit, wie wir unsere Herzen und Seelen nähren können."

„Wow", sagte ich aus ganzem Herzen.

„Das weißt du nicht?" fragte er überrascht.

„Nein, wirklich nicht", antwortete ich.

„Das ist traurig, aber ich verstehe jetzt, warum ihr euch nicht erinnern müsst. Ihr redet einfach miteinander ohne die Verbindung eurer Seelen. Ja..." Er dachte darüber nach und fuhr dann fort: „Ich nehme an, dass das auch möglich ist. Allerdings..." Er hielt wieder inne. „Ich weiß nicht, ob es euer Herz zum Leuchten bringt und eure Seelen glücklich macht."

Ich seufzte und sagte: „Wir können uns tief verletzt fühlen, nachdem wir miteinander gesprochen haben."

Seine Augen wurden noch größer. „Ihr könnt einander mit Worten verletzen?"

„Ja, natürlich. Könnt ihr das nicht?" fragte ich verwundert.

„Nein. Das ist nicht möglich. Du erzählst mir merkwürdige Dinge, von denen ich noch nie gehört habe. Wenn wir kommunizieren, dann sprechen unsere Seelen miteinander. Wir können einander nicht verletzen. Das ist nicht möglich."

Er machte wieder eine Pause, dann sagte er mit mitfühlender Stimme: „Das ist eine harte und kalte Welt, in der du lebst."

„Vielleicht. Ich kenne keine andere Art. Ich dachte nie, dass es einen anderen Weg geben könnte."

„Weißt du was?" fragte er und sah mir tief in die Augen.

„Du kommst hierher zurück und ich werde dir und deinem Volk beibringen, wie man miteinander kommuniziert, ohne einander zu verletzen. Es sollte nicht sein, dass die Seelen der Menschen so etwas durchmachen müssen."

„Danke", sagte ich und sah ihm in die Augen. Wir hatten viel Verständnis und Liebe füreinander. Ja, dachte ich, vielleicht würde ich zurückkommen.

„Gut, also dann", sagte er „es war, denke ich, ... interessant von eurer Art der Kommunikation zu hören. Danke, dass du mit mir gesprochen hast, junge Dame. Vielleicht sehen wir uns bald wieder."

Ich sah ihm nach, als er den Garten verließ. Seine Worte gingen mir nicht nur die ganze Zeit im Kopf herum, sie hatten auch ihren Weg in meine Seele gefunden. Dennoch wusste ich, dass ich Zeit brauchen würde, um seine Worte zu verarbeiten.

Ich gebe zu, diese letzte Szene hatte mich sehr betroffen gemacht und ich wusste nicht, was ich davon halten sollte. Ich wusste nur, dass mich diese Worte für sehr lange Zeit beschäftigen würden und dass ich mir die Erfahrung zu Herzen nehmen würde. Das Tor begann sich zu schließen und ich sah ein letztes Mal zurück, bevor ich ging.

Menschheit

Ich war weiter gereist und stand vor einem Feld mit einer dunkelgelben Farbe. Die Farbe hatte etwas Besonderes. Eine Straße führte durch dieses Feld und es war, als könne man weder Anfang noch Ende sehen. Der Himmel war außergewöhnlich. Er war teilweise von Wolken bedeckt und zwischen den Wolken sah man die Sonnenstrahlen hindurchscheinen. Es war das schönste Sonnenlicht, das ich je erlebt hatte. Es war fantastisch und es rührte etwas in meinem Herzen an, das ich nicht erklären konnte. Es erinnerte mich an den Ausdruck: „in Schönheit wandeln". Nichts konnte es so gut beschreiben, wie dieser Ausdruck. Es war, als ob das Feld, die Wolken und das Sonnenlicht so etwas wie einen himmlischen Sacred Ground erschaffen würden. Ich verspürte überwältigende Ehrfurcht in mir. Tiefe Gefühle und eine unbekannte Sehnsucht stiegen in meinem Herzen auf, als ich so vor dem Feld stand. Ich war zutiefst dankbar, dort sein zu dürfen.

Nach einer Weile kam mir die Frage in den Sinn, ob nur Mutter Erde an der Erschaffung des Sacred Ground beteiligt war. Vielleicht spielte der Himmel ebenfalls eine Rolle. Ich wollte es gern herausfinden und so begleiteten mich diese Fragen auf meiner Reise durch das fünfundzwanzigste Tor hindurch.

Die Szene veränderte sich und ich war irgendwo in Indien. Ich sah einen Raum mit vielen Menschen, die in weiße Alltagskleider gehüllt auf dem Boden saßen. Irgendetwas zog mich zu diesem Ort hin, aber irgendetwas stieß mich auch ab. Ich beschloss, erst einmal abzuwarten und zu sehen, ob ich diese widerstrebenden Gefühle verstehen würde.

Nach einer Weile betrat eine Frau den Raum, die sich für alle sichtbar vorn hinsetzte. Einerseits spürte ich, dass sie eine liebevolle Aura und Weisheit besaß, aber andererseits fühlte ich mich nicht wohl in ihrer Nähe. Es gab da etwas, das sie mir unsympathisch machte. Sie saß einfach da und sagte nichts. Alle anderen waren ebenfalls still. Das Einzige, das mein Gefühl von Ruhe unterbrach, war ein helles Licht. Es war ein Licht, das anders war, als jedes Licht, das ich je zuvor wahrgenommen hatte. Es war sehr hell und weiß und manchmal schimmerte es golden. Offensichtlich bemerkte es niemand außer mir. Nach etwa einer halben Stunde veränderte die Frau ihre Position und zu meiner Überraschung veränderte sich auch das Licht. Aber es war nicht das helle Licht, das sich änderte, sondern es war das Licht außerhalb des Raumes. Was sollte das alles bedeuten? fragte ich mich.

Dann hörte ich eine männliche, sehr hell klingende Stimme zu mir sprechen. „Sie hat erkannt, dass ihre eigene Seele eine Wirkung auf das Göttliche hat. Sie versucht, sich mit dem Sacred Ground zu verbinden. Der eine Sacred Ground, der für die Menschheit da ist. Dieser Sacred Ground wurde vor langer Zeit erschaffen und es liegt an den Menschen, ihn zu entfalten. Es müssen Menschen mit aufrechtem Herzen und aufrechtem Sinn sein, die mit der Weisheit der Seele diesen Sacred Ground entfalten können..."

„Wirklich?" Ich war nicht sicher, ob ich ihm glauben sollte. Es klang alles ein wenig zu fremd für mich, aber dann fragte ich ihn: „Worum geht es bei diesem Sacred Ground für die Menschheit?"

„Um all die Dinge, die du bisher gelernt hast. Ein Weg der Kommunikation, der dir die Freiheit gibt, zu sein, wer du bist. Es wird keine Notwendigkeit mehr geben, dich vor den Worten anderer zu schützen, vor deren Verletzungen, oder deinerseits mit Worten zu manipulieren. Er bringt dir Frieden und die Art und Weise, in der man miteinander spricht, wird für alle nährend sein."

„Es klingt fast zu schön, um wahr zu sein", sagte ich.

„Ich weiß, ich weiß", sagte er mitfühlend. Ich wusste, dass er verstehen konnte, dass es für uns schwierig ist, daran zu glauben.

„Und diese Frau hat es verstanden?" fragte ich ihn.

„In gewisser Hinsicht ja, aber bis jetzt ist sie nicht in der Lage, sich mit dem Sacred Ground zu verbinden."

„Warum nicht?" es wunderte mich, aber ich dachte auch an mein unangenehmes Gefühl an diesem Ort.

„Das ist nicht so verwunderlich", sagte er. „Du hast gesehen, dass sie auch manipuliert. Das tun viele Menschen, aber nicht immer absichtlich. Es ist schwierig, etwas als ein Geschenk für die ganze Menschheit zu benutzen, wenn man erkennt, dass es einem auch persönliche Macht gibt."

Ja, wahrscheinlich war es nicht leicht, nahm ich an, aber es gab mir die Hoffnung, dass es möglich war, sich in positiver Absicht auch allein mit dem Sacred Ground zu verbinden und ihn zu entfalten.

Zu meiner Überraschung kam ich jetzt wieder zu dem Feld mit den Wolken. Dieses Mal jedoch sah ich ein Pferd aus dem Nichts auftauchen. Es war schön und hatte eine majestätische Aura, so, wie es da inmitten dieser magischen Szene stand. Zuerst erschien das Pferd in tiefem Schwarz, aber dann veränderte es seine Farbe in reines Weiß. Ungläubig kniff ich die Augen zusammen. Was sah ich da? Ich sah, dass das Pferd seine Farbe immer wieder von weiß zu schwarz und umgekehrt wechselte, wann immer es wollte. Die ganze Szene war so intensiv, das Licht so stark, dass ich mich den Tränen nahe fühlte. Es wurde mir einfach zu viel.

Dann stand ich auf einem Hügel und das Pferd war neben mir. Ich sah mich um und bemerkte ein kleines Dorf am Fuße des Hügels. Obwohl das Pferd nicht sprach, wusste ich, dass ich ihm folgen sollte. Ich konnte es nicht glauben, dass wir einfach so die Hauptstraße entlang liefen. Mein Erstaunen wuchs, als ich feststellte, dass niemand auf diese merkwürdige Szene reagierte. Die Menschen bemerkten uns zwar, aber sie drehten sich nicht einmal nach uns um, oder schauten in irgendeiner Weise überrascht. Ich war so erstaunt, dass ich den Mann nicht bemerkte, der zu uns herüberkam. Ich drehte mich erst um, als ich seine Stimme hörte, während er das Pferd tätschelte.

„Es ist wunderbar, dass du zurückgekommen bist. Wir haben auf dich gewartet."

Dann sah er mich an und sagte: „Du bist ebenfalls willkommen. Ich heiße James und ich bin glücklich, dass du auch deinen Weg zu uns gefunden hast. Obwohl hier jeder mit Schwarzweiß seinen Weg findet, nicht wahr?" Anstelle einer Antwort senkte das Pferd den Kopf.

Wir gingen zusammen aus dem Dorf hinaus zu einem Feld, an dem viele Menschen – es waren mindestens Hundert – warteten. Erwarteten sie uns? fragte ich mich.

Das Pferd wurde in die Mitte eines Kreises gebracht. Ich stellte mich zu all den anderen wartenden Menschen und beobachtete. Was dann geschah, war verblüffend. Ich sah auf das Pferd und sah, wie das Sonnenlicht durch die Wolken schien. Das Sonnenlicht war wundervoll und unglaublich intensiv. Es schien direkt auf den Fleck, an dem das Pferd stand. Dann veränderte sich das Pferd. Es wurde zu einer Person, soweit ich das sagen konnte; zumindest sah ich eine Gestalt, die einen Stab hielt. Ich konnte es nicht deutlich sehen, weil das Licht jetzt so intensiv war, dass ich außer dem Licht fast nichts anderes mehr sehen konnte. Ich dachte, dass die Menschen sich jetzt fürchten würden, aber nichts deutete darauf hin.

Die in Licht gebadete Person begann zu sprechen. „Wir alle wissen, dass es eine Kraft gibt, die stärker ist, als jeder von euch und doch seid ihr diese Kraft. Ihr könnt sagen, dass es ein Teil von euch ist, oder dass ihr ein Teil dieser Kraft seid. Mit welcher Variante auch immer ihr euch wohl fühlt, es ist eine göttliche Kraft. Die eine Quelle, die alles miteinander verbindet. Wir sehen, wie diese Kraft den Sacred Ground erschafft. Eure Ältesten haben sie erfahren und euch davon erzählt. Ich bin heute hierhergekommen, um euch zu zeigen, dass sie immer noch da ist und dass ihr den Sacred Ground sehen könnt, der für alle geschaffen wurde."

Er wandte den Kopf und sah mir in die Augen. Dann sagte er: „Der Sacred Ground ist für alle da. Niemand ist davon ausgeschlossen. Es ist ein Geschenk, das uns allen gehört."

In dem Moment spürte ich einen unglaublichen Frieden. Ich erinnerte mich an diesen Frieden. Es war derselbe Friede, den ich erfahren hatte, als ich den Sacred Ground betreten hatte. Ich war still, genau wie alle anderen auch und ich konnte sehen, dass alle hier Anwesenden dasselbe fühlten. Zu meinem Erstaunen veränderten sich ihre Gesichter; sie verwandelten sich in Menschen, die nicht nur von einem bestimmten Ort kamen, sondern in Gesichter von Menschen, die aus allen Teilen der Welt kamen. Die von Licht umgebene Person kam zu mir herüber und ihr Licht war so stark, dass ich immer noch nicht ihr Gesicht sehen konnte, aber ich hörte ihre Stimme.

„Schau, die ganze Menschheit hat das Recht, auf dem Sacred Ground zu leben. Alle haben dieses Recht. Es gibt keine Ausnahme. Er ist nicht nur für eine bestimmte Art von Menschen gedacht. Er ist für alle da. Die Menschen vergessen oft, dass sie miteinander verbunden sind, auch wenn sie in verschiedenen Teilen der Welt leben und einander nie begegnen. Sie sind verbunden und wenn sie die Verbindung sehen und sie in ihrem Herzen spüren, dann können sie den Sacred Ground aus der einen Quelle entfalten."

Ich war nicht sicher, ob ich wirklich verstand, was diese Person meinte, aber es war nicht so wichtig, denn ich war sicher, dass ihre Worte in meinem Herzen angekommen waren. Sie ging mit mir weg. Wir kamen an ein dunkles Tal, das wir durchquerten.

Als wir das Tal verließen und ins helle Licht herauskamen, sagte diese Person zu mir: „Nichts ist so, wie es erscheint, vergiss das nicht. Es kann dir bei der Entfaltung des Sacred Ground helfen."

Ich dankte ihr für ihre Worte und sie verschwand.

Ich war wieder zurück an diesem Feld mit seiner magischen Schönheit. Ich blickte die Straße hinunter und sah einen Wagen herankommen. Als er nah bei mir war, musste ich lächeln, als ich die Farben erkennen konnte, denn er war gelb mit etwas pink. Was für ein merkwürdiges Auto, dachte ich. Es hielt direkt neben mir und zu meiner Überraschung war niemand darin, der es fuhr. Ich beschloss, einzusteigen und mich von dem Auto zum nächsten Punkt meiner Reise fahren zu lassen. Ich wurde zu einem Festival gefahren, das von vielen Menschen besucht wurde und die Atmosphäre dort erstaunte mich. Alle schienen heiter und ausgelassen zu sein. Die Sonne schien und alle waren so glücklich. Es war eine erhebende Erfahrung, dort zu sein. Es war eine große, glückliche Party, bei der alle viel Spaß hatten. Auf der großen Bühne sah ich viele Bands, die Musik spielten.

Ich ging näher in Richtung Bühne und bald stand ich davor. Als ich mir die Leute ansah, bemerkte ich ein helles Licht über ihnen. Ich wunderte mich über dieses Licht und konzentrierte mich so sehr darauf, dass ich nicht bemerkte, wie sich die Szene um mich herum veränderte. Ich war immer noch auf einem Festival, aber es war ein anderes. Die Menschen waren anders. Es hatte dieses Mal eine ruhige Aura und alle waren still. Ich nahm Musik wahr und als ich mich dort umschaute, sah ich einen Pavillon, in dem ein klassisches Konzert gegeben wurde, dem die Menschen zuhörten.

Dann geschah etwas, das mich sehr verwirrte. Die Szenerie begann permanent zu wechseln. Im einen Moment war ich auf dem Festival mit den Bands und im nächsten war ich in dem klassischen Konzert. Ich kann mich nicht erinnern, wie oft ich zwischen beiden hin und her wechselte. Das Einzige, was die ganze Zeit konstant am selben Fleck war, war das Licht. Ich konnte das Licht nicht identifizieren. Es war kein Sonnenlicht, aber es war auch nicht wie ein anderes Licht, das ich kannte. Ich wurde immer verwirrter.

Schließlich war ich so verwirrt, dass ich die Bühne und den Ort verließ, um mich auf eine Bank zu setzen. Als ich versuchte, mich aus meiner Verwirrung zu befreien, kam ein kleines Mädchen zu mir. Sie setzte sich neben mich und sagte: „Es ist verwirrend, ich weiß, aber es ist der einzige Weg, wie wir dir zeigen können, wie es ist, wenn viele Menschen den Sacred Ground entfalten wollen, aber nicht wissen, wie. Sie versuchen es lange und sie werden verwirrt. Sie sehen nicht das Licht, das alle vereint. Es spielt keine Rolle, wo man ist, oder wer man ist als Gruppe. Wo immer und wer immer man ist, wenn man das Licht sieht, ist es das Zeichen, dem man folgen muss. Dort wird man den Sacred Ground finden."

„Mit dem Sonnenlicht?" fragte ich.

Sie lächelte. „Mit dem Licht, obwohl es auch Sonnenlicht sein kann. Es ist überall und wo immer man es sieht, kann man die Pforte zum Sacred Ground öffnen."

„Kann das jeder?"

„Ja, jeder kann es, aber der besondere Sacred Ground, der eine für die ganze Menschheit, kann nur von mehr als einer Person geöffnet werden. Man muss etwas gemeinsam haben, etwas, das euch alle liebevoll und fürsorglich füreinander macht. Wenn man es so macht, dann entfaltet man den Sacred Ground."

„Du meinst den Sacred Ground für die Menschheit?" fragte ich.

„Ja und nein. Es gibt viele Ebenen des Sacred Ground. Je größer die Gruppe, desto eher ist es für alle möglich. Aber es ist auch für eine Person möglich."

„Beginnt es mit einer Person, dann mit einer Gruppe und dann mit allen?" fragte ich, immer noch ein wenig verwirrt.

„Es kann auch auf diese Weise beginnen, muss es aber nicht. Die ganze Menschheit kann von Anfang an damit beginnen, wenn sie es will. Das ist eure Wahl. Siehst du, wenn alle das haben, was man für die Entfaltung des Sacred Ground benötigt, dann kann es ganz direkt geschehen."

„Oh, dann sieht es nicht so aus, als könne das jemals geschehen." Ich seufzte und dann wollte ich wissen: „Was, wenn nicht alle Menschen auf dem Sacred Ground kommunizieren wollen? Man kann sie nicht zwingen."

„Das ist wahr und wenn man sie zwingt, dann funktioniert es nicht. Es ist immer noch die Freiheit eines jeden einzelnen, sich dem anzuschließen, oder auch nicht. Wenn sich jemand dafür entscheidet, kann er einfach hineintreten, aber wenn er es nicht möchte, ist es auch in Ordnung. Es gibt keinen Druck und keine Fristen. Jeder folgt darin seinem eigenen Tempo."

Inzwischen fühlte ich mich etwas besser, obwohl es mir schwer fiel, ihren Worten wirklich zu glauben, aber irgendwie schienen sie eine tröstliche Energie durch meinen Körper zu schicken und mein Herz fühlte sich wieder leichter an.

Die nächste Szene führte mich auf einen wissenschaftlichen Kongress. Ich vermutete, dass es Astronomen waren, aber ich war nicht ganz sicher. Als ich in der Eingangshalle des Kongresses stand, hörte ich zwei Männer hinter mir, die sich unterhielten.

Der eine sagte: „Es wird heute sehr interessant werden. Wir werden etwas über die neue Idee eines Feldes hören von jemandem von außerhalb."

„Wie meinst du das?" fragte der andere.

„Naja, ich meine damit Leute, die nichts mit uns zu tun haben. Ich frage mich, wie das gehen soll."

„Ah, du meinst solche, die keine Wissenschaftler sind. Ich kann kaum glauben, dass sie eingeladen wurden."

„Ja, ich auch nicht. Es ist schon ein wenig exzentrisch, so etwas zu tun. Ich meine, was wissen sie denn schon, nicht wahr?"

„Ja, genau", antwortete der andere ebenso überzeugt.

Beide gingen und ich war mir nicht sicher, ob es eine gute

Idee war, dort hinein zu gehen, aber ich tat es. Ich setzte mich neben eine Frau, die sehr sympathisch und freundlich aussah. Sie war in den Fünfzigern, vermutete ich. Ihre Aufmachung war nicht besonders beeindruckend und sie war etwas übergewichtig, aber sie hatte eine schöne Ausstrahlung. Sie grüßte mich mit einem freundlichen und offenen Lächeln und wandte dann wieder ihren Kopf nach vorn, um intensiv zuzuhören, was die Leute auf der Bühne sagten. Ich verstand sie nicht wirklich, oder vielleicht war ich auch nicht aufmerksam genug, aber ich wusste, dass die Frau neben mir mehrere Male aufspringen und etwas sagen wollte. Aber sie tat es nicht.

Schließlich stand sie auf und flüsterte mir zu: „Halten Sie mir die Daumen."

Ich lächelte und nickte.

Als sie auf die Bühne kam und zum Mikrofon ging, war ich entsetzt über die Art und Weise, wie die Männer und Frauen sie ansahen. Es gab keine Sympathie für sie und ich war sicher, dass viele von ihnen sich wünschten, sie möge keinen Erfolg haben. Warum hatten sie sie dann eingeladen? wunderte ich mich. Sie tat mir leid, aber bald erkannte ich, dass mein Mitgefühl nicht nötig war. Die Dame war so kompetent und ihre Worte so klar, dass alle ihr zuhörten, ohne sie auch nur einmal zu unterbrechen. Bevor sie begann, war sie für einen Moment still und in dem Moment konnte ich ein Licht hinter ihr sehen. Es war dasselbe Licht, das ich die ganze Zeit während der Reise durch dieses Tor gesehen hatte.

Als sie einmal begonnen hatte, war es wunderbar zu sehen, wie alle sich veränderten. Ihre Stimme hatte etwas, das jeden direkt in ihre Rede einbezog. Ich vermutete, dass früher oder später jeder vergessen würde, dass sie keine Wissenschaftlerin war und wie sie aussah.

Sie sagte: „Ich bin hierhergekommen, um einige Dinge mit

Ihnen zu teilen. Ich verfüge weder über Weisheit, noch sonst etwas Besonderes. Man sagt, dass wir die Welt selbst erschaffen können, in der wir leben wollen. Wir wissen alle, dass dies bis zu einem gewissen Grad möglich ist; vielleicht ist es auch ganz und gar wahr. Ich weiß es nicht und darum geht es auch nicht. Es geht darum, dass wir alle dieselbe Luft teilen, wir teilen alle denselben Planeten und wir teilen alle dieselbe Genetik. Vielleicht nicht dieselben Gene, aber wir sind keine Außerirdischen; wir sind alle Menschen. Und es gibt noch etwas, das wir miteinander teilen: eine Seele. Ich nenne es Licht. Wir alle teilen ein Licht. Dieses Licht ist es, das uns mehr als alles, was wir sonst noch teilen mögen, auf einer tieferen Ebene miteinander verbindet. In diesem Licht finden wir die ganze Weisheit, die wir benötigen, um die Welt zu erschaffen, die wir uns wünschen. Ich habe jetzt herausgefunden, dass noch ein weiterer Aspekt hinzukommt, wenn wir das Licht miteinander teilen. Es bringt uns Frieden. Die Menschen brauchen Frieden. Wir können durch dieses Licht miteinander sprechen. Es hat seine eigene Frequenz; es hat seine eigene Wellenlänge. Man ist auf dem Weg, dies zu entdecken. Wenn Sie dies erforscht und als wahr herausgefunden haben, werden Sie sehen, dass das Licht eine bestimmte Frequenz und eine bestimmte Wellenlänge hat. Wenn also alle Menschen beginnen, dies zu verstehen, werden sie beginnen, es zu sehen; und wenn sie es einmal sehen, können sie beginnen, damit zu erschaffen."

Dann machte sie eine Pause und sah mich an. Ich wusste, dass sie mehr sagen wollte, aber sie tat es nicht. Dennoch konnte ich die Worte hören, die sie nicht gesagt hatte: Dann können Sie den Sacred Ground kreieren, auf dem die Kommunikation nicht mehr verletzend ist, auf dem Sie eine andere Art der Interaktion miteinander erfahren werden.

Ich wunderte mich, dass sie den Sacred Ground nicht erwähnte. Aber aus irgendeinem Grunde wusste ich, dass sie es nicht tun sollte. Ich konnte allerdings nicht sagen, warum. Sie sprach über andere Dinge, an die ich mich nicht erinnere und ich verließ den Raum. Als ich draußen war, sah ich mich noch einmal um und bemerkte, dass sie sich beeilte, mich noch zu erreichen.

„Ich bin so froh, dass ich Sie noch einholen konnte", sagte sie. „Ich muss Ihnen etwas erklären."

„Ja?" ich lächelte sie an.

„Sehen Sie, es ist nicht sinnvoll, den Sacred Ground zu erwähnen. Nicht immer. Nicht, weil die Menschen es nicht verstehen würden, aber manchmal versuchen die Menschen, ihn zu missbrauchen oder ihn falsch zu interpretieren. Wenn sich einmal eine falsche Interpretation eingeschlichen hat, ist es schwierig für die Menschen, zu begreifen, was er wirklich bedeutet. Deshalb muss ich vorsichtig sein."

Ich verstand sie und sagte ihr Auf Wiedersehen. Sie schien zufrieden und ging zurück in den Raum.

Ich wusste, dass das Tor bald geschlossen werden würde. Es fühlte sich für mich nicht angenehm an, es jetzt verlassen zu müssen, denn jetzt hatte ich so viele Fragen. Dieses Tor hatte für mich viel mehr Fragen aufgeworfen und mir weniger Antworten gegeben. Ich fühlte mich damit unbehaglich, aber vielleicht war es das, was ich brauchte, um zu den nächsten Toren weiterzugehen.

Wunder

Ich stand auf einem kleinen Felsen und sah auf das tiefblaue Meer hinaus. Ich genoss diesen Anblick. Nach einer Weile sah ich einen Wal direkt neben einem Delphin. Irgendetwas schien mir seltsam an der Szene. Dann hörte ich Geräusche und ich erkannte, was hier geschah. Der Wal und der Delphin kommunizierten miteinander. Ich konnte es kaum glauben und starrte sie an, aber es war unmissverständlich klar, dass sie miteinander kommunizierten. Wie ist das möglich? dachte ich. Sie gehören nicht der gleichen Spezies an. Welche Bedeutung hatte es für sie, einander zu verstehen? Und kommunizierten sie wirklich? Es schien mir alles so unwahrscheinlich zu sein und doch wusste ich, dass dies gerade geschah.

Ich schaute ihnen weiter zu und wusste aus irgendeinem Grunde, dass sie die Anführer oder Ältesten ihrer Gruppe waren. Sie kommunizierten miteinander, bis der Wal schließlich zu seiner Herde davonschwamm. Ich hatte erwartet, dass der Delphin das Gleiche tun würde, aber ich täuschte mich. Er schwamm auf derselben Stelle weiter, als ob er auf etwas warte.

Nicht lange danach sah ich eine andere Walfamilie und wieder kommunizierte der Delphin mit einem der Wale. Kurz darauf schwamm der Wal davon, genau wie der vorige.

Ich war fasziniert von dieser Szene. Ich fragte mich, was der Delphin wohl mitzuteilen hatte, da sah ich ihn auf mich zu schwimmen. Meine Unsicherheit brachte ihn zum Lächeln. Als ich es sah, fühlte ich mich viel besser.

Ich schaute in seine weisen Augen und hörte seine Stimme in meinem Herzen. „Indem wir den Sacred Ground benutzen, was wir alle tun – nicht nur die Menschen, sondern wir Tiere ebenfalls – kann man zu jedem und allem Sprechen. Hast du wirklich geglaubt, dass der Sacred Ground so begrenzt ist? Es ist der Sacred Ground, der von Mutter Erde und der einen Quelle erschaffen wird, die uns alle verbindet. Du kannst den Sacred Ground immer betreten, wenn du etwas über uns wissen willst. Viele Menschen betreiben Forschung über uns. Wenn du mehr über uns wissen willst, benutze den Sacred Ground und frage uns. Auf diese Weise wird es uns möglich sein, miteinander zu kommunizieren."

Ich fragte mich, ob das wohl auch unsere Haustiere betraf.

Er lächelte. „Das trifft für alle und alles zu. Es gibt keine Grenzen, mit wem oder womit du sprechen möchtest; man muss nur ein offenes Herz haben, um den Sacred Ground zu betreten. Du hast etwas über ihn gelernt und weißt, dass er deine Liebe, deinen Respekt und Freiheit erfordert."

Dann fügte er hinzu: „Es ist weise, allen zuzuhören, weil alles und alle etwas zu erzählen haben. Wenn du deine Einsichten über unseren Planeten erweitern willst und darüber, wie wir alle zusammenarbeiten, dann benutze ihn, denn es wird dazu beitragen, die Welt, in der wir alle leben, zu formen. Er ist ein magisches Werkzeug, der Sacred Ground."

Seine Worte zauberten ein Lächeln auf mein Gesicht, denn es schien mir ganz sicher so zu sein, wie er sagte. Ich fühlte mich sehr glücklich und ich dankte ihm für seine Worte. Er nickte nur und schwamm davon.

Ich wusste, dass ich in einer besonderen Gemeinde war, als ich einen Bauern mit seinen Söhnen über ihr Land gehen sah. Ihre Kleidung sah aus wie in alten Zeiten, dennoch wusste ich, dass wir in der heutigen Zeit waren. Sie erinnerten mich an die Amish*, obwohl ich nicht wusste, welcher Gemeinschaft sie wirklich angehörten.

Fahrzeuggeräusche wurden hörbar und ein Auto kam die Straße entlanggefahren. Es war offensichtlich, dass der Fahrer sich verirrt hatte. Als das Auto hielt, ging der Bauer zu ihm hinüber und ein älteres Ehepaar stieg aus. Sie sprachen miteinander und der Bauer deutete die Straße in die entgegengesetzte Richtung hinunter. Ich nahm an, das Ehepaar würde gleich wieder einsteigen und wegfahren. Stattdessen folgten sie dem Bauern zu seinem Haus. Als sie beim Hof ankamen, waren überall Leute zu sehen, die sehr beschäftigt waren, aber sie waren sehr freundlich und grüßten die Fremden. Das Paar fühlte sich sehr willkommen.

Das Haus des Bauern war weiß und hatte eine freundliche Atmosphäre. Nachdem alle hinein gegangen waren, setzten sie sich um einen Tisch. Ich stand daneben und irgendwie war ich sehr froh, dass sie mich nicht sahen. Sie sprachen miteinander, aber ich konnte nicht hören, was sie sagten. Bald darauf ging das Paar wieder und der Bauer begleitete sie zu ihrem Auto zurück. Sie sahen sehr glücklich aus und hatten die ganze Zeit ein Lächeln im Gesicht.

Ich stand verwundert da und fragte mich, worum es bei dieser Szene eigentlich ging. Ich verstand es nicht. Der Bauer dreh-

*Die Amish sind eine täuferisch-protestantische Glaubensgemeinschaft in den USA

te sich um, als das Auto wieder seine Fahrt aufnahm, kam dann zu mir herüber und stellte sich neben mich. Angst befiel mich - konnte er mich jetzt sehen? Aber als ich ihn dann in so unglaublich friedvoller Weise sprechen hörte, fühlte ich mich so wohl, dass ich schnell jede Furcht vergaß, die ich gehabt hatte.

Seine zärtliche Stimme drang mir ins Herz und er erklärte: „Diese Eheleute haben schon seit langer Zeit nicht mehr miteinander gesprochen. Als ich sie sah, wollte ich ihnen einfach die Richtung zeigen, in die sie fahren müssen, aber ich sah ihnen an, dass sie sehr unglücklich miteinander und mit ihrem Leben waren. Das gefiel mir nicht. Niemand sollte sich so fühlen müssen. Deshalb beschloss ich, sie in unser Haus einzuladen. Wenn sie jetzt zurückfahren, haben sie etwas Neues miteinander zu teilen. Etwas, das sie vorher noch nicht gesehen oder gehört haben. Es wird sie wieder miteinander kommunizieren lassen. Darum ging es."

Ich nickte und fragte mich, ob das etwas mit dem Sacred Ground zu tun haben könnte, als er auf meine Gedanken antwortete. „Ich weiß nichts über den Sacred Ground, aber ich weiß, dass die Menschen sich anders fühlen, sobald sie dieses Land betreten. Obwohl ich hier aufgewachsen bin, weiß ich, dass es hier anders ist. Ich weiß nicht, warum, oder wie es geschieht, aber hier sprechen die Menschen immer in einer anderen Art und Weise miteinander. Meine Frau sagt, dass das Herz spricht und die Seele darauf antwortet. Ich weiß es nicht, aber vielleicht hat sie Recht. Deshalb lade ich manchmal Leute zu mir ins Haus ein, wenn sie sich hierher verirren. Sie fühlen sich danach besser. Niemand sollte dein Haus mit einem schlechten Gefühl verlassen. Sie sollten Worte mit sich nehmen, die ihnen helfen, sich besser zu fühlen. Das ist alles, was nötig ist. So versuche ich mein Bestes, um zu helfen."

In angenehmem Schweigen standen wir nebeneinander und schauten über das Land vor uns. Ich war so dankbar für diese wunderbaren Menschen, die anderen dabei halfen, wieder einen Weg zu finden, um miteinander ins Gespräch zu kommen und Kommunikation auf einer tieferen Ebene zu erfahren. Es war ein sehr ermutigender Gedanke, zu wissen, dass es Menschen gab, die auf dem Sacred Ground kommunizierten. Auch wenn sie es nicht so nannten, so verstanden es doch einige Menschen in ihren Herzen.

Der nächste Ort, an den ich reiste, war eine Stadt am Rhein. Ich wusste, dass ich auf der deutschen Seite war, aber sobald man den Rhein überquert hatte, war man in Frankreich. Ich stand im Zentrum der Stadt, in der Nähe einer Kathedrale. Es war schön dort und man konnte den Rhein sehen, Frankreich und die Altstadt des Ortes.

Dann betrat ich die Kathedrale. Ich wollte mich setzen, aber jemand zeigte zum Altar. Ich folgte dem Hinweis, obwohl ich nicht verstand, warum. Ich sah einen Priester, der vor dem Altar eine Messe zelebrierte. Es war seltsam, denn obwohl die Kathedrale voller Menschen war, schien niemand von ihm Notiz zu nehmen. Nach einer Weile kam er die Stufen herunter auf mich zu. Er nahm meine Hand und begrüßte mich mit einem warmen Lächeln.

„Es ist schön, dass du gekommen bist. Würde es dir etwas ausmachen, mir zu folgen?" fragte er mich. Ich schüttelte den Kopf und folgte ihm, als er die Kathedrale verließ. Ich bemerkte erstaunt, dass wir in der Zeit zurückgegangen waren, als wir aus der Kathedrale heraus traten. Überall waren Soldaten zu sehen und ich wusste, dass wir uns jetzt in der Zeit Napoleons befanden. Zu jener Zeit gehörte die Stadt zu Frankreich.

Der Priester neben mir hatte mein Erstaunen gesehen. Er lächelte leicht und erklärte: „Wir haben hier zwei Kulturen. Zwei

Kulturen, die eigentlich eine sind. Wir vergessen es oft. Auf dieser Seite des Rheins sprechen wir Deutsch und auf der anderen Seite Französisch, aber wir sollten beide Sprachen sprechen können. Die meisten können es nicht. Das ist schade, weil wir doch dieselbe Geschichte teilen, aber die Menschen denken nicht gerne darüber nach. Deshalb habe ich die Kathedrale geschaffen."

„Wie bitte? Du hast sie geschaffen?" ich zweifelte sehr an seinen Worten.

„Ja." Er lächelte. „Ich habe Besucher aus dem französischen und aus dem deutschen Teil. Sie kommen alle zu meiner Kathedrale, weil sie sich hier glücklich fühlen."

„Warum?" fragte ich.

„Weil ich das geschaffen habe, was du den Sacred Ground nennst."

„Sacred Ground?" fragte ich völlig überrascht.

„Ja. In dieser Kathedrale reden die Menschen miteinander. Sie können es nicht beschreiben, aber sie wissen, dass sie ganz sie selbst sein können, während sie miteinander reden. Wenn sie hierherkommen, sprechen sie miteinander, obwohl sie vielleicht nicht einmal dieselbe Sprache benutzen. Manchmal benutzen sie einfach nur Gesten, kleine, einzelne Worte; aber glaub' mir, sie können miteinander reden. Sie lernen voneinander. Es ist jedes Mal eine Erfahrung."

„Sind sich die Leute dessen bewusst?" fragte ich ihn.

Er lächelte. „Vielleicht in ihren Herzen, aber nein, ich glaube nicht. Ich habe nie etwas erklärt. Sie würden es nicht verstehen, aber du weißt, das ist nicht wichtig, weil nur das zählt, was sie fühlen."

Dann hielt er für einen Moment inne, bevor er fortfuhr. „Wir hören hier oft von Wundern. Die Menschen sagen einander Dinge, die sie tief berühren. Es ist, als wüssten sie plötzlich Dinge, die anderen helfen können. Und es spielt keine Rolle, wie sie es sagen, aber die andere Person verlässt die Kathedrale und weiß, dass sein oder ihr Leben verändert ist. Es geschieht einfach beidseitig. Niemand weiß, wann es geschieht. Es ist Teil des Hierseins. Ein Ort der Wunder."

Ich verließ den Ort und dachte, wie wunderbar es war, dass wir anderen etwas geben konnten, das ihr Leben zum Besseren veränderte, indem wir den Sacred Ground kreierten. Mir gefiel der Gedanke.

Die vielen Berge vor mir waren beeindruckend. Alle waren schneebedeckt und ich wusste sofort, dass ich irgendwo im Himalaya sein musste. Es gab viele Bergsteiger, die die Berge hinauf gingen und es herrschte große Betriebsamkeit an diesem Ort. Ich stand am Basis-Camp. Ich wandte mich um und bemerkte einen jungen Mann links von mir. Seine Haut war sonnengebräunt und er war schon so gekleidet, als sei er bereit, im nächsten Moment den Berg hinauf zu klettern. In seiner linken Hand hielt er einen Eispickel. Ich war von seiner Aura beeindruckt. Es war klar, dass dieser Mann ein großes Wissen nicht nur über das Klettern hatte, sondern auch über diese Region und ihre Berge. Ich ging zu ihm hinüber, aber er sah mich nicht. Er sah zu den Bergen hoch, als ein anderer Mann zu ihm kam.

Er fragte den jungen Mann: „Was denkst du, wann wir da hinauf gehen können?"

„Noch nicht", sagte der junge Mann.

„Aber alle anderen gehen", sagte der andere.

„Wir nicht. Noch nicht." Die Stimme des jungen Mannes klang entschlossen.

„Aber..." Versuchte der andere es noch einmal.

„Ich sagte nein."

„Okay, du bist der Boss", sagte der andere Mann und ging. Offensichtlich war der junge Mann vor mir der Hauptführer. Er dachte daran, zur Gruppe zurückzukehren, aber da bemerkte er mich. Ich war überrascht, aber er schien es nicht zu sein. Er sah mich an und ich wusste, dass ich ihm folgen sollte. Als er stehenblieb, konnten wir das ganze Gebiet um uns herum überblicken. Von dieser Stelle aus hatte man einen wundervollen und beeindruckenden Blick auf die Berge.

Wir standen nebeneinander und, ohne mich anzusehen, sagte er: „Sie verstehen nicht, warum ich nein sage, aber ich kann noch nicht gehen. Der Berg hat noch nicht gesprochen. Er spricht, wenn es an der Zeit ist. Wenn es noch nicht soweit ist, spricht er nicht. So einfach ist das. Er hat immer Recht; man muss ihm nur zuhören. Die meisten Menschen tun es nicht."

„Wow, und du kannst ihn hören?" fragte ich ihn, beeindruckt.

„Ich weiß nicht, ob ich es kann, oder was ich kann. Ich weiß einfach, wenn er spricht und sagt, dass es soweit ist. Das ist alles, was ich weiß, aber dann ist es richtig."

Ich dachte darüber nach, bevor ich meine nächste Frage stellte. „Hörst du ihn wirklich sprechen, oder glaubst du, dass es deine Intuition ist, die dir diese Information gibt?"

Er lächelte. „Zuerst dachte ich, ich sei es, mein eigenes Bauchgefühl, weißt du? Aber nein, ich begriff, dass der Berg wirklich eine Stimme hat. Ich habe einmal einen Mann getroffen, der hier geboren wurde. Er sprach immerzu mit dem Berg und er zeigte mir einige Dinge. Seitdem weiß ich es besser. Intuition ist sicher wichtig in meinem Beruf, aber die Stimme des Berges ist anders."

„Was genau sagt er?" fragte ich neugierig.

„Ob man dort hinaufgehen soll, oder nicht. Obwohl, wenn wir genau zuhören, hat er uns mehr mitzuteilen."

„Was, zum Beispiel?" fragte ich.

„Ich weiß es nicht, aber der Mann, den ich traf, wusste es. Er war weise und er lernte sehr viel vom Berg. Er hatte eine besondere Art, um mit dem Berg zu kommunizieren. Er nannte es den Sacred Ground."

Ich konnte es kaum glauben, dass ich wieder einmal den Sacred Ground betreten hatte. Es überraschte mich jedes Mal aufs Neue, wenn jemand ihn erwähnte. Ich muss schockiert ausgesehen haben, denn er war besorgt.

„Hast du davon gehört?" fragte er vorsichtig.

Ich nickte und lächelte. „Ja, das habe ich."

„Oh..." Er sagte nichts mehr.

Nach ein paar Minuten wandte er sich mir wieder zu und sagte: „Vielleicht kannst du es mich eines Tages lehren. Und vielleicht..." Er hielt wieder inne. „vielleicht auch andere."

„Ich weiß es nicht. Wir werden sehen", sagte ich vorsichtig, aber ich fühlte mich geschmeichelt.

Es war sehr überraschend, aber eine wunderbare Geste, als er mich umarmte. Wir lächelten uns ein letztes Mal an und ich fragte mich, ob wir uns wohl je wiedersehen würden.

Eine Nonne? In China? Das war nicht das, was ich erwartet hatte, aber das war es, was ich sah. Sie war von Kindern umringt und ich fragte mich, was sie ihnen erzählte. Ich ging näher, um ihre Worte hören zu können. Die Kinder schienen alle sehr von ihrer Geschichte gefangen zu sein. Ich wusste nicht, welche Sprache sie sprach, aber in meinem Herzen verstand ich, worüber sie sprach.

„Es war einmal ein kleines Mädchen, das sehr traurig war, weil es nicht sprechen konnte. Sie konnte es nicht, selbst, wenn sie es wollte. Kein Ton kam aus ihrem Mund. Ihre Familie brachte sie zum Arzt, der herausfinden sollte, weshalb sie nicht sprechen konnte. Sie ging von einem Arzt zum nächsten, aber niemand konnte ihr helfen."

„Oh", sagten die Kinder.

„Ja, aber es gab einen, der helfen konnte. Wisst ihr, wer ihr half?" fragte sie die Kinder.

Sie schüttelten die Köpfe.

„Ein Vogel. Nicht irgendein Vogel, sondern der mit der schönsten Stimme: eine Nachtigall. Jeden Abend, wenn die anderen gegangen waren, kam sie zu ihr und erzählte ihr vom Singen. Eines Tages, als sie mit ihrer Familie am Tisch saß, begann sie zu singen. Ihr hättet die Augen der anderen sehen sollen. Sie konnten es kaum glauben. Alle waren sich einig, dass es ein Wunder sei. Sie hatte die schönste Stimme, die sie je gehört hatten. Sie wurde sehr berühmt für ihre Stimme, aber sie hat nie gesprochen. Sie konnte nie sprechen, aber sie sang, wo immer sie hinging und jeder, der sie hörte, war von ihrem Gesang verzaubert."

Sie hörte auf zu sprechen und ich sah, wie ihre Augen die meinen suchten. Ich sah sie überrascht an, als ich ihre Stimme in mir hörte.

„Dieses Kind mochte die Art und Weise nicht, wie wir miteinander reden. Es war zu verletzend für sie. Sie wollte nicht so sprechen, deshalb tat sie es nie. Aber wenn sie sang, konnte sie sich in der Weise mitteilen, wie sie es sich wünschte und die Herzen und Seelen der Menschen erleuchten."

Ich war sehr berührt von dieser Geschichte und lächelte sie an. Sie wandte ihren Kopf wieder den Kindern zu und erzählte ihnen noch viel mehr Geschichten. Das Tor war nahe daran, sich zu schließen und ich wusste, ich musste diesen Ort verlassen. Dieses Mal tat ich es mit großer Freude im Herzen.

REALITÄT

Jeder Weg,
den Du gehst,
wird dich
der Person
näherbringen,
die Du bist,
aber er entfernt
Dich auch von der,
die du zu sein glaubtest.

Verschmelzende Welten

Als erstes sah ich einen Elefanten, danach einen Tiger und schließlich sogar Affen und Schlangen. Immer mehr Tiere versammelten sich, aber sie erschienen einzeln, eines nach dem anderen und nicht zusammen. Während ich beobachtete, wie sich der Ort mit all den Tieren veränderte, sah ich einen jungen Mann näher kommen. Er sprach mit jedem der Tiere und nach einer Weile stand er neben mir. Ich war nicht sicher, ob er mich sehen konnte. Ein Adler flog auf uns zu und nickte zu mir herüber, bevor er mit dem jungen Mann sprach. Jetzt war ich ziemlich sicher, dass der junge Mann mich nicht bemerkt hatte, aber ich wusste, dass der Adler wollte, dass ich mit ihnen käme. Ich hatte keine Ahnung, wohin ich geführt werden sollte, aber bald fand ich mich auf der Spitze eines Berges wieder.

Dort sagte der Adler zu dem jungen Mann: „Du bist heute hierher zurückgekommen. Es ist der Ort, an den du immer kommst, um Führung zu erbitten, erinnerst du dich?"

Der junge Mann nickte. „Ja, das tue ich."

Er erinnerte sich daran, im Geiste viele Male an diesen Ort gereist zu sein. Er dachte an seine imaginären Reisen und wie er jedes Mal zu Beginn seiner Reisen hierhergekommen war.

„Warum bin ich hier?" fragte der junge Mann.

Der Adler sah ihn an und sagte: „Um dir zu zeigen, in welchem Maße dieser Ort deine Realität formt. Du glaubst, dass du in der sogenannten Wirklichkeit lebst und dann wieder hier an diesem Ort, an dem deine Imagination sich abspielt, nicht wahr?"

„Oh ja, das sind zwei vollkommen verschiedene Welten", stimmte der junge Mann lebhaft zu.

„Ich weiß, aber es ist nicht so. Diese Welt hier hat eine größere Wirkung, als du denkst. Sie formt deine Zukunft, dein Leben. Manchmal siehst du es nicht sofort, aber wenn du zurückschauen würdest, könntest du sehen, wie oft dein Kommen dir dabei geholfen hat, dein Leben zu formen. Ist es nicht so?"

„Ja, ich nehme es an", sagte er.

„Die Tatsache, dass eine Welt nicht auf der physischen Ebene existiert, bedeutet nicht, dass sie weniger Einfluss auf dein Leben hat."

„Hm", murmelte der junge Mann.

Offensichtlich war der junge Mann oft hierhergekommen und hatte Weisheit über diese Welt gewonnen. Nach einer Weile sagte er schließlich: „Ich weiß, dass sie eine Wirkung hat. Aber bis jetzt schien es, dass die Wirkung sich ausschließlich auf mein inneres Selbst bezog, meine Gedanken und Erkenntnisse. Ich bezweifle, dass sie eine Veränderung in der realen Welt bedeutet."

„Ich verstehe dich, aber sie hat eine Wirkung. Das Problem ist, dass du es meist nicht siehst. Du hast nach etwas anderem gesucht, als nach dem, was sie wirklich veränderte."

„Das verstehe ich nicht", sagte er verwirrt.

„Durch deine Gedanken hast du einen Einfluss auf dein Leben. Du schaffst einen Einfluss durch deine Gefühle; das weißt du. Aber du hast auch einen Einfluss auf dein Leben mit deiner

Seele, deiner inneren Sonne. Das ist es, was du oft unterschätzt. Diese Wirkung ist genauso stark wie die anderen. Das heißt, mit der Seele zu erschaffen, hat eine Wirkung auf dein tägliches Leben."

„Aber es erfüllt sich nicht sofort", beharrte der junge Mann.

„Ich weiß. Es kann nicht immer geschehen, denn ein Großteil der magischen Welt, in der ich lebe, hat Gesetze, die ebenfalls zu befolgen sind."

„Welche Gesetze?" fragte er misstrauisch.

„Du kennst sie. Liebe, Respekt, Freiheit und das Gefühl und das Wissen um eine Verbindung. Alle Wünsche zu erfüllen, die du in der magischen Welt erschaffen hast, ist nur möglich, wenn du diese Gesetze in deinem Herzen trägst. Wenn deine persönlichen Ziele nicht im Einklang mit diesen Gesetzen sind, wird es nicht möglich sein, sie zu verwirklichen. Was also normalerweise geschieht, ist, dass die Wünsche neu geformt werden, bis sie in Einklang mit den Gesetzen sind. Dann wird es möglich, dass die Wünsche wahr werden."

„Huh", sagte er, „ das bedeutet... Naja..." Er hielt inne, denn er war verwirrt.

Der Adler war eine Weile still, dann sagte er: „Erinnere dich daran, Wünsche sind Kommunikation. Jedes Mal, wenn du an sie denkst, oder zu ihnen sprichst, sprechen sie auch mit dir. Es ist Kommunikation, nur eben nicht die Art, wie du es gewohnt bist."

„Aber ich spreche nicht buchstäblich mit ihnen", beharrte er.

„Nein, das ist richtig, aber Kommunikation ist nicht unbedingt im wörtlichen Sinne zu verstehen. Sie kann verschiedene Wellen benutzen, um Botschaften auszutauschen."

„Oh", sagte der junge Mann, aber ich war nicht sicher, ob er wirklich verstand, was der Adler versuchte, ihm zu sagen.

Dann sahen sie beide, der Adler und der junge Mann ins Tal hinunter und keiner von ihnen sagte mehr etwas. Ich war sicher, dass es nicht das letzte Mal für den jungen Mann sein würde, dass er hierherkommen würde, ebenso wenig wie für den Adler. Ich spürte bald darauf, dass ich die Szene verließ und kehrte mit vielen Gedanken im Kopf zurück.

Ich hörte eine Stimme, die zu mir sprach: „Du musst mir folgen; ich möchte dir etwas zeigen."
Ich sah mich um, aber da ich niemanden sehen konnte, folgte ich der unsichtbaren Stimme und stand plötzlich in einem Garten, der ganz weiß war. Er sah nicht real aus, eher wie ein Gemälde oder eine Traumwelt. Dort sah ich den großen Mann, den ich in einem früheren Tor schon getroffen hatte, als ich beim Maya Tempel gewesen war, vor mir stehen. Er war sehr farbenfroh gekleidet, sodass der Kontrast enorm war. Er war immer noch unglaublich beeindruckend und ich fragte mich, ob er eine Art Geistwesen sei. Ich weiß nicht, wer er wirklich war, aber ganz sicher war er jemand, der eine höhere Weisheit besaß, als irgendjemand sonst, dem ich zuvor begegnet war. Ich war sicher, dass er kein menschliches Wesen war, auch, wenn er so aussah. Ich wusste nur, dass er große Kräfte hatte.
Er nickte und bat mich, mich zu setzen. Ich setzte mich auf eine weiße Bank und er ging davon. Das Weiß verschwand wie ein Nebel und ich sah einen tiefblauen See, der von Wald umgeben war und die Sonne schien hell. Er begann, ein Ritual zu vollziehen, aber ich verstand nicht, worum es dabei ging. Ich wartete, bis er sich umwandte und nickte. Aus dem Nichts heraus saß plötzlich ein alter Mann neben mir, während das Geistwesen immer noch am selben Fleck stand.
Der alte Mann sagte zu mir: „Er vollzieht ein Ritual."
„Was für ein Ritual ist es?" fragte ich.

„Es ist ein Heilungsritual. Um die vielen verletzten Seelen auf der Erde zu heilen."

Ich nickte und sah das Geistwesen staunend an. Er tat etwas für die ganze Menschheit?

„Wer ist er?" fragte ich.

„Du kennst ihn nicht?" fragte er überrascht.

„Ich bin nicht sicher, er erinnert mich an ein Geistwesen oder einen Schutzengel. Ich weiß es nicht ganz sicher. Aber warum ist er hier? Und was tut er hier?"

„Viele Fragen, junge Frau", sagte der ältere Mann und lächelte. „Er tut es, um dir zu zeigen, wie du Dinge verändern kannst, wenn du eine neue Art der Kommunikation gestalten willst."

„Mit einem Ritual?"

„Ja, er macht ein Ritual, aber es geht eher um Heilung. Wenn eine Wunde heilt, wird sich die Art deines Sprechens ändern."

Wahrscheinlich hat er Recht, dachte ich.

„Heilung ist immer wichtig. Eine Wunde muss geheilt werden, sonst wird man nicht frei miteinander kommunizieren können."

„Oh, das ist viel Arbeit", sagte ich und dachte, dass es ewig dauern könnte, um alle unsere emotionalen Wunden zu heilen.

Der ältere Mann nickte. „Ja, das ist es und deshalb macht er das Ritual. Wenn er das Ritual macht, wird es für die Menschen einfacher sein."

„Wir bekommen Hilfe?" wunderte ich mich.

„Ja, natürlich. Ihr denkt oft, dass ihr euch nur auf euch selbst und eure Wirklichkeit verlassen könnt, aber das stimmt nicht. Ihr bekommt auch Hilfe aus anderen Wirklichkeiten und anderen Welten."

„Sie meinen es gut mit uns?" fragte ich.

„Ja, das tun sie. Es spielt keine Rolle, wie ihr sie nennt. Namen sind nicht wichtig. Namen für jemanden wie ihn hängen von den

Werten der anderen Person und ihrem spirituellen Hintergrund ab. Es ist nicht so wichtig, wie das Heilen der Wunden."

Ich sagte nichts mehr und auch der alte Mann schwieg. Ich beobachtete das Ritual, das das Geistwesen vor mir vollzog. Obwohl ich es mit meinem Verstand nicht ganz begreifen konnte, spürte ich, dass in meinem Herzen etwas geschah.

Eine alte Frau saß an einem See. Sie war offensichtlich in Gedanken versunken. Ich stand hinter ihr und es war, als ob ich ihre Gedanken hören könne. Sie ging in der Zeit vor und wieder zurück. Ich brauchte eine Weile, um zu verstehen, dass sie an ihre Vergangenheit dachte, an all ihre Erinnerungen. Dann sah ich, wie eine sehr schöne junge Frau zu ihr kam. Die junge Frau war in ein langes, weißes Kleid gehüllt, das sie zum Leuchten brachte. Sie setzte sich neben die alte Frau und lächelte. Die alte Frau nickte ihr zu, aber ich war nicht sicher, ob sie auch die Schönheit der jungen Frau wahrnahm. Zuerst sagte die schöne Frau nichts, aber dann sprach sie.

„Weißt du, warum dir diese Erinnerungen kamen?"

„Nein", antwortete die alte Frau.

„Sie bringen dir Trost. Viele Erinnerungen können dir Trost bringen."

„Ich weiß nicht, nicht alle Erinnerungen waren angenehm", antwortete sie.

„Ja, das ist wahr, aber sie bringen dir auf einer tieferen Ebene Trost. Das ist die Aufgabe der Erinnerungen, Trost zu bringen. Aber für dich als Seele ist es sogar noch wichtiger, dich daran zu erinnern, wie es sich anfühlt, ein Leben zu leben."

Die alte Frau verstand sie nicht und sah sie fragend an.

Die junge Frau erklärte: „Du bist eine Seele. Eine Seele weiß nicht, wie es ist, in der physischen Welt zu leben, wenn sie keine Erinnerungen hat."

„Meinst du Vergangenheitserinnerungen?"

„Nein, nicht nur. Ich meine die Erinnerungen, die du vom Zeitpunkt deiner Geburt an aufbaust. Alle diese Erinnerungen helfen dir dabei, deine Seele an die physische Welt zu binden. Um deine Seele erkennen zu lassen, in welcher Realität sie sich befindet."

„Wirklich?" Die alte Frau war verwirrt über diese Worte.

Die schöne Frau lächelte. „Die Erinnerungen sind da, sodass es dir möglich wird, in deiner alltäglichen Gegenwart zu leben. Sie verbinden deine Seele mit der Realität. Sonst würde die Seele sich dafür entscheiden, nicht in dieser Welt zu leben."

„Warum nicht?" fragte sie, jetzt noch verwirrter.

„Weil die Seele sich nicht daran erinnern würde, wie es ist, hier zu leben. Deine Erinnerungen sind sehr wichtig für dich. Halte sie in Ehren, sie helfen dir dabei, in dieser Realität zu leben."

Die alte Frau sagte nichts, aber sie lächelte sie an und ich konnte sehen, dass sie für diese Worte sehr dankbar war. Von nun an würde es für die alte Frau leichter sein, sich an das Gute und Schlechte zu erinnern, das ihr im Leben widerfahren war. Kurz darauf bemerkte ich, dass ich die beiden verließ, um zurückzukehren.

Als nächstes fand ich mich in Breitenfeld wieder, einer Alp, die in der Nähe des Ortes liegt, in dem ich aufwuchs. Ich sah mich um und war wieder einmal berührt von dem wundervollen Blick, den man von den Bergen hatte. Ich blieb dort und dachte an die vielen Menschen, denen ich gerne einmal diesen magischen Ort zeigen würde. Ich saß in der Mulde einer Quelle und genoss den Anblick mit einem angenehmen und heimeligen Gefühl.

Eine Gruppe von Leuten fuhr mit Mountainbikes durch diese Landschaft. Sie waren nicht aus dieser Region, vielleicht nicht einmal aus diesem Land. Sie fuhren an mir vorüber und ich war nicht sicher, ob sie mich gesehen hatten oder nicht. Ein junger Mann hielt an und kehrte um. Die anderen sahen ihn fragend an, aber er sagte ihnen, sie sollten weiterfahren, er würde ihnen folgen. Er kam zu mir herauf und setzte sich neben mich.

„Warum hast du nicht auf mich gewartet?" fragte er.

„Was?" Ich sah ihn an und hatte keine Ahnung, wer er war, geschweige denn, wovon er sprach.

„Wir kennen uns", sagte er.

„Es tut mir leid", sagte ich, „aber ich erinnere mich nicht. Wirklich?"

„Ja. Warum glaubst du mir nicht?"

„Ich… weiß nicht", sagte ich etwas verwirrt. Zu meiner Überraschung stand er auf und ging zu den anderen zurück.

Was war denn das? fragte ich mich und stand auf. Ich fragte mich, wo sie wohl hinfuhren und er sah wieder zu mir herüber. Ich lächelte nur, aber ich hatte nicht die Absicht, ihm zu folgen und ich wusste auch nicht, wer er war. Merkwürdigerweise lächelte er nur und es schien ihn nicht weiter zu beschäftigen. Seltsam, dachte ich und setzte mich wieder in das Quellbecken. Die Dämmerung kam und ich war noch am selben Ort. Plötzlich war der Mann von vorhin wieder da. Ich runzelte ein wenig die Stirn über sein plötzliches Auftauchen, aber ich wunderte mich auch, weshalb er wieder da war.

Er fragte: „Warum wartest du immer noch hier? Ich bin jetzt da."

„Wie? Ich habe nicht auf dich gewartet", sagte ich überrascht, obwohl ich selbst nicht wusste, weshalb ich noch da war.

„Na gut, auf wen wartest du dann?" fragte er.

„Ich weiß es nicht."

„Siehst du, du wartest auf mich", sagte er und lächelte.

Ich wurde langsam ärgerlich. „Es tut mir wirklich leid, aber ich kenne dich nicht – wie kannst du dann behaupten, dass ich auf dich warte?"

„Weil ich es weiß", sagte er, als ob es die natürlichste Antwort der Welt sei.

Ich seufzte. „Okay, woher weißt du es, auch wenn ich selbst keine Ahnung habe?"

„Ich habe dich gesehen", antwortete er.

„Du hast mich gesehen?"

„Ja, in meinen Träumen."

„Wie bitte?" Ich verstand diesen Mann wirklich nicht.

„Ja, du warst oft in meinen Träumen. Fast jede Nacht sind wir uns in unseren Träumen begegnet. Erinnerst du dich wirklich nicht?"

„Tut mir leid, nein, überhaupt nicht." Sagte ich.

„Das ist schade, aber ich verstehe es. Nicht jeder erinnert sich an seine Träume. Ich meine, wir vergessen sie oft, obwohl wir so weit reisen, an so weit entfernte Orte. Irgendwie finde ich es schade", sagte er.

Während er sprach, hatte ich ein bekanntes Gefühl. Es roch wie an einem Ort, an dem ich gewesen war. Ich konnte eine große Stadt sehen, ein anderes Land... Fisch? Langsam begann ich einige Fragmente zu sehen.

„Ah..." Er lächelte. „Du beginnst dich zu erinnern."

„Ist das... ich meine, waren das unsere Träume?" fragte ich.

„Ja, wir träumen zusammen. Weißt du, das ist gar nicht so ungewöhnlich. Die Menschen teilen oft einen Traum, aber da sie sich in der Realität selten begegnen, wissen sie davon nichts."

Ich wusste nicht, was ich sagen sollte und er fuhr fort. „Weißt du, der Einfluss eines Traumes auf deinen Alltag ist groß, aber nicht so groß, wie einige meinen. Es gibt da zu viele Dinge, zu viele Ebenen, aber ich will nicht über die verschiedenen Aspekte des Träumens sprechen. Sei dir einfach nur dessen bewusst, dass es geschehen kann, dass du Menschen in deiner Realität begegnen kannst, die dir zuvor schon in einem Traum begegnet sind. Einige mögen sich an die andere Person und die Träume erinnern, andere nicht, aber weise die Person, die sich erinnert nicht ab, nur weil du dich nicht erinnerst. Du hast es nur vergessen, aber dennoch ist es wahr."

„Es tut mir sehr leid, dass ich mich so verhalten habe", sagte ich und fühlte mich wirklich elend, dass ich ihn so behandelt hatte.

„Kein Problem; weißt du, es war schön zu sehen, dass du dich erinnern konntest."

Er ging schnell davon und es war schon fast Nacht geworden. Ich dachte noch über diesen Mann nach, während ich langsam die Szene wechselte.

Ich fragte mich, ob meine Reise für heute schon beendet sei, aber ich hörte eine klare, tiefe Stimme. „Nein, sie ist nicht beendet, noch nicht. Ich werde es dir zeigen."

Dann sah ich mich auf dem Gipfel eines Berges. Es war kalt und es gab nichts außer Eis und Schnee, so weit ich sehen konnte. Ich konnte immer noch nichts anderes sehen oder hören, außer der Stimme. Ich konnte auch nicht sagen, woher die Stimme kam. Ich beschloss, mir darüber keine weiteren Gedanken zu machen und einfach zuzuhören, was die Stimme mir zu sagen hatte.

„Du bist hierhergekommen, um zu verstehen, wieviel Einfluss das Unterbewusstsein auf dein tägliches Leben hat."

„Das Unterbewusstsein?" fragte ich überrascht. Was meinte er? „Das Unterbewusstsein ist alles das, was die Wahrnehmung deiner Realität formt, ohne dass du es bemerkst. Du siehst einen Zug und weißt, dass es ein Zug ist. Du siehst einen Baum und weißt, dass es ein Baum ist. Du kannst Dinge benennen und zeigen."

„Okay", sagte ich und die Stimme fuhr fort.

„All die Informationen, die du während des Tages bekommst, gehen nicht verloren. Sie sind nur in deinem Unterbewusstsein verborgen, der wie ein Speicher ist. Und wenn du die Information brauchst, kommt sie an die Oberfläche."

„Wie praktisch", sagte ich.

Die Stimme lachte. „Du hast viele praktische Dinge in deinem menschlichen Körper verankert. Du musst dir dessen nur bewusst werden."

„Also funktioniert alles auf diese Weise?" fragte ich.

„Es funktioniert so mit den alltäglichen Informationen. Ich rede nicht von Gefühlen, die an Erinnerungen geknüpft sind. Ich meine die Informationen, die du brauchst, um in deiner Welt zurecht zu kommen. Alle Informationen, alles, was du liest, hörst, siehst, wird im Unterbewusstsein gespeichert. Und du kannst sie benutzen."

„Dann muss ich eine Menge Informationen haben."

„Das hast du", antwortete die Stimme.

„Aber warum benutze ich sie nicht immer? Ich habe so viele Dinge gesehen, aber ich weiß oder benutze sie nicht immer."

„Es hat sehr viel mit deiner Entscheidung darüber zu tun, wie viel Macht du deinem Unterbewusstsein gibst. Das Unterbewusstsein ist enorm abhängig von deiner Willenskraft, mehr als jede andere Welt, die du heute erforscht hast. Wenn du also beschlossen hast, auf einem bestimmten Gebiet nicht gut zu sein, oder wenn etwas für dich nicht existiert, dann wird es nicht auftauchen. Es ist wirklich deine Wahl."

„Okay", sagte ich, aber ich konnte es wirklich nicht so ganz glauben. Andererseits, wer weiß? Ich weiß schließlich nicht alles.

Die Stimme lachte. „Anzuerkennen, dass du nicht alles weißt, wird immer dazu beitragen, für all die vielen Dinge offen zu sein, die du in deinem Unterbewusstsein gespeichert hast."

„Alles, was ich lese, oder sehe, wird geformt durch das Unterbewusstsein?" fragte ich, immer noch etwas verwirrt.

„Das Unterbewusstsein ist nicht etwas, das formt. Es ist ein Speicher. Das ist ein Unterschied, aber ich verstehe, was du meinst. Ja, alles, was du da draußen siehst, hat einen Einfluss auf dein Leben, aber all diese Bilder und Botschaften werden in deinem Unterbewusstsein gespeichert."

Ich musste zugeben, dass mir das alles immer noch zu fremd erschien und ich verstand es nicht, aber andererseits war ich bereit, darüber nachzudenken. Ich stand immer noch auf dem Gipfel dieses kalten Berges, obwohl die Stimme schon verschwunden war. Dann war ich zurück an meinem Platz. Doch dieses Mal war es anders. Normalerweise, wenn ich durch die Tore reise, fühle ich mich so, als ob ich durch Zeit und Raum reise, aber dieses Mal fühlte es sich so an, als hätte ich die Realität nie verlassen. Ich fühlte mich müde, aber voller neuer Informationen und ich sah noch einmal zurück, bevor ich hörte, wie sich das Tor schloss.

Die Kluft überwinden

Das Grün des Gartens, zu dem ich gereist war, war überwältigend. Es war ein solch himmlisches Grün, dass ich kaum eine weitere Farbe erkennen konnte. Vermutlich war der Regen ein regelmäßiger Gast an diesem Ort. Vor mir sah ich einen zwischen Pflanzen und Bäumen versteckten Pavillon. Ein Mann, in einen schwarzen Anzug mit einem hohen Hut gekleidet, stand davor. Seine Erscheinung deutete an, dass ich im 19. Jh. angekommen war und während ich ihn so betrachtete, wurde mir klar, dass er Schriftsteller sein musste. Ich betrachtete ihn noch eine Weile, bevor ich mich entschloss, zu ihm zu gehen. Obwohl ich direkt neben ihm stehenblieb, bemerkte er mich nicht. Ich drehte mich um und sah eine weiß gekleidete Frau mit einem weißen Schirm, wie sie langsam durch den Garten auf den Pavillon zuging. Vielleicht war sie seine Frau. Als sie nah genug gekommen war, um ihn sehen zu können, weiteten sich ihre Augen. Beide standen unbeweglich da, sahen einander an und waren irgendwie verlegen. Mir wurde klar, dass keiner von beiden damit gerechnet hatte, dem anderen zu begegnen und die ganze Situation war mehr als unangenehm für beide. Offensichtlich wussten sie nicht, was sie tun sollten, bis der Mann schließlich entschied, dass sie sich beide im Pavillon niederlassen sollten. Sie zögerte, ging aber dann mit ihm. Im Pavillon setzten sie sich, aber keiner von ihnen wusste etwas zu sagen.

Schließlich begann sie. „Die Claries kommen heute Abend zum Essen, denkst du daran?"

„Hm, ja, sicher", sagte er mit großem Unbehagen.

„Gut. Ich habe Mildred gebeten, ein wunderbares Essen vorzubereiten. Es ist wichtig, dass sie beeindruckt sind von allem, was sie sehen. Du weißt ja, wie sie über die Schultzes reden."

„Oh ja", antwortete er.

„Wir sollten auch die Hamiltons einladen. Da Mr. Hamilton gewählt wurde, wird er sicher sehr beliebt werden. Wir sollten uns mit ihnen anfreunden."

„Ja, gut", sagte er mit monotoner Stimme.

Die Frau sprach weiter über all die Vorkehrungen, die für das Abendessen getroffen werden sollten, aber er hörte nicht zu. Ich nahm an, dass es nicht nur wegen des Themas sei, an dem er nicht interessiert war. Er lebte in einer anderen Welt. Es schien, als könne niemand wirklich Zugang zu ihm bekommen.

Nach einer Weile ging die Frau zurück zum Haus und er blieb still im Pavillon. Er sah unglücklich aus und ich konnte seine Traurigkeit spüren.

Ich fragte mich, ob ich zu ihm gehen und mit ihm reden sollte. Da nichts weiter geschah, versuchte ich, mich ihm bemerkbar zu machen, aber er nahm immer noch keine Notiz von mir. Also überlegte ich mir, wie ich zu seinem Geist vordringen konnte. Vielleicht konnte der Sacred Ground helfen? Ich stellte ihn mit meinem Herzen her und lud ihn mit meiner inneren Stimme ein, da hörte ich eine zärtliche Stimme.

„Oh, danke. Hast du mich gesehen?"

„Ja, ich sehe dich. Ich bin direkt neben dir", erklärte ich ihm.

„Es tut mir leid", sagte er, „ich kann dich nicht sehen."

Ich erkannte, dass er sich meiner Gegenwart nur in seinem Inneren bewusst war – in seinem Geist und Herzen – aber dass es ihm nicht möglich war, mich auch im Außen zu sehen, in meiner physischen Form. Es hatte nichts mit meiner Unsichtbarkeit zu tun, sondern mit seiner Unfähigkeit, die Menschen um ihn herum im Allgemeinen wahrzunehmen. Ich versuchte, mit ihm auf der Seelenebene auf dem Sacred Ground zu sprechen, statt die direkte Kommunikation zu wählen.

„Warum bist du traurig?" fragte ich ihn.

„Du hast Recht. Ich bin traurig. Es ist schwierig für mich, mit all dem umzugehen, mit dem ich zu tun habe. Weißt du, so viele Menschen wollen so viele Dinge von mir. Das ist zuviel für mich."

„Darum möchtest du allein gelassen werden?" wunderte ich mich.

„Ja und auch nein. Ich fühle mich oft einsam und würde gern mit anderen reden, aber das, was die anderen sagen, ist so nichtssagend. Es ist wie der Austausch von Worten, ohne zu wissen, was die Bedeutung hinter den Worten ist. Das ist sehr traurig."

Ich war still, weil das Reden mit ihm sehr schwierig war und ich mich konzentrieren musste.

„Ja", sagte er lächelnd, „jeder sagt das – dass es schwierig sei, mit mir zu sprechen. Ich glaube nicht, dass es wahr ist. Ich spreche nicht viel, das mag sein, aber weißt du, mit meiner Seele spreche ich fortwährend; die Menschen können es nur nicht sehen. Das ist traurig."

„Du sprichst nicht so viel mit deiner Frau?" fragte ich.

„Oh, das haben wir nie getan. Wir kommen so ganz gut miteinander aus; es gibt nur nichts, über das wir reden könnten. Ich weiß nicht, wie man mit einer Frau spricht. Es ist... ich weiß

nicht... nichts, das mich interessieren würde."
„Du sprichst lieber mit Männern", sagte ich.
„Ja, aber nur bis zu einem gewissen Maße. Sie sind nicht viel interessanter. Es ist alles ziemlich banal und ich bin nicht wirklich an solchen Gesprächen interessiert."
„Warum magst du es nicht, deine Gedanken mit anderen zu teilen?"
„Es gibt ganz einfach nichts zu teilen", sagte er.
„Aber du musst doch sicher etwas wissen", bohrte ich weiter.
„Alles, was ich zu sagen habe, sage ich in meinen Büchern. Alles, was ich je mitteilen könnte, steht dort, aber darüber hinaus habe ich nichts zu sagen."
Ich wusste nicht mehr, was ich sagen sollte, aber er schien damit zurecht zu kommen. Es war merkwürdig, ihn plötzlich aufstehen und durch den Garten gehen zu sehen. Ich fragte mich, ob das Reden auf dem Sacred Ground wirklich ein Weg wäre, sich mit ihm zu verbinden.
„Ja, das kann es sein. Er wird die Entscheidung fällen, aber er wird dich wieder hören. Und das ist immerhin ein Anfang", sagte eine Stimme hinter mir.
„Ja, das ist es", stimmte ich zu und sah zurück zum Schriftsteller, in der Hoffnung, dass es wirklich möglich sein möge, ihn von seiner Weigerung, sich mitzuteilen, zu heilen, indem man auf einer anderen Ebene mit ihm sprach.

Die Antarktis beunruhigte mich irgendwie. Nichts außer Schnee, Eis und das Meer waren zu sehen. Ein unwirklicher Ort und dennoch mit einer eigenen Magie. Ich fragte mich gerade, was ich an diesem verlorenen Ort der Zivilisation zu tun haben sollte, als ich eine Forschungsstation entdeckte, in der vermutlich Wissenschaftler ihrer Arbeit nachgingen. Als ich gerade dort hingehen wollte, kam ein Mann auf seinem Hundeschlitten dort an. Er hielt direkt vor der Station, versorgte seine Hunde und ging hinein. Ich beschloss, ihm zu folgen und ging hinter den Huskies her, die sehr müde aussahen. Sie schienen keine Notiz von mir zu nehmen. Vermutlich war ich auf dieser Reise wieder einmal eine unsichtbare Beobachterin.

Innen saßen einige Männer und Frauen um einen Tisch herum. Ich sah mich nach dem Schlittenführer um, konnte ihn aber nicht sehen. Vielleicht war er in die Küche gegangen, vermutete ich und ich hatte Recht. Aber ich hatte nicht erwartet, ihn immer noch so gekleidet zu sehen, wie er in die Station hineingegangen war. Es schien mir für einen Koch sehr ungewöhnlich. Oder war er kein Koch? Er drehte sich um und bemerkte mich. Ich runzelte die Stirn, aber er lächelte mich nur an und ich entspannte mich. Als wir in den Raum mit dem großen Tisch zurückkehrten, war ich überrascht, soviel Essen auf dem Tisch zu sehen. Kurz darauf ging der Mann wieder hinaus und verschwand mit seinen Hunden. Warum war dieser Mann hier gewesen? Und war er verantwortlich für das Essen, obwohl er nicht der Koch zu sein schien? Es erschien mir sehr rätselhaft und ich entschloss mich, mich zu den Wissenschaftlern zu setzen, aber im Gegensatz zu dem Mann vorher, bemerkten sie mich nicht.

Sie lachten und redeten. Ich war überrascht, denn ich hatte eine andere Art von Konversation erwartet. Einer der Wissenschaftler sagte schließlich: „Wir hatten einen verdammt harten Tag heute. Ich hoffe, dass dieses verdammte Wetter endlich besser wird."

„Hey, wir sind am Südpol, was erwartest du?" sagte ein anderer.

„Na ja, ich weiß nicht, aber sicher etwas Besseres. Wir können unsere Arbeit nicht beenden, wenn wir sie nicht einwandfrei machen können."

Alle waren still und nickten. Es schien ihnen sehr wichtig zu sein, das Projekt zu Ende zu bringen und offenbar befürchteten alle, dass es nicht so gut laufen würde, wie sie gehofft hatten.

Ich fühlte mich immer noch etwas verloren zwischen all diesen Leuten, als der Schlittenführer zurückkam und wieder in die Küche ging. Ich verließ den Tisch, um ihm in die Küche zu folgen, wo mich eine Überraschung erwartete: dort waren alle nur denkbaren Nahrungsmittel zu sehen. Alle Arten von Früchten und Gemüse und alles in den unglaublichsten Farben. Es war atemberaubend. Aber dann änderte sich das Bild und nichts davon war mehr zu sehen. Auch der Mann war nicht mehr dort. Wohin war er gegangen? Ich wollte nach ihm sehen, aber da sah ich ihn schon draußen und er winkte mir zu. Es war eine Einladung, ihm zu folgen. Als ich draußen war, bat er mich, auf dem Schlitten Platz zu nehmen und fuhr dann einfach mit mir davon. Ich fühlte mich sehr gut und behaglich auf diesem Schlitten und war schon fast eingeschlafen, als er mit mir zu sprechen begann.

„Hast du die Leute da drinnen gesehen?"

„Natürlich", sagte ich.

„Nun, sie sind hier verloren", erklärte er.

„Verloren?"

„Ja, sie wissen nicht mehr, was sie tun sollen. Sie haben keine Verbindung und deshalb sind sie verloren."

„Was meinst du damit, keine Verbindung?" fragte ich neugierig.

„Sie können sich nicht daran erinnern, wie es war, bevor sie hierher kamen. Es ist, als ob sich ihr Verstand verändert hätte und alles, was sie jetzt begreifen, ist das, was sie jeden Tag sehen. Das macht sie verrückt."

Ich sagte nichts, weil ich nicht verstand, wovon er sprach.

„Wenn du immer dasselbe siehst, ist es sehr wahrscheinlich, dass du verrückt wirst. Das geschieht mit vielen Menschen hier. Sie sehen nichts anderes mehr, oder zumindest wissen sie nicht, wie sie es anders sehen könnten." Er hielt inne, bevor er fortfuhr. "Sie müssten nur eine andere Welt betreten und dann würden sie ihre ganze Welt wiedererkennen. Ich versuche, es ihnen zu sagen, aber sie bemerken mich nicht."

Ich nickte, da ich erkannte, dass er für die Menschen hier genauso unsichtbar war, wie ich.

"Meistens sehen sie mich nicht. Ich bringe ihnen die ganze Weisheit, die ich habe, aber es ist an ihnen, sich dafür zu öffnen. Sie haben ihre Verbindung zu der Welt verloren, in der sie vorher lebten, die sogenannte Realität und jetzt glauben sie, sie müssten nur ihre Arbeit beenden und könnten zurückgehen. Aber sie werden niemals gehen, denn sie verrennen sich mehr und mehr. Sie sehen nur noch diese Welt und sie sehen nicht, wie sich ihre eigene Isolation einschleicht."

Ich nickte und fühlte mich verzweifelt. Wie konnte man diesen Menschen helfen? Sie schienen so weit entfernt von der Zivilisation zu sein. Wie konnten sie da einen Ausweg finden?

"Es bleibt immer eine zweite Möglichkeit, damit sie wieder in ihre frühere Welt zurückkehren können. Sie können den Sacred Ground betreten und ihre Vorstellungskraft benutzen. Auf diese Weise könnten sie zurückgehen, aber sie müssen von diesen falschen Vorstellungen loskommen, die ihnen ihr Verstand eingibt. Ich wünsche mir für sie, dass sie es sehen könnten."

"Mir scheint, dass das, was du ihnen bringst, so farbenfroh ist", sagte ich.

"Es sind ihre eigenen Träume, ihre Vorstellungen und Reisen auf einer anderen Ebene."

Ich dachte über das nach, was er sagte und erinnerte mich daran, dass die Wissenschaftler nicht verzweifelt aussahen.

"Sie sind nie verzweifelt. So lange einige Dinge funktionieren, bemerken sie nicht, wie ihr Verstand ihnen etwas vorgaukelt.

Das entdecken sie meistens, nachdem sie zurückgekehrt sind, oder bevor sie sterben."

Mir taten all diese Menschen leid und ich hoffte, dass sie schließlich wieder zu ihren Familien und Freunden zurückkehren würden.

Palmen und ein Springbrunnen umgaben mich, aber sonst war rundherum nur Wüste zu sehen. Ich war in einer Oase angekommen. Entlang der Oase gab es einige Zelte, aber keine Menschen. Vielleicht hatten die Menschen, die hier lebten, den Ort verlassen.

Während ich noch die Gegend erkundete, kamen ein Junge und ein Mädchen zu mir. Sie hatten Wasser mitgebracht und gaben es mir freizügig. Ich war sehr berührt und dankte ihnen. Nachdem ich meinen Durst gestillt hatte, zogen sie mich mit sich und wir betraten ein Zelt. Ich fragte mich, wo ihre Eltern waren, denn ich konnte außer den Kindern hier niemanden entdecken. Die Kinder setzten sich vor mich hin und schauten mich erwartungsvoll an. Es dauerte eine ganze Weile, bis ich erkannte, dass sie eine Geschichte hören wollten. Ich begann, ihnen Geschichten zu erzählen. Viele Geschichten, die ich als Kind gehört hatte, aber es waren auch Geschichten dabei, die direkt aus meiner Seele kamen und einige sogar von dieser Reise. Ich erzählte die ganze Nacht, bis mir klar wurde, dass sie nie müde werden würden, immer mehr und mehr Geschichten zu hören.

Ich fragte: „Warum wollt ihr so viele Geschichten hören?"

„Um zu verstehen", sagte der Junge.

„Und um unsere Eltern zu finden", fügte das Mädchen hinzu.

„Eure Eltern sind gegangen?" fragte ich.

„Ja, sie sind schon vor langer Zeit gegangen. Sie wurden von Fremden mitgenommen und wir haben sie seitdem nicht mehr

gesehen. Dann kamst du und wir dachten, dass du uns die Geschichte darüber erzählen könntest, wo wir unsere Eltern wiederfinden können."
„Oh, das tut mir leid", sagte ich, „ich kenne keine solche Geschichte."
„Aber deine Geschichten sind weise", sagte der Junge. „Ich weiß, dass du uns die Geschichte erzählen kannst, nach der wir suchen."
„Bist du sicher?" Ich war sehr skeptisch, aber beide nickten begeistert.
Ich überlegte, was ich tun könnte und dann hatte ich eine Idee. Ich konnte versuchen, den Sacred Ground zu kreieren, das Tor zu öffnen, um nachzusehen, welche Geschichte sich dahinter zeigen würde. Als ich es versuchte, war ich vermutlich mehr überrascht als die Kinder, denn ich sah wirklich eine Geschichte über ihre Eltern, die nach ihren Kindern suchten. Ich erzählte ihnen die Geschichte.
„Das ist es", sagte der Junge und sprang auf. „Vielen, vielen Dank. Ich wusste, dass du eine Geschichte für uns hast. Das ist unsere Geschichte. Nun müssen wir gehen, denn wir wollen zu unseren Eltern."
Das Mädchen kam zu mir und umarmte mich. Das Dankeschön, das sie flüsterte, berührte mein Herz. Ich saß immer noch in dem Zelt, als die Kinder gingen und spürte ein Lächeln auf meinem Gesicht.
Ich stand auf und wollte ebenfalls den Ort verlassen, aber in diesem Moment betraten einige Soldaten das Zelt, die aussahen wie Tuareg. Einer von ihnen hatte eine dunklere Hautfarbe und er konnte mich offenbar sehen. Ich wusste nicht, ob die anderen mich ebenfalls sahen, aber er schickte sie hinaus und setzte sich vor mich hin, genau wie die Kinder.
„So, du bist also eine Geschichtenerzählerin", sagte er.
Ich wusste nicht, was ich sagen sollte. War ich das? Also nickte ich nur.

„Also gut. Ich suche meine Soldaten. Sie wurden in einer Schlacht verwundet und jetzt haben wir sie verloren. Erzähle mir die Geschichte."

„Welche Art von Geschichte?" fragte ich, nicht sicher, was er wirklich meinte.

Er sah mich ärgerlich an. „Natürlich die Geschichte, die uns erzählt, wo wir sie finden können."

Mir gefiel sein Ton nicht, trotzdem beschloss ich, auf die gleiche Weise wie vorhin, die Geschichte über die verlorenen Soldaten zu finden, und tatsächlich geschah es so.

„Gut gemacht", sagte er. „Ich gebe dir etwas Gold."

Ich schüttelte den Kopf. „Ich will es nicht."

Er sah mich erstaunt an, bestand aber nicht weiter darauf, sondern ging mit den anderen Soldaten davon. Die Erfahrung zu machen, dass Geschichten auf diese Weise anderen helfen können, erschien mir eigenartig. Dann hörte ich eine Stimme neben mir, konnte aber niemanden sehen. „Immer, wenn du den Sacred Ground betrittst, hast du Zugang zu den Geschichten, die das Leben schreibt. Aber man muss ein guter Geschichtenerzähler sein. Einer, der verschiedene Welten betreten und auf verschiedenen Ebenen kommunizieren kann. Wenn die Geschichten durch die Seele erzählt werden, findest du die richtigen Geschichten. Diejenigen, die den Menschen helfen."

Wie wunderbar, dachte ich. Ich stand noch etwas länger dort und sah mich um, während die Sonne langsam unterging. Nach einer Weile war ich schließlich bereit, den Ort zu verlassen.

Alle Geschichten von heute gingen mir durch den Kopf. Mir schien es noch zu früh, zu gehen, aber ich konnte es nicht ändern. Und das Tor wurde geschlossen.

Atmosphäre schaffen

Das Jungfraujoch in der Schweiz ist ein sehr bekannter Touristenort, an dem Touristen aus vielen Ländern den Blick auf die Alpen genießen. Ich befand mich auf der obersten Plattform zusammen mit vielen anderen Menschen und fühlte mich überwältigt. Der Anblick war atemberaubend. In dem Moment erkannte ich, dass jeder hier das Gleiche fühlte. Die Menschen kamen aus allen Teilen der Welt, aber jeder sah und fühlte hier das Gleiche. Gleichzeitig bemerkte ich, dass hier niemand mit jemandem sprach, der nicht zu seiner eigenen Gruppe gehörte. Jeder blieb innerhalb seiner Gruppe. Es fand keine Kommunikation zwischen ihnen statt, obwohl sie doch etwas zu teilen gehabt hätten und der Anblick die gleichen Gefühle in ihren Herzen auslöste.

Die Szene änderte sich und ich war an einem Ski-Ort irgendwo in Kanada. Wieder waren viele Menschen dort aus verschiedenen Ländern und unterschiedlichen Gesellschaftsschichten. Seltsam, dachte ich. Alle diese Menschen genießen dasselbe und dennoch spricht niemand miteinander. Sie wahren ihre eigene kleine Welt, obwohl sie alle die gleiche Erfahrung teilen.

Vor mir sah ich ein kleines Mädchen auf ihren Skiern. Sie stand neben ihrem Vater und sagte: „Daddy, warum sind hier so viele Leute?"

„Sie sind hierhergekommen, weil ihnen das Skifahren Spaß macht", sagte er.

„Ich kenne sie nicht."

„Das ist richtig, aber wir sind hier alle zusammen."

„Aber warum, wenn sie sich doch nicht kennen?"

Ihr Vater wusste nicht, was er antworten sollte. Er dachte nach, bevor er schließlich sagte: „Sieh mal, die Leute kommen hierher, weil sie alle dasselbe mögen. Sie genießen alle diesen Ort und deshalb kommen sie alle hierher. Sie müssen sich nicht kennen, um hier sein zu können; sie haben nur alle den gleichen Wunsch, Ski zu fahren."

„Aber trotzdem kenne ich sie doch nicht und ich mag sie nicht", sagte das kleine Mädchen.

Ihr Vater schaute überrascht, aber er sagte: „Du musst sie nicht mögen."

„Aber wenn sie hier sind, um das Gleiche zu tun wie ich, muss ich sie mögen."

„Nein, warum denkst du, dass du sie mögen solltest?" fragte ihr Vater verblüfft.

„Weil sie so sind wie ich. Ich mag das Skifahren; sie mögen das Skifahren. Also muss ich sie mögen."

„Nein, das musst du wirklich nicht", versuchte ihr Vater ihr zu erklären.

„Aber Daddy, das ist nicht gut. Man muss andere Leute mögen, wenn sie das Gleiche mögen, wie du. Ich bin ganz sicher." Sie nickte und hatte einen ganz ernsthaften Gesichtsausdruck.

Er lächelte sie an und sagte: „Ja, vielleicht solltest du sie mögen. Das ist keine schlechte Idee, aber weißt du, die Menschen tun es normalerweise nicht."

„Warum nicht?" fragte sie überrascht.

„Ich weiß es nicht. Aber wenn man einander nicht kennt, weiß man nicht, ob man sich mag oder nicht. Man muss einander kennen."

„Aber wenn sie das Gleiche mögen, dann kennt man sie und dann mag man sie", beharrte sie.

„Wie?" er sah sie überrascht an.

„Ja." Sie nickte wieder heftig mit ihrem kleinen Kopf. „Weil ich gestern mit einem Mädchen gespielt habe, das ich nicht kannte. Aber sie mochte das Springseil genauso sehr wie ich und deshalb mochte ich sie."

„Nun ja. Wenn man älter wird, werden die Dinge etwas komplizierter", sagte ihr Vater etwas zerstreut.

„Warum?"

„Wie bitte? Ich weiß es nicht. Es ist einfach anders." Er verlor langsam die Geduld bei den Fragen seiner Tochter.

„Ich verstehe das nicht, Daddy, aber ich werde die Menschen hier jetzt mögen, weil sie das Gleiche mögen, wie ich. Sie sind jetzt meine Freunde." Ihr Gesicht zeigte jetzt einen fest entschlossenen Ausdruck, um ihrem Vater klar zu machen, dass sie überzeugt war, die richtige Entscheidung getroffen zu haben.

„Also, gut." Er lächelte liebevoll. „Sie sind jetzt deine Freunde." Ich stand da, sah auf den Vater und seine Tochter und hatte ein breites Lächeln im Gesicht.

Vor einem großen Gebäude sah ich viele Fahnen aus vielen Ländern. Als ich mich über diese vielen Fahnen wunderte, bemerkte ich einen alten Mann neben mir sitzen. Er war ein Obdachloser, soweit ich das erkennen konnte.

„Sie sind schön, nicht wahr?" sagte er und zeigte auf die Fahnen.

Ich nickte und fügte hinzu: „Jede ist so besonders."

„Ja, das sind sie, aber sie sind dennoch gleich, nicht wahr?" fragte er mich und zeigte wieder auf die Fahnen. „Siehst du, die Fahnen haben alle die gleiche Größe."

„Ja, das stimmt", antwortete ich.

„Ich glaube nicht, dass die Leute es wissen, aber man könnte die Fahnen herunterholen, sie zusammenlegen und dann eine einfache weiße Fahne oben drüber setzen und niemand würde erkennen, dass die ganze Welt unter einer einzigen weißen Fahne ist", sagte er.

Ich lächelte über diese Idee.

„Aber ich nehme an, dass sie es nicht sehen", fügte er hinzu.

„Wer?" fragte ich.

„Die Menschen, die in diesem Gebäude ein- und ausgehen."

Ich sah auf das Gebäude und fragte mich, wozu es wohl diente, als er schon weitersprach.

„Nun ja, ich werde es dir sagen. Die Menschen sind sich so ähnlich, sie würden sich fürchten."

„Warum fürchten?" wunderte ich mich.

„Die Menschen mögen es nicht, gleich zu sein. Sie könnten sich gegenseitig nicht mehr als verschieden voneinander betrachten. Wenn man die Trennung feiert, ist das Leben für die meisten Menschen einfacher."

Ich war still bei seinen Worten.

„Ich habe hier jahrelang gearbeitet", sagte er. „Solange, bis ich es eines Tages nicht mehr ertragen konnte. Sie sehen es nicht. Verstehen es einfach nicht. Wir haben soviel gemeinsam und doch kämpfen sie gegeneinander."

„Was haben wir gemeinsam?" fragte ich.

„Eine Seele", sagte er einfach.

„Oh."

„Die meisten sehen es nicht. Deshalb schaffen die Menschen

viele Grenzen, um die Trennung aufrecht zu erhalten. Das macht es für die meisten einfacher."

„Warum einfacher?" fragte ich.

„Naja, man kann sich anderen überlegen fühlen und man muss sich nicht um einander kümmern. Das macht das Leben für die Menschen einfacher. Das ist schon etwas seltsam, nicht wahr? Denn warum sollte man Barrieren errichten, wenn sie nicht benötigt werden?"

„Oh, ich nehme an, dass viele Menschen viele Gründe dafür haben", sagte ich.

Er nickte. „Ja, wie ich schon sagte, es macht das Leben einfacher für sie."

Er hielt inne, bevor er fortfuhr. „Dennoch komme ich jeden Tag hierher und hoffe, dass sie die Einheit sehen und das entdecken, was sie verbindet, statt nur auf das zu schauen, was sie trennt und dann werden sie sich vielleicht erinnern."

„An was erinnern?" fragte ich.

„An den Sacred Ground, natürlich." Er sah mich überrascht an. „Sie wissen es tief in ihren Herzen. Suche dasselbe, fühle dasselbe, sei dasselbe – das ist der Sacred Ground. Er macht es möglich, alles zu teilen."

„Ja", sagte ich, „das wäre schön."

Er lächelte nur und wir sahen beide die Fahnen an und die Menschen, die in diesem Gebäude ein- und ausgingen.

Eine Frau in Geschäftskleidung saß in einem Büro in New York City, wohin ich inzwischen gereist war. Sie war sehr gestresst und man konnte die große Geschäftigkeit an diesem Ort spüren. Sie sammelte und häufte Papiere an. Traurigkeit war in ihren Augen zu sehen. Nach einer Weile betrat ein junger Mann das Büro.

Die Art, wie er sie ansah, zeigte mir, dass sie sich sehr gut kannten. Vielleicht waren sie sogar einmal ein Paar gewesen.

Er fragte: „Bist du soweit? Es ist Zeit."

„Ja, nur einen Moment noch, ja?" antwortete sie.

„Ja, gut, aber beeil dich." Sagte er und verließ das Büro. Sie setzte sich und versuchte, ihre Tränen zu verbergen. Mit ihrer ganzen Willenskraft nahm sie sich zusammen und verließ den Raum. Sie steuerte auf einen großen Konferenzraum zu, in dem eine wichtige Zusammenkunft stattfinden sollte. Als sie eintrat, sah ich den jungen Mann von vorhin vor allen stehen und etwas erklären. Die Frau setzte sich auf ihren Stuhl und senkte den Kopf. Sie wollte nicht, dass die anderen sie sehen konnten.

Der Mann begann zu reden, aber ich fragte mich, was hier eigentlich los war, denn er sah die ganze Zeit zu ihr hinüber. Sie blickte ab und zu auf seine Präsentation, aber sonst war ihr Blick umwölkt und sie schien keine Notiz von dem zu nehmen, was um sie herum vorging. Sobald die Konferenz beendet war, ging sie so schnell wie möglich in ihr Büro zurück.

Kurz darauf betrat der junge Mann wieder ihr Büro. „Also, sag mir endlich, was los ist. Was ist dein Problem?" Er war ärgerlich.

„Ich habe kein Problem", sagte sie.

„Ja, sicher."

„Wirklich, es ist alles in Ordnung. Nur... lass mich bitte allein."

„Gut, dann gehe ich, aber komm mir später nicht wieder damit. Ich habe dir die Chance zum Reden gegeben", sagte er und ging.

Ihre Sekretärin betrat das Büro und fragte sie: „ Hast du es ihm gesagt?"

„Natürlich nicht."

„Das solltest du aber", beharrte die Sekretärin.

„Was? Ihm sagen, dass ich schwanger bin, obwohl er verheiratet ist und unsere Affäre beendet ist? Nein, danke. Ich kann allein damit zurechtkommen."

„Das kannst du nicht; sieh dich nur an", die Sekretärin sagte nur, was offensichtlich war.

„Doch, das werde ich, ich brauche nur etwas Zeit. Ich werde schon noch dahin kommen." Sie war still, dann fügte sie hinzu: „Ich könnte alles verlieren."

Die Sekretärin blieb still. Dachte sie dasselbe? Dann sagte sie: „Gib ihm eine Chance. Lass ihn entscheiden."

Die Sekretärin ging schließlich, aber die Frau war immer noch verzweifelt. Sie glaubte, sie würde alles verlieren, wenn sie ihm von ihrer Schwangerschaft erzählen würde. Sie tat mir so leid und ich wünschte mir, einen Weg zu finden, um ihr helfen zu können. Was konnte ich tun? Ich wusste, dass sie ausflippen würde, wenn sie mich sehen könnte. Aber der nächste Gedanke schien mir sofort logisch. Den Sacred Ground kreieren. Aber konnte ich das für jemand anderen tun? Würde es funktionieren? Ich hatte keine Ahnung, aber ich kreierte ihn. Dann wartete ich ab.

Nach einer gewissen Zeit sah ich ein Lächeln auf ihrem Gesicht. Sie hatte sich jetzt beruhigt. Der Sacred Ground hatte seine Wirkung auf sie. Sie fühlte sich wieder beschützt und sicher. Es war so schön, das zu sehen. Plötzlich war sie von einem Licht umgeben und obwohl ich nicht wusste, was das Licht bedeutete, wusste ich, dass sie jetzt damit leben konnte. Welche Schritte auch immer sie jetzt unternehmen würde, es gab jetzt keine Verzweiflung mehr in ihr. Sie würde in der Lage sein, mit diesem Mann zu sprechen.

Eine Stimme neben mir erklärte: „Jetzt ist sie bereit, mit ihm zu sprechen. Er wird ihr zuhören und sie nicht fallen lassen. Er wird sie nicht heiraten, aber er wird seinen Teil der Verantwortung übernehmen. Sie wird verstehen, dass es besser ist, die

Dinge gemeinsam zu regeln, als es allein zu versuchen."
Das ist wirklich wunderbar, dachte ich. Ich begann zu verstehen, dass der Sacred Ground eine friedliche Atmosphäre in jeder Kommunikation schaffen konnte. Mit mehr Ruhe, mehr Frieden und vielleicht mehr Liebe, ist man in der Lage, schwierige Situationen zu meistern. Das war sehr ermutigend.

Die nächste Szene erschien sehr schnell. Ich war in einem Lebensmittelgeschäft in dem kleinen Schweizer Dorf Meiringen. Ich wunderte mich, was ich dort tun sollte und beschloss, einige Dinge zu kaufen. Ich ging zur Kasse, wo ich bezahlte und plötzlich lief jemand in großer Eile an mir vorbei. Ich war nicht einmal sicher, ob irgendjemand außer mir diese Person überhaupt bemerkt hatte. Ich ging hinaus und spürte, wie dieselbe Person immer wieder sehr schnell an mir vorbeilief.

In dem Moment fühlte ich, wie mich jemand am Arm packte. Ich drehte mich um und sah einen Polizeibeamten. Ich sah ihn völlig schockiert an, als er mir sagte, ich solle mit ihm kommen. Was hatte ich getan? fragte ich mich. Er hielt mich am Arm und ging mit mir die Hauptstraße hinunter. Er sagte nichts, aber die Blicke der Leute, die mich alle anstarrten, waren sehr unangenehm.

„Bitte, nehmen Sie Platz", sagte er, als wir das Polizeirevier betraten.

Ich setzte mich und wartete.

„Sie können jetzt mit mir kommen." Er führte mich durch eine Tür zu einem anderen, ziemlich einfachen, winzigen Zimmer. Ein weiterer Polizeibeamter betrat ebenfalls den Raum.

„Sie werden des Diebstahls beschuldigt", erklärte der Polizist.

"Was?" ich konnte es nicht glauben.

"Sie werden des Diebstahls beschuldigt", wiederholte er.

Wie war das möglich? Ich verstand es einfach nicht und wusste nicht, was ich sagen sollte.

"Na gut, sehen Sie, wir können es Ihnen schwer machen, oder Sie können es auch einfach gestehen."

"Aber", sagte ich, "es gibt nichts zu gestehen."

Er seufzte. Dann verließen die beiden Männer den Raum. Mein Verstand lief Amok. Ich befand mich in einer verzweifelten Lage, da man mich für etwas beschuldigte, das ich nicht getan hatte. Was konnte ich tun? Würde der Sacred Ground mir hier helfen? War es möglich, dass sie mir glauben würden, wenn ich ihn kreierte? Ich war mir nicht sicher, aber es war mit Sicherheit einen Versuch wert. Kaum hatte ich mich für den Sacred Ground entschieden, fühlte ich mich sofort ruhiger und wohler. Sie kamen zurück und ich bemerkte die weit geöffneten Augen des einen Polizisten. Er setzte sich, während der andere wieder hinausging und irgendwie schien mir, dass seine Stimme anders klang.

Er sagte: "Okay, ich werde Ihnen glauben. Wir wollen keinen Unschuldigen belasten. Ich bin bereit, es mir noch einmal anzusehen, okay?"

"Sicher", antwortete ich und schon war er wieder gegangen.

Etwa eine halbe Stunde später kam er zurück und erklärte: "Es tut mir wirklich leid, aber wir haben einen Mann gefunden, der gestanden hat, den Diebstahl begangen zu haben. Sie sind frei und können gehen."

"Ich..." begann er, aber es fiel ihm nicht leicht zu sagen: "es tut mir wirklich leid."

Ich hatte das Bedürfnis, ihm meine Hand auf den Arm zu legen und sagte: "Ist schon gut. Sie haben nur versucht, das Beste zu tun. Es ist Ihr Job. Wissen Sie, ohne Ihre Arbeit wären wir nicht sicher. Machen Sie sich keine Sorgen. Für mich ist es in Ordnung."

„Ja.", sagte er, aber ich wusste, dass die Worte sein Herz berührt hatten.

Vielleicht geht es bei der Kommunikation darum, dachte ich, einander für das anzuerkennen, wer wir sind und was wir tun, auch wenn wir gerade noch sehr ernsthafte Meinungsverschiedenheiten hatten. Ich war nur froh, dass der Sacred Ground mir wieder einmal die Möglichkeit gegeben hatte, eine sehr unangenehme Situation positiv zu verändern.

Als ich all diese Szenen verließ, stand ich vor dem 29. Tor und sah zurück. Ein Gedanke ging mir durch den Kopf.

Wenn man sich mit anderen Menschen auf „demselben Grund" mit seinen vielen Ausdrucksformen befindet, wie ich es heute erlebt hatte, wird uns dann möglicherweise eine natürliche Fähigkeit verliehen, eine friedliche Atmosphäre zu schaffen?

Vielleicht würden wir alle auf ganz natürliche und selbstverständliche Weise den Sacred Ground betreten, wenn wir alle dasselbe schätzen? Oder müssen wir zuerst verstehen, was der Sacred Ground ist, um ihn erkennen zu können? Mit all diesen Fragen in mir, sah ich, dass das heutige Tor sich bereits langsam zu schließen begann.

Besucher aus fernen Ländern

Ich stand vor einem Feld irgendwo in England. Hinter mir gab es viele Bäume und vor mir, auf dem offenen Feld, waren ebenfalls einige Bäume zu sehen. Aber sie waren anders. Alt, fast so alt, wie die ersten Bäume, die vielleicht je auf dieser Erde zu sehen gewesen waren. Von diesen ersten Bäumen sagt man, dass sie weise seien. Vielleicht war dies der Grund, weshalb ich meinte, sie hören zu können. Es schien mir sogar, da sie mir Gesichter zeigten, dass ich noch mehr in ihnen sehen konnte. Auf dem Feld standen drei oder vier Pferde, friedlich und irgendwie verloren in dem Nebel, der teilweise das Feld und die Wälder bedeckte. All dies hatte eine magische Atmosphäre, einzigartig und mystisch. Dennoch wusste ich, dass ich mich in der heutigen Zeit, in unserer Wirklichkeit befand.

Ich wandte mich um und mir fiel der schmale Pfad ins Auge, der sich durch die Wälder hindurchschlängelte. Ein alter Mann ging auf diesem Weg. Ich sah ihn mit großen Augen an, denn er war wie ein Zauberer gekleidet. Ich wunderte mich, denn ich wusste, dass ich mich immer noch in unserer Zeit befand und doch war er nicht von dieser Welt. Wie war das möglich? Er hatte mich ebenfalls gesehen, denn er lächelte mich an. Mir schien, dass er erwartet hatte, mir hier zu begegnen. Deshalb ging ich zu ihm hinüber und begrüßte ihn. Er sah zu mir herab und ich war so sehr von seinen Augen beeindruckt, dass ich kaum wusste, was ich sagen sollte.

„Hallo, junge Frau, ich freue mich, dich zu sehen. Ich wandere hier schon seit langer Zeit umher, aber nur wenige sehen mich."

„Was machst du hier?" fragte ich neugierig.

„Ich gehe hierhin und dorthin und bringe den Menschen, was sie brauchen. Ich bin ein Wanderer. Mein Name ist Grenulf. Ich komme aus einer anderen Zeit und aus einer anderen Welt."

Wieder wusste ich nicht, was ich sagen sollte, aber er sah mich unverwandt an.

Schließlich sagte er: „Du hast eine wichtige Frage."

Ich dachte nach und sagte dann: „Aus welcher Welt kommst du?"

Er lachte. „Da haben wir's. Ich bin aus der Welt der Träume und Vorstellungen, das heißt, ich bin aus der Welt, die die deine formt. Es gibt viele Arbeiter in unserer Welt, die eure Realität formen."

„Wirklich? Wie und was formt ihr?" fragte ich.

„Wir formen eure Zukunft. Ich bin ein Zauberer der Wünsche und ich bringe das, was die Menschen brauchen, um ihre Wünsche und inneren Träume in ihrer Wirklichkeit wahr werden zu lassen. Das ist meine Arbeitsplatzbeschreibung."

Das ist ja eine wunderbare Arbeit, dachte ich. „Besuchst du Menschen in den verschiedenen Jahrhunderten?" fragte ich.

„Ja, natürlich tue ich das. Innerhalb der Zeit gibt es keine Begrenzung für meine Besuche."

„Und du siehst immer wie ein Zauberer aus?" fragte ich.

"Meistens ja, aber, wie ich schon sagte, wir sind viele. Und genauso vielfältig, wie wir sind, sind auch die Formen, in denen wir wandern. Diese Form ist diejenige, die ich meistens benutze, aber zu anderen Zeiten könntest du mich in einer anderen Form antreffen."

Ich fühlte mich davon sehr berührt. Er lächelte wissend und fuhr fort: "Vergiss nicht, dass unsere Welt eure Realität formt. Wir sind hier und wenn du achtsam bist und genau hinhörst, wirst du uns sehen und hören. Du wirst die Geschenke erkennen, die wir in eure Welt bringen."

Während er sprach, fragte ich mich, wie wichtig wohl der Sacred Ground war, um mit ihm in der Weise zu kommunizieren, wie ich es jetzt tat.

Er antwortete auf meine unausgesprochene Frage. "Ja, er ist wichtig. Der Sacred Ground ist immer wichtig. Wenn du ihn einmal mit deinem Herzen und deiner Seele kreiert hast, bleibt er bei dir und mit genügend Erfahrung wird er durch nichts mehr erschüttert. Dann kann ich oder einer meiner Brüder und Schwestern diesen Grund betreten und wir können miteinander kommunizieren. Wir können einander sehen, genau wie jetzt."

Andächtig nickte ich. Seine Gegenwart war unglaublich beeindruckend. Sie berührte meine Seele zutiefst. Es fühlte sich für mich so an, als würde ich ihn schon seit einer Ewigkeit kennen, hatte diesem Gefühl aber bisher keinen Raum gegeben.

Ich war sehr traurig und sagte aus der Tiefe meines Herzens: "Es tut mir leid um all die Male, an denen ich dich nicht gesehen habe. Ich weiß, dass du da warst."

Er sah mich mit wissenden Augen an und sagte: "Ja, das war ich, aber es ist in Ordnung. Ich komme immer zurück. Ich werde niemals ganz weg sein."

"Danke", flüsterte ich erleichtert und er lächelte nur.

Ich wusste, dass unsere Begegnung beendet war und dass

ich ihn gehen lassen musste, aber es fiel mir sehr schwer. Obwohl er gegangen war, blieb ich immer noch am selben Ort. Ich war erstaunt, weil ich nicht gewusst hatte, dass die andere Welt und unsere eigene sich so eindeutig gegenseitig beeinflussten. Hier war ich in der heutigen Welt und doch war auch er da, obwohl er aus einem fernen Land kam.

Die nächste Szene war gleich auf den ersten Blick sehr eindrucksvoll: Einhörner. Ich befand mich in einem Wald in der Nähe eines hohen Berges und vor mir stand ein Einhorn. Ich wusste, dass ich in der heutigen Zeit war, in unserer Realität und doch sah ich ein Einhorn. Es stand ganz in der Nähe und fraß Gras. Es verhielt sich bewegungslos und ich wusste nicht, ob es mich sah oder nicht. Ich war so fasziniert vom Anblick dieses Einhorns, dass ich es einfach nur ansehen konnte. Dann wurde das Licht, das das Einhorn umgab, heller und heller. Es war eine so ungewöhnliche Szene, dass mir der Atem stockte.

In dem Moment hörte ich ein Auto herankommen. Es hielt ganz in meiner Nähe an und ein Mann stieg aus. Er kam langsam zu mir herüber. Dieser Mann hatte eine wunderbare Aura und ich fragte mich, wer er wohl sei.

„Bist du hier, um zu trampen?" fragte er mich, als er bei mir ankam.

„Ja", sagte ich, obwohl ich nicht wusste, weshalb ich hier war. Ich konnte ihm doch nichts über das Einhorn sagen, oder konnte er das Einhorn vielleicht auch sehen?

„Dies ist ein angenehmer Ort. Er hat eine gewisse Magie", sagte er.

Ich schaute verstohlen zu ihm hinüber. Sagte er das nur so? Vielleicht konnte er das Einhorn doch sehen. Nein, das konnte nicht sein. Meine Gedanken fingen an zu rasen, aber schließlich sagte ich nur: „Ja, das hat er."

Der Mann war wieder still und er schien in Gedanken versunken. Nach einer Weile erklärte er: „Man sagt, dass es hier Einhörner gibt."

„Wirklich? Glauben Sie daran?" fragte ich zögernd.

Er zuckte nur mit den Schultern. Vielleicht war er genauso vorsichtig wie ich, um über etwas so Unglaubliches wie Einhörner zu reden. Ich war nicht sicher, aber dann entschloss ich mich, einfach zu vertrauen und sagte: „Ich tue es."

„Wirklich?" Seine Stimme erhob sich und sein Gesicht hellte sich auf, dann fügte er ruhig hinzu: „Ich auch."

Für einen Moment suchte ich nach Worten. Er glaubte wirklich auch an sie? Dann sah ich zum Einhorn hinüber und zeigte mit der Hand in die Richtung. Während meine Hand noch in der Luft war, fühlte ich etwas Warmes um sie herum. Ich sah ihn an; er hatte meine Hand in seine genommen und lächelte. Dies war wirklich ein besonderer Augenblick und ich spürte eine Wärme in meinem Herzen, die mich tief berührte, weil ich in dem Moment wusste, dass er das Einhorn ebenfalls gesehen hatte.

Lange Zeit sahen wir einander in die Augen, ohne zu reden, weil wir alles in unseren Augen lesen konnten. Langsam wandten wir uns beide dem Einhorn zu, aber keiner sagte ein Wort. Das Gefühl, das wir beide in diesem Moment teilten, fühlte sich fast heilig an. Jemanden gefunden zu haben, der in der Lage war, dasselbe Unglaubliche sehen zu können, wie man selbst, berührt die Seele tiefer, als ich mir je hätte vorstellen können.

Es schuf eine Atmosphäre um uns herum, die voller Frieden, Liebe und einfach nur Wissen war. Es war wie Ewigkeit, als sei sonst nichts mehr wichtig.

Dann kam das Einhorn näher zu uns heran. Es kam so nahe, dass wir es berühren konnten und es fand seinen Platz zwischen uns. Wir waren beide so überrascht und wussten nicht, was wir sagen sollten und dann hörten wir beide die Stimme des Einhorns.

„Eine Wirklichkeit zu sehen, die nicht mit jedem geteilt werden kann, kann manchmal einsam machen. Obwohl ihr nicht vergessen solltet, dass ihr nicht die einzigen seid, die sie sehen. Es gibt mehr Menschen wie ihr. Auch bin ich nicht das einzige Einhorn; es gibt einige von uns und wir suchen einander oft, denn es gibt wiederum auch nicht allzu viele von uns. Aber, sind wir uns einmal begegnet, sind wir zutiefst glücklich, weil wir jemanden von uns gefunden haben. Jemanden aus unserer Familie. Wir gehen oft viele Meilen allein und dann, wie durch ein Wunder, ist plötzlich jemand anderer von uns da. Wir fühlen uns dann ganz wie zuhause und teilen einander mit, was uns möglich ist, aber wir gehen weiter unsere eigenen Wege, weil wir Geschenke bringen. Wir haben eine Aufgabe. Jeder einzelne von uns hat etwas ganz Besonderes zu erledigen und deshalb können wir uns zwar treffen, aber wir können nicht immer zusammen bleiben. Wir müssen weiter gehen mit unseren Geschenken. Das ist unser Weg."

Das Einhorn ging zurück an seinen Platz und der Mann nahm wieder meine Hand. Ich ließ es geschehen, denn es schien die natürlichste Geste der Welt zu sein. Wir waren zwischen zwei Welten und ich wusste, dass der Sacred Ground sich wieder einmal von einer anderen Seite zeigte.

Er lächelte und sagte: „Für mich ist es auch an der Zeit, zu gehen."

„Ja", sagte ich, „vielleicht kreuzen sich unsere Wege wieder."

Er küsste mich auf die Wange und sagte: „Ja, das könnte sein. Ich hoffe es." Dann ging er zurück zu seinem Wagen.

Ich dachte, dass ich nun ebenfalls gehen würde, aber ich sah, dass das Einhorn noch einmal zu mir zurückkam. Es erklärte: „Er ist ein weiser Mann. Er lebt in derselben Welt wie du. Er lernte den Sacred Ground kennen, als er jung war. Er wusste es und doch fühlte er sich oft einsam, weil er dachte, er sei der einzige, der ihn kenne. Es ist gut, dass du heute hierher gekommen bist. Es tut uns allen gut, zu wissen, dass wir nicht allein sind."

Ich fragte erstaunt: „Also gibt es noch mehr, die den Sacred Ground schon seit ihrer Kindheit kennen?"

„Ja, sicher. Sie würden vielleicht nicht dieselben Worte benutzen, aber ja, sie wissen darum. Das sind die Menschen, die einander als erstes finden werden, wenn sie einmal den Weg des Hüters des Sacred Ground leben."

„Hüter des Sacred Ground?" fragte ich, verblüfft über diesen Ausdruck.

Es schien, als lächelte das Einhorn und es ging dann zurück in den Wald. Ich sah ihm nach und sah es vor meinen Augen verschwinden. Ich wurde ebenfalls zurückgezogen und verließ die Szene.

Ein wunderbarer Anblick öffnete sich vor meinen Augen. Ganz in meiner Nähe befand sich ein wunderschönes Holzhaus und ein großer See lag direkt vor mir. Das Wetter war sonnig und warm und es verstärkte das Glücksgefühl in meinem Herzen. Ich drehte mich um und sah eine dunkelhaarige Frau auf einem Stuhl neben mir sitzen. Ich wusste nicht, wer sie war, aber sie sah sehr liebevoll und wissend aus. Sie hatte die Augen geschlossen und ließ sich vom Sonnenschein das Gesicht wärmen. Dann hörte ich Kinder. Ein Wagen hatte neben dem Garten gehalten und die Kinder erschienen mit ihrer Mutter auf dem Weg zum Haus. Die Mutter nahm keine Notiz von der Frau. Ich fragte mich, ob sie sie sehen konnte. Aber die Kinder blieben sofort stehen, bis die Mutter sie drängte, weiterzugehen.

„Mami, wer ist diese Frau?" fragte eines der Kinder, ein kleines Mädchen.

Die Mutter antwortete hastig: „Da ist keine Frau."

„Doch", beharrten die Kinder und ich sah, wie die Frau lächelte. Sie legte ihre Finger auf die Lippen, um sie wissen zu lassen, dass sie ein Geheimnis teilten. Die Kinder verstanden und sagten nichts mehr. Die Familie ging ins Haus hinein und die Frau saß immer noch auf dem Stuhl. Nach einer Weile kam das kleine Mädchen heraus und setzte sich neben sie.

„Wer bist du?" fragte sie.

„Nur eine Besucherin", antwortete die Frau.

„Warum sieht Mami dich nicht?"

„Nicht alle Menschen sehen mich, so wie du. Meistens verlieren sie die Fähigkeit zu sehen, wie du es jetzt kannst, wenn sie älter werden."

„Ich will sie nicht verlieren", sagte das Mädchen entschlossen. „Es sind oft Leute in unserem Garten. Sie erzählen mir viele Dinge, aber ich vergesse sie meistens."

„Oh, das macht nichts", sagte die Frau. „Du wirst dich daran erinnern, wenn es an der Zeit ist."

„Wirklich? Weil Mami sagt, es ist wichtig, alles zu wissen, was jemand dir erzählt."

„Sicher ist es das, mein Schatz, aber du hast es nicht vergessen, du erinnerst dich nur nicht daran. Wenn die Zeit reif ist, wirst du dich erinnern."

Das Mädchen sah sie fragend an und sie fügte hinzu: „Ganz sicher. Weißt du, es gibt viele Besucher aus fernen Ländern. Sie sind sehr glücklich, wenn du sie siehst. Sag einfach ‚Hallo' und dann kannst du ihnen zum Abschied winken, wenn sie dir alles erzählt haben."

„Oh, das ist gut", sagte das Mädchen, „aber Mami macht sich oft Sorgen, wenn ich über sie spreche."
„Natürlich tut sie das. Sie liebt dich und weil deine Mami sie nicht sehen kann, beunruhigt es sie. Das geht vielen Menschen so, wenn sie erwachsen sind. Wer weiß, vielleicht hat deine Mami sie auch gesehen, als sie klein war."
„Könnte das sein?" fragte das Mädchen.
„Ja, das ist möglich, aber jetzt erinnert sie sich nicht mehr."
„Ich werde mich immer daran erinnern", beharrte das Mädchen.
„Ja, das wirst du", sagte die Frau.
Dann begann das Mädchen mit ihrer Puppe zu spielen. Sie vergaß die Frau und nach einer Weile bemerkte sie sie nicht einmal mehr. Das Mädchen ging zum Haus zurück und die Frau verließ den Platz. Ich stand da und dachte an die unterschiedlichen Welten und wie sie miteinander in Beziehung standen.
„Das Mädchen lebt auf dem Sacred Ground", sagte eine Stimme und ich sah eine winzige Fee im Garten.
Ich war nicht einmal überrascht und fragte: „Tut sie das?"
„Ja, dies hier ist ein Sacred Ground. Er wurde schon vor langer Zeit kreiert und viele Menschen, die hier gelebt haben, haben Dinge gesehen. Meistens waren es allerdings die Kinder. Kinder spüren immer, wenn irgendwo der Sacred Ground ist und sie betreten ihn ganz natürlich und interagieren mit ihm. Sie haben eine ganz natürlich Beziehung dazu."
„Das ist schön. Nur schade, dass sie sie verlieren", sagte ich.
„Ja, aber es gibt viele Wege, sich daran zu erinnern." Die Fee lachte und dann verschwand sie.

Irgendwie wusste ich, dass ich in ein weit entferntes Land versetzt werden würde und kurz darauf fand ich mich irgendwo in

Sibirien wieder. Es muss Sommer gewesen sein, denn es war nicht so kalt, wie ich vermutet hatte und es gab keinen Schnee. Ich sah einige Leute unweit von mir sitzen. Sie waren von einem einheimischen Volksstamm. Ich wollte zu ihnen gehen, aber dann sah ich ein grelles Licht. Zuerst konnte ich nichts sehen, dann erkannte ich, dass es ein Meteorit war. Ich erinnerte mich, davon gehört zu haben, dass Meteoriten in sibirischen Boden einschlugen. Die Ureinwohner sahen ebenfalls zum Nachthimmel hinauf. Sie waren still und es wurde kein Wort gesprochen. Nach einer Weile machten sie ein großes Feuer. Als es brannte, setzten sich alle darum herum. Etwas war merkwürdig daran, aber ich erkannte, dass sie eine Zeremonie durchführten.

Langsam ging ein Schamane in die Mitte des Kreises. Er hielt eine Trommel und während er sie schlug, tanzte er um das Feuer. Nach einiger Zeit taumelte er herum und war offensichtlich in Trance gefallen. In seiner Trance begann er zu seinen Leuten zu sprechen, aber ich konnte ihn nicht hören.

Während ich versuchte, seine Worte zu erhaschen, erschrak ich, weil ich plötzlich eine Gegenwart neben mir spürte. Ich war erstaunt, als ich erkannte, dass es der Schamane war. Sein Körper tanzte immer noch vor seinen Leuten und gleichzeitig stand er neben mir. Ich war mehr als überrascht und sah ihn an, aber er sah mich nicht an. Stattdessen zeigte er auf die Leute, die um das Feuer herum saßen und erklärte: „Sie lauschen jetzt meinen Worten. In dem Moment ging ich auf die Reise und sah dich hier. Normalerweise reise ich zu weit entfernten Orten, aber ich sah dich. Niemand ist jemals vorher hier gewesen, deshalb frage ich dich: bist du auch eine Schamanin?"

„Nein", sagte ich und lächelte.

„Warum bist du dann hier?" fragte er, ein wenig verärgert.

„Ich weiß es nicht. Ich reise einfach durch Zeit und Raum, um

Antworten zu bekommen", antwortete ich und dachte dabei an meine Reisen durch die verborgenen Tore.

„Aber wenn du das tust, dann bist du eine Schamanin", beharrte er.

Ich wusste nicht, was ich sagen sollte, aber er fuhr fort. „Nach welchen Antworten suchst du?"

„Ich weiß es nicht, das, was zu mir kommt."

„Ah, ohne Absicht, ich verstehe."

Ich fügte hinzu: „Vielleicht könnte man sagen, dass ich nach Antworten über den Sacred Ground suche."

„Aha, aha, jetzt verstehe ich", sagte er und schien jetzt eher zufrieden. „Der Sacred Ground. Oh ja, natürlich – ich verstehe, warum du hierher gekommen bist. Jeder kommt hierher wegen des Sacred Ground."

„Wirklich?" Ich wunderte mich.

„Ja, sie wissen, dass hier ein Sacred Ground ist."

„Hier?"

„Ja, ich werde ihn dir zeigen", sagte er.

Ohne Vorwarnung nahm er mich am Arm und zog mich ein paar Meter weiter mit sich weg. Ich sah ein riesiges Loch vor mir. Es hatte eine merkwürdige Farbe, irgendetwas zwischen braun und orange.

„Hier ist der Sacred Ground", sagte er.

„Es sieht aus wie das Loch von einem Meteoriten", sagte ich und bedauerte sofort meine unsensible Bemerkung.

„Ein Meteorit? Was ist das?" fragte er.

Ich versuchte, es ihm zu erklären.

„Ach ja, das ist Makuking", sagte er. „Er lässt seine Tränen fallen."

Ich sah ihn überrascht an und er erklärte: „Makuking lebt im Himmel. Wenn er sehr traurig über uns ist, oder wenn wir ihn enttäuscht haben, lässt er Tränen auf den Boden fallen. Dann sehen wir diese Löcher."

Ich nickte und dachte über seine Worte nach und wie sehr sie mich an die vielen Mythen erinnerten, die es überall auf der Welt gibt.

„Er ist sehr stark, aber sanft und fair. Wenn ich reise, dann rede ich mit ihm. Dann komme ich zurück und erzähle meinen Leuten, was er gesagt hat. Danach wissen wir, was wir zu tun haben. Dann ist er glücklich und verliert keine Tränen mehr und wir sind auch glücklich."

Ich nickte wieder und sah auf den Sacred Ground, der aus Tränen gemacht war.

„Ich muss zu meinen Leuten zurückgehen. Ich werde ihnen von dir erzählen", sagte er.

Ich lächelte ihm zu, während er verschwand. Wir waren an denselben Ort von vorhin zurückgegangen. Der Schamane war wieder in seinen Körper zurückgekehrt und hatte sich von seiner Reise erholt. Er sah in meine Richtung und ich wusste, dass er mich noch sehen, oder zumindest spüren konnte. Wir lächelten einander zu, bevor ich diesen Ort verließ.

Die nächste Szene ließ mich von Anfang an aufschrecken, denn ich hörte eine Stimme, die mich rief. Ich wusste nicht, zu wem die Stimme gehörte, aber ich wurde eindeutig zu den Göttern und Göttinnen auf den Olymp gerufen. Ich schüttelte den Kopf. Der Olymp? Alles war weiß und ich konnte nichts wirklich deutlich erkennen. Im nächsten Moment stand eine der Göttinnen neben mir – welche es war, wusste ich nicht.

„Sieh dir unser Volk dort unten an", sagte sie.

Ich schaute hinunter und sah die Welt unter mir.

„Sie fürchten sich vor uns."

Ich sagte nichts, aber da ich mich an die griechische Mythologie erinnerte, konnte ich sie verstehen.

"Ja", sagte sie lächelnd, "sicher, wir tun es auch, aber es ist nicht nötig. Wir existieren nicht in der Weise, wie sie es glauben. Wir sind nicht von ihnen getrennt und sie erhalten keine Führung von uns, um etwas Bestimmtes zu tun."

"Aber die Geschichten", beharrte ich.

"Die Geschichten sind Teil der menschlichen Kunst. Wir sind hier, um jeden Tag eine neue Geschichte zu gestalten, einen neuen Mythos für die Menschen. Wir können ihnen nichts antun. Niemand kann das; wir können ihnen nur das sagen, was sie schon wissen. Alle Geschichten, die man über uns hört, sind ebenso ein Teil ihres eigenen Lebens. Wir interagieren viel mehr miteinander, als ihr denkt. Wir sind nicht gleich, und doch sind wir nicht getrennt."

Ich wollte sie gerade fragen, was sie mit all dem meinte, aber einer der Götter kam auf uns zu.

"An einem gewissen Punkt sind wir alle gleich. Die Menschen hören auf unsere Worte und sie hören die Geschichten. Sie bringen ihre Herzen dazu, an uns zu glauben und an die Welt jenseits ihres Egos. Dafür sind wir hier. Wir helfen euch dabei, weiter zu gehen und zu erforschen, wer ihr wirklich seid. Wir sind ihr und doch sind wir es nicht. Es ist die Art, wie ihr über uns denkt, die darüber entscheidet, wer und was wir sind."

Ich verstand nicht, was sie meinten, aber ich war bereit, zuzuhören.

"Die Menschen kommen oft hier herauf zum Olymp. Sie kommen uns besuchen. Manche sehen uns und einige nicht. Wir geben ihnen Geschichten, erzählen ihnen, was wir wissen und was wir sind und sie teilen es zu Hause mit. Es ist nährend für beide Seiten. Wir existieren, weil sie uns das Recht geben, in ihrer Welt zu existieren und wir lieben es, ihnen die Geschichten zu geben, die ihre eigene Wirklichkeit ebenso aufrechterhält. Es ist ein fairer Handel."

Sieht ganz danach aus, dachte ich und fragte: „Durch die Geschichten geben wir euch das Recht, zu existieren?"

„Genau – und wir geben euch dasselbe Recht – Geschichten, die euch in eurer Welt existieren lassen. Es ist ganz einfach."

Einfach zu hören, aber schwer zu verstehen, dachte ich.

Sie lachten beide und der Gott sagte: „Wir wissen, es geht allen Menschen so, die uns besuchen. Sie verstehen und verstehen doch nicht. Aber es ist in Ordnung; du hast den Sacred Ground gefunden. Wir können mehr als nur die Geschichten mit dir teilen. Auf dem Sacred Ground können wir dir mehr zeigen und wir reden auf diese Weise mit dir. Das ist das Geschenk des Sacred Ground."

Die Göttin fügte hinzu: „Ja, es ist ein Geschenk. Wir freuen uns für dich, dass du den Sacred Ground gefunden hast. Nun können wir mit dir reden und auch auf andere Weise mit dir kommunizieren."

Toll, dachte ich und doch fürchtete ich mich ein wenig. Ich wollte sie nicht die ganze Zeit um mich herum haben.

Sie lachten wieder. „Erinnere dich an die Gesetze des Sacred Ground. Er wirkt nicht, ohne den freien Willen zu respektieren. Denke immer an die Gesetze; sie geben dir Sicherheit auf deinen Reisen durch Zeit und Raum."

Ich war dankbar für ihren letzten Satz. Wir winkten einander zum Abschied und ich sah, wie ich diesen wirklich merkwürdigen Ort wieder verließ. Dann erinnerte ich mich daran, wie sie mich zu Beginn dieser Szene gerufen hatten. Es lag also an mir, dieser Stimme zu folgen oder auch nicht, selbst, wenn ich nicht wusste, zu wem die Stimme gehörte. Die Freiheit der Wahl war wichtig. Ich war froh darüber. Ich wusste, dass ich am Ende des Tores angekommen war und dass es sich hinter mir schließen würde und so machte ich den letzten Schritt zurück in meine Zeit und meine Wirklichkeit.

Wo Weisheit zu finden ist

Ich sah mich in einer einsamen, dunklen Straße in Irland. In meiner unmittelbaren Umgebung befanden sich einige Häuser, die eine Straßenseite säumten. Ganz plötzlich wurde ich hochgezogen und saß schließlich in einem Baum auf der anderen Straßenseite, ganz oben in der Krone. Die Szenerie unter mir zeigte sich in der heutigen Zeit und sie blieb dort, selbst, als ich einige Ritter auf ihren Pferden zu einem der Häuser kommen sah. Können sie sehen, dass das Haus aus der heutigen Zeit ist? fragte ich mich.

Als nächstes trat eine Frau aus diesem Haus heraus, das immer noch in der heutigen Zeit war, aber sie war gekleidet, als sei sie aus dem achtzehnten Jahrhundert. Die Ritter waren nicht mehr zu sehen, aber ich spürte, dass sie von ihnen wusste. Sie war ganz offensichtlich in Eile, denn sie ging einige Male schnell ins Haus hinein und wieder zurück und jedes Mal, wenn sie wieder herauskam, hielt sie etwas in ihren Händen. Als erstes brachte sie einen Bottich, den sie neben die Stufen stellte. Dann brachte sie Wasser für den Bottich und schließlich einige Kräuter und andere Zutaten, die ich nicht kannte und warf sie ins

Wasser. Als sie ihre Aufgabe beendet hatte, ging sie hinein und ich sah sie nicht mehr.

Zu meiner Überraschung fuhr gleich darauf ein Auto am Haus vor. Der Fahrer stieg aus und sah sich um. Es war offensichtlich, dass er in der heutigen Zeit lebte. Ich war sicher, dass er auch eine Familie hatte. Er wunderte sich über diesen Bottich mit Wasser vor seinem Haus. Er wusste nicht, was er davon halten sollte und entschied sich, erst einmal ins Haus zu gehen. Er hatte aber offenbar den Bottich gleich wieder vergessen, denn er kam nicht wieder heraus.

Ich musste für einen kurzen Moment die Augen schließen. So viele verschiedene Welten an einem Ort zu erleben, das war schon recht viel zu verarbeiten. Dass verschiedene Zeiten sich auf diese Weise gegenseitig überlagern konnten, war mehr als seltsam. Schließlich konnte ich die Augen wieder öffnen und sah wieder zum Haus hinüber.

Erstaunt bemerkte ich, dass jetzt wieder die Ritter von vorhin zu sehen waren. Einer von ihnen, wahrscheinlich der Anführer, ritt auf das Haus zu. Die anderen blieben zurück. In dem Augenblick, als er das Haus erreicht hatte, begann sich das Haus zu verändern und es sah viel älter aus. Zumindest nicht wie eines aus der heutigen Zeit, dennoch war zu meiner Überraschung das Auto immer noch da und die Umgebung hatte sich nicht verändert – nur das Haus. Der Ritter schaute in den Bottich hinein, als suche er etwas. Ich konnte nicht genau sehen, was er tat, als er seine Männer zu sich rief. Sie sprachen über den Inhalt des Bottichs. Ein weiser Mann war unter ihnen und er untersuchte den Bottich ebenso wie die Ritter. Ich fragte mich, was sie wohl sahen. Der Führer der Ritter nahm etwas Goldenes, vielleicht Juwelen oder Geld und legte es in den Bottich. Danach verließen sie den Ort. Ihre Gesichter sahen sehr erleichtert aus. Was immer sie gesehen haben mochten, es hatte ihnen Frieden geschenkt. Ich war immer noch auf dem Baum und wunderte mich die ganze Zeit über diesen Bottich. Was hatte es mit diesem Bottich auf sich?

Nach einer Weile hörte ich die Stimme des Baumes, die mich fragte: „Bist du wirklich bereit, dort hinunter zu gehen und in den Bottich zu schauen?"

„Ja, natürlich", antwortete ich.

„Bist du ganz sicher?"

„Ja." Ich nickte, um meine Entscheidung zu bekräftigen.

„Wenn du es wirklich willst, kann niemand dich davon abhalten, aber sei darauf vorbereitet, Dinge zu sehen, die dein Leben verändern können. Sei ganz sicher, dass du bereit bist, in den Bottich zu schauen. Es kann dein Leben verändern. Danach gibt es kein Zurück." Sagte der Baum.

Ganz plötzlich stand ich vor dem Haus – in der heutigen Zeit. Das Auto war nicht mehr da und ich war nicht sicher, ob überhaupt jemand zuhause war. Aber der Bottich stand immer noch am selben Fleck. Langsam ging ich näher und schaute hinein. Zuerst sah ich nur dunkles Wasser, aber dann veränderte es sich und es wurde golden. Und dann, ganz plötzlich, war es, als sähe ich die ganze Geschichte der Menschheit sich vor mir entfalten. Ich erkannte in dem Moment, dass ich alles sehen konnte. Alles, wonach ich je gefragt hatte, war dort zu sehen. Es war so viel in diesem Bottich zu sehen, dass es sich für mich anfühlte, als sei mein Kopf kurz davor, zu explodieren.

Dann veränderte sich etwas und ich konnte mein Leben sehen und das Leben meiner Freunde und Familie, umgeben von Liebe. Je länger ich dort hinein schaute, desto mehr war ich davon überzeugt, dass alles darin enthalten war – wirklich alles Erdenkliche. Ich erkannte, dass jeder Gedanke, jedes Gefühl und jede Idee, die die Menschheit je gehabt hatte, darin enthalten war. Es war so eigenartig, so, als sei die Weisheit der gesamten

Menschheit in diesem Bottich enthalten. Es schien mir unglaublich, aber ich hatte es mit meinen eigenen Augen gesehen.

Ich beschloss, zum Baum zurück zu gehen, da mein Kopf so voll war und ich dringend eine Pause brauchte. Als ich mich an seinen Stamm lehnte, sah ich einen Barden aus alter Zeit zu mir herüber kommen. Es erstaunte mich immer noch, wie sehr die Welten sich jetzt miteinander abwechselten.

Er setzte sich neben mich und sagte: „Hallo Fremde. Du bist hier, um in den Bottich zu schauen, habe ich gehört."

Ich nickte.

„Es ist schon lange her, dass jemand kam, um den Bottich zu sehen. Er enthält die gesamte Weisheit, die der Menschheit zur Verfügung steht", erklärte er.

Ich nickte und fragte ihn nach der Frau und den Rittern.

„Sie kamen zu verschiedenen Zeiten. Durch alle Zeiten hindurch gab es immer Menschen, die das tun konnten und sie alle kamen, um mit Hilfe des Bottichs zu sehen. Jeder hat die Möglichkeit, in die Zukunft zu schauen und die Weisheit zu sehen, die für uns da ist. Es gibt so viele Fragen, auf die wir uns eine Antwort wünschen, so Vieles, nach dem sich unser Herz sehnt und so Vieles, an das sich unsere Seele erinnern möchte. Das ist die Weisheit, die in dem Bottich gefunden werden kann."

Ich musste lachen. „In einem Bottich? Im Ernst?"

„Nun, ja." Er lachte auch. „Sehr kostbare Dinge sind nicht immer in Glamour gehüllt."

Ich nickte. Er hatte Recht, aber trotzdem verstand ich immer noch nicht alles. Er versuchte, es mir zu erklären.

„In den alten Zeiten gingen wir unter das Volk und erzählten ihnen etwas über Weisheit, aber heute hat man so viele andere Möglichkeiten. Informationen füllen den Kopf, aber Information ist nicht Weisheit. Weisheit kann nur mit einem ehrlichen und mutigen Herzen erlangt werden. Es gehört viel dazu, um Weisheit zu erlangen, aber diejenigen, die diesen Weg gehen, kommen früher oder später zu diesem Bottich."

Ich sah ihn an und fragte ihn nach den Menschen, die ich um den Bottich herum gesehen hatte. Er erklärte: „ Der Ritter legte Gold hinein, um sich für die Weisheit zu bedanken, die er erhalten hatte und die ihm half, seine eigene Zukunft und die seines Volkes zu formen. Der junge Mann erkannte den Bottich nicht, weil nicht jeder nach Weisheit strebt. Es ist nicht für jeden wichtig. Vielleicht sehnt sich ihre Seele danach, aber wenn ihr Herz und Verstand nicht daran interessiert sind, wird es nicht geschehen. Jedoch die Frau..." Er hielt inne. „Sie ist die Hüterin des Bottichs. Sie hat es von ihrer Großmutter gelernt und sie hat ihre Tochter gelehrt, ebenfalls eine Hüterin zu sein. Es gibt nur noch wenige von ihnen, aber sie werden immer allen helfen, die wahrhafte Sucher sind."

Ich fragte mich, warum all das hier, an diesem Ort, geschah und er erklärte: „Weil es ein alter Platz ist, der schon seit hunderten und tausenden von Jahren dazu benutzt wurde, um die ganze Weisheit zu sammeln, die die Menschheit erlangt hat. Es gibt mehrere solcher Orte in der ganzen Welt."

Ich nickte, aber ich dachte daran, was das alles wohl mit Kommunikation und dem Sacred Ground zu tun haben mochte.

„Ist das nicht offensichtlich?" fragte er erstaunt und fuhr dann fort. „Schau, die Menschen kommen hierher zu verschiedenen Zeiten und in verschiedenen Jahrhunderten. Die Weisheit in diesem Bottich ist die Weisheit der Menschheit. Die Menschen stellen Fragen und sie erhalten Antworten. Die Antworten bestehen in der Weisheit, die von der gesamten Menschheit gesammelt wurde, durch alle Zeiten hindurch. Es ist unser Erbe. Nichts ist verloren, obwohl einige der Menschen vor etlichen Zeitaltern lebten. Man kann immer hierher kommen und die Weisheit erlangen, die die Menschen über all die Zeiten erlangt haben. Es ist zwar keine direkte Kommunikation, aber sie hat einen Sender, wie ihr sagt und einen Empfänger."

Ich lachte. „Du kennst diese Ausdrücke?"

„Naja, ich sah es in dem Bottich", sagte er und lachte ebenfalls.

„Obwohl niemand in meiner Zeit die Worte verstehen würde, die ihr benutzt. Mit diesen Ausdrücken ist es für dich sicher leichter zu verstehen, nicht wahr?"

Ich nickte. „Ja, genau."

„Der Sacred Ground besteht aus Gesetzen, die eine wichtige Hilfe für dich und jeden anderen sind, den Bottich zu finden und die ganze Weisheit, nach der sich euer Verstand, euer Herz und eure Seele sehnt."

Ich fühlte mich gesegnet, dass er mir diese Erklärungen gegeben hatte. Ich dankte ihm für seine Worte und sah ihn gehen. Noch einmal sah ich zu dem Platz hinüber, an dem der Bottich stand, bevor ich spürte, dass ich ebenfalls diesen Ort verließ.

Als nächstes reiste ich zu einer kleinen Kapelle in meiner Heimatstadt, von der ich wusste, dass sie im Mittelalter gebaut worden war. Ich saß auf einer der Bänke im Inneren und ein armer alter Mann betrat die Kapelle. Seine Kleidung erstaunte mich, denn sie sah aus wie die, die vor mindestens zweihundert Jahren getragen wurde. Dieser Mann ging direkt auf den Altar zu, ohne mich zu bemerken und kniete dort mit gesenktem Kopf nieder. Ich konnte nicht erkennen, was vor sich ging, aber ich war mir sicher, dass etwas Wichtiges und Besonderes geschah.

Nach einer Weile stand der Mann wieder auf. Sein Gesicht zeigte Erleichterung und er ging zufrieden hinaus. Ich war sicher, dass seine Gebete oder Fragen beantwortet worden waren, worin auch immer sie bestanden hatten. Ich wartete und sah mich in der Kapelle um. Das Licht war hier ganz besonders schön. Es war ein Licht, das sich vom Sonnenlicht unterschied, da es heller und stärker schien, aber dennoch sehr sanft.

Einige Augenblicke später betraten mehrere Personen in Sonntagskleidern die Kapelle. Gleich würden sie eine Zeremonie eröffnen und dafür trugen sie die Fahnen ihres Vereins mit sich. Ich nahm an, es würde eine Messe stattfinden, die ihre Feier segnen würde. Es war merkwürdig, denn ich war sicher, dass eine Messe abgehalten wurde, aber ich konnte es nicht sehen. Die Leute gingen nicht so weit in die Kapelle hinein, wie der Mann vorher, sondern sie blieben im Hintergrund. Ich fragte mich, warum sie nicht näher kamen, aber sie schienen sich damit wohl zu fühlen – vielleicht gab es dafür einen mir unbekannten Grund. Nach einer Weile verließen sie alle die Kapelle und es war wieder ruhig. Ich konnte sie draußen in einer Weise lachen hören, die mir zeigte, dass sie wirklich glücklich waren.

Wieder betrat jemand die Kapelle. Dieser Mann kam mir bekannt vor, obwohl ich nicht wusste, wer er war. Seiner Kleidung nach zu urteilen, konnte er ein Mönch sein, aber ich war nicht sicher. Er hatte einen Bart und sah irgendwie anders aus und er kam mir vor, wie ein sehr weiser Mann. Er ging vor den Altar und beugte seinen Kopf wie der Mann vorher. Nach einigen Minuten veränderte sich das Licht in der Kapelle und er stand auf.

Er setzte sich neben mich und begann zu sprechen. „Ich freue mich, dass du hierher gekommen bist. Ich habe mir schon Sorgen gemacht, dass du den Weg hierher zurück nicht mehr finden würdest."

Ich sah ihn erstaunt an.

„Es ist eine magische Reise, zu der du dich entschlossen hast. Durch die Welt zu reisen hat dir neue Erkenntnisse und

Weisheit gebracht. Es hat den Horizont deines Verstandes, deines Herzens und deiner Seele erweitert. Aber vergiss nicht, dass es nicht immer wichtig ist, sich so weit umzusehen. Oft glauben die Menschen, dass sie weit weggehen müssen, um die Antworten zu bekommen, nach denen sie suchen. Aber das stimmt nicht. Das muss nicht sein. Wenn es echte Weisheitssuche ist, muss man nicht weit weggehen."

Seine Worte beunruhigten mich, denn ich liebte alle meine Reisen, die mir ermöglicht worden waren und ich war sicher, dass sie wichtig waren.

Er erklärte: „Das ist nicht das, was ich sagen wollte. Deine Reisen sind wichtig und notwendig. Die Menschen müssen oft ihren Ort verlassen und das ist gut so, denn dann werden sie wertschätzen, was sie haben. Jeder hat das Recht, hinaus zu gehen und nach Antworten zu suchen, nach Weisheit, aber man muss es nicht. Nicht, wenn man es nicht will. Es ist eine Wahl. Man kann hinausgehen und reisen oder auch nicht. Denn das, wonach man sucht, kann man nur dort finden, wo man ist. Wo immer man ist."

Seine Erklärungen beruhigten mich und ich verstand, dass es nicht darauf ankommt, wo man sich befindet, wenn man wahrhaft nach Weisheit sucht.

Ich war in einem Tempel irgendwo in der Nähe des Himalayas. Es konnte Nordindien sein, aber ich war mir nicht ganz sicher. Auf dem Boden vor mir lagen viele Palmblätter ausgebreitet, die mit Sanskrit beschrieben waren, soweit ich es erkennen konnte. Ich hörte, dass viele Mönche den Tempel betraten und fragte mich, ob ich gehen solle, aber einer von ihnen sagte: „Nein, bitte bleib bei uns. Wir haben auf dich gewartet."

Also blieb ich und sah, wie alle anderen sich setzten. Jeder nahm ein Palmblatt in die Hand und einer der Mönche begann zu sprechen.

„Brüder, wir sind hier, um uns an das erste Mal zu erinnern, als wir vor langer Zeit hierher kamen. Wir erinnern uns, dass wir viel Weisheit mitbrachten. Wir hatten viel zu lernen, aber auch viel zu geben und all die Weisheit blieb für lange Zeit mit uns."

Er hielt inne und blieb still und auch die anderen blieben still.

Nach einer Weile betraten einige andere Leute den Raum – es waren keine Mönche und sie sahen mich nicht. Sie sprachen mit den Mönchen und jedes Mal, wenn eine Person etwas fragte, nahm einer der Mönche sein Palmblatt und begann zu lesen. Die Gesichter der Besucher hellten sich jedes Mal auf, nachdem sie gehört hatten, was der Mönch ihnen zu sagen hatte. Sie verließen den Ort mit Frieden im Herzen. Ich fragte mich, was die Mönche ihnen wohl erzählt haben mochten. Plötzlich wurde die Tür geschlossen und ich wurde gebeten, mich zu den Mönchen zu setzen.

„Die Fragen, die wir hören", sagte einer von ihnen, „ betreffen ihr Leben in dieser Welt und wie sie es leichter und glücklicher gestalten können."

„Und ihr kennt die Antworten?" fragte ich.

„Nein." Sie lächelten. „Wir kennen die Antworten nicht, nach denen sie suchen. Diese kennen nur sie selbst, aber wir führen sie."

Ich dachte, dass dies alles wohl etwas mit dem Sacred Ground zu tun haben musste und sie lächelten. „Ohne den Sacred Ground könnten sie nicht die richtigen Fragen stellen und wir könnten ihnen keine Führung geben. Echte Kommunikation findet immer mit dem wahren Selbst statt. Dort findet man alles, aber wir verstehen, dass es nicht einfach ist, es zu hören, deshalb geben wir ihnen die Führung, um dorthin zu gelangen.

Es ist oft leichter, uns zu glauben, als sich selbst zu glauben."
Ich hörte zu und blieb still sitzen. Ein weiterer Mönch betrat den Raum und setzte sich neben mich. Er begann zu sprechen.

„Die Menschen werden verstehen, dass die Reise, die sie unternehmen, um Antworten zu finden, sie irgendwann zu dem Ort bringen wird, an dem sie sein wollen. Wie sie dort hingelangen und wohin sie gehen, spielt dabei keine Rolle. Es wird alle Menschen glücklich machen, die Weisheit schließlich in sich selbst zu finden. Wir kennen nicht alle Antworten, aber wir erhaschen ein wenig Einblick in die Weisheit, die uns von unseren Ahnen gegeben wurde."

Nach seiner Rede blieb ich weiterhin still, aber ich fragte mich, wie wir unsere Kommunikation verbessern könnten, indem wir die Weisheit unserer Vorfahren anwandten, oder diejenige, die in uns selbst ist.

Sie lachten alle ganz gelöst über diesen Gedanken. Dann lächelte der Mönch neben mir und sagte: „Gute Frage und es ist eine, die schon vor langer Zeit von den Menschen hätte gestellt werden müssen. Es ist die Frage dieser Reise."

„Dann kannst du mir die Antwort darauf geben?" fragte ich hoffnungsvoll.

„Wir sind nicht diejenigen, die diese Frage beantworten sollten, aber wir können dir sagen, dass du geführt wirst, um die Antwort schließlich zu erhalten."

Ich nickte, obwohl es mich etwas enttäuschte, nicht die Antwort bekommen zu haben.

Gleich darauf fühlte ich mich in das Himalaya Gebirge versetzt. Ich wusste nicht genau, wo ich mich befand, aber ich bemerkte eine Höhle und ging hinein. Draußen standen Leute, die mich beobachteten. Es war offensichtlich, dass sie sich fragten, warum jemand freiwillig dort hineinginge, aber ich wusste einfach, dass es die richtige Entscheidung war.

Ich konnte spüren, wie sich die Atmosphäre in der Höhle veränderte und mir wurde ein wenig schwindlig. Das Atmen fiel mir ebenfalls schwerer, aber es war nicht unbehaglich. Das Licht in der Höhle sah aus, wie das Licht der Sonne, wenn es durch Eis hindurch scheint und tauchte alles in eine leicht blaue Farbe. Schließlich, als mir schon sehr schwindlig war, stand ich vor einem Tisch. Dort saßen Leute, oder besser gesagt, Wesen, um den Tisch herum. Ich konnte sie weder klar erkennen, noch hätte ich sagen können, was oder wer sie waren und um ehrlich zu sein, fühlte ich mich nicht ganz wohl, aber ich blieb. Ohne ein Wort oder eine Geste wurde ich gebeten, mich zu setzen. Also tat ich, worum man mich bat. Es war, als ob kleine Fünkchen in der Mitte des Tisches umherflögen. Es war alles sehr seltsam und es fühlte sich ganz und gar nicht wie meine Welt an. Dennoch blieb ich.

Derjenige, der mir gegenüber saß, sagte: „Es ist gut, dass du dich nicht fürchtest und uns nicht wieder verlassen willst. Viele Menschen verlassen diesen Ort, noch bevor sie uns zu sehen bekommen. Sie fürchten sich zu sehr vor dem, was wir ihnen zu erzählen haben. Sag uns, fürchtest du dich, uns zu hören?"

„Nein", antwortete ich und meinte es auch so.

„Gut. Dann höre den Stimmen zu, die wir jetzt benutzen, um mit dir zu reden. Höre auf unsere Worte. Wir versuchen, unser Wissen und unsere Weisheit in Worte zu kleiden, die du benutzt und kennst, damit du verstehen kannst, was wir sagen."

Ich nickte und er fuhr fort: „In unserer Zeit gibt es einen Gott. Wir nennen ihn den unbekannten Planeten. Was aber geschah, ist, dass viele aus unserem Volk den Planeten verlassen haben, auf dem wir lebten, um nach dem unbekannten Planeten zu suchen, aber wir wussten nicht, wo wir ihn finden würden. Wir sind eine lange Zeit umhergereist und doch konnten wir unseren Gott, den unbekannten Planeten, nicht finden. Dann kamen wir hierher. Ihr seid nicht der unbekannte Planet, aber wir haben herausgefunden, dass ihr ihn vor sehr langer Zeit gesehen habt. Deshalb sind wir hier."

Das klang für mich so sonderbar, dass ich nicht wusste, was ich sagen sollte.

Aber er fuhr fort. „Wir wollen herausfinden, was es für euch bedeutet, hier zu leben und den unbekannten Planeten gesehen zu haben und was mit den Menschen hier geschehen ist. Ihr seid so verschieden von uns und wir wissen nicht, wie wir mit euch umgehen sollen. Manchmal fürchten wir uns vor euch, aber ich spüre, dass ihr euch meistens mehr vor uns fürchtet, als wir uns vor euch. Auf jeden Fall werden wir versuchen herauszufinden, was geschehen ist. Wir können es wirklich nicht verstehen und wir suchen, genau wie du, nach Antworten."

Ich verstand immer noch nicht, was er mir zu sagen versuchte, aber ich blieb still und hörte weiter zu.

Dann fragte er mich: „Kennst du den unbekannten Planeten?"

„Nein", sagte ich.

„Das ist seltsam. Wir waren sicher, dass du ihn kennst."

Ich dachte darüber nach. Vielleicht meinten sie den Sacred Ground, aber ich konnte es nicht wirklich glauben. Es war allerdings einen Versuch wert. Ich versuchte, es ihnen zu erklären. Aber sie schüttelten den Kopf. Dann tauchte plötzlich ein Gedanke in meinem Herzen auf und ich fragte mich, ob sie wohl Liebe meinten. Sie sahen mich ganz überrascht an und ich sah, dass sie nicht verstanden, was Liebe ist.

Der Eine von vorhin sagte: „Was ist das? Es klingt wie etwas, das wir nie erfahren haben. Wir kennen keine Liebe. Was ist Liebe? Erzähle uns etwas über die Liebe."

Ich versuchte, es ihnen zu erklären, aber ich konnte es nicht. Die einzige Möglichkeit bestand darin, sie sie fühlen zu lassen.

Also ließ ich meine ganze Liebe in diese Situation hineinfließen. Plötzlich veränderten sie sich. Ich hatte jetzt wirkliche Menschen vor mir, die von einem Licht umgeben waren.
„Wow, was ist gerade geschehen?" fragte ich überrascht.
„Du hast unsere Frage beantwortet. Du hast uns gegeben, wonach wir gesucht haben. Lass uns jetzt dir helfen, deine Antworten ebenfalls zu finden. Jetzt kannst du gehen; du weißt, was zu tun ist. Wir werden dich wiedersehen."
Statt nur diesen Ort zu verlassen, bemerkte ich, dass ich gleichzeitig das heutige Tor verließ. Es würde gleich geschlossen sein. Ich beeilte mich, die Schwelle zu überschreiten und sah noch einmal zurück zu diesem seltsamen Ort, an dem ich gewesen war.

Die Schwelle überschreiten

Ich war in einem Wald irgendwo in Mittelengland angekommen. Es fühlte sich so an, als sei ich in eine weit zurück liegende Zeit gereist, aber ich konnte nicht sagen, in welchen Zeitraum. Ich ging durch den Wald mit einem Gefühl, als sei ich an einem verzauberten Ort. Nach einer Weile kam ich an einen See, in deren Mitte die Umrisse einer Insel zu sehen waren, die ich nicht klar erkennen konnte, da sie von Nebel eingehüllt war.

Am Strand sah ich ein Boot mit einer jungen Frau, die fast noch ein Mädchen war. Sie war blond und etwas ängstlich. Langsam stieg sie ins Boot und eine dunkelhaarige Frau mit einem blauen Cape stieg zu ihr ins Boot. Diese Frau war sehr groß und es hatte fast den Anschein, als würde das Boot sinken, aber sie fuhren sicher über den See.

Zu meiner Überraschung fand ich mich ebenfalls in dem Boot wieder, aber ich erkannte, dass ich nicht gesehen wurde. Während wir im Boot fuhren, hatte ich manchmal das Gefühl, beobachtet zu werden, konnte aber nicht herausfinden, von wem. Das Mädchen fürchtete sich immer noch sehr, trotzdem tröstete die andere Frau sie nicht. Sie war zu sehr mit etwas anderem beschäftigt. Nach etwa einer Stunde hielten wir am anderen Ende des Sees und die Frau und das Mädchen stiegen aus dem Boot aus, um ihre Reise zu Pferde fortzusetzen. Die Pferde waren sehr schnell und ich fragte mich, ob ihnen jemand folgte. Dann hielten sie an und stiegen von den Pferden ab, die bald verschwanden und nun nahm die Frau das Mädchen an der Hand und rannte mit ihr durch den Wald. Jetzt war ich überzeugt, dass sie verfolgt wurden und zu entkommen versuchten.

Der Lauf durch den Wald war lang und machte beide Frauen durstig. Schließlich kamen sie in der Nähe eines kleinen Dorfes an, zu dem sie vom Waldrand aus hinübersahen. Ganz unerwartet veränderte die Frau vor meinen Augen ihre Gestalt. Sie sah jetzt aus wie eine reiche Frau, die mit ihrer Zofe reist. Sie gingen zur Straße, die ins Dorf führt und bewegten sich mit einer Haltung, die zeigte, dass die Frau eine respektierte Dame war. Die Menschen bemerkten sie, sobald sie das Dorf betraten und grüßten sie mit Respekt. Als sie das Ende des Dorfes erreicht hatten, fragte das Mädchen: „Warum hast du deine Gestalt verändert?"

„Weil ich es tun musste", antwortete die Frau.

„Warum? Sie sahen nicht so aus, als würden sie uns etwas zuleide tun."

„Nun, dir vielleicht nicht, aber ganz sicher mir. Sie mögen es nicht, Menschen wie mich zu sehen."

„Du meinst, eine Priesterin?" fragte das Mädchen.

„Ja, genau, meine Liebe. Du wirst es auch lernen. Es ist sicherer."

Das Mädchen sagte nichts weiter. Nach ein paar Minuten erklärte die Frau: „Wir schämen uns nicht unserer selbst, oder wegen unseres Schicksals, aber wir müssen vorsichtig sein. Es kann einem nur etwas geschehen, wenn man zu sehr versucht, sich anzupassen, deshalb halten wir Distanz und dann ist es gut."

„Aber die Leute in meinem Dorf liebten dich", sagte das Mädchen bestimmt.

„Ja, das weiß ich. Es sind gute Leute, aber es gibt auch andere, die uns nicht mögen und uns schaden wollen. Deshalb müssen wir vorsichtig sein."

„Man kann nicht jedem vertrauen", sagte das Mädchen.

„Nein, das kann man nicht."

„Aber ich mag das nicht. Warum? Ich dachte, wenn man eine Priesterin ist, dann kann man lieben und sich um jeden kümmern und müsste sich nicht vor anderen verstecken." Das Mädchen war jetzt ganz aufgebracht.

„Ja." Die Frau blieb stehen und legte eine Hand auf die Schulter des Mädchens. „Ich weiß. Es tut weh. Das tut es meistens, aber das sind die Regeln unserer Welt. Man muss sich an die Regeln halten, wenn man etwas verändern will. Man kann nicht immer sein ganzes Wesen zeigen."

Das Mädchen ließ den Kopf hängen und die Frau sagte: „Du bist immer du. Wo immer du hingehst und was immer du tust, du bist immer die Priesterin; es ist nur so, dass die Menschen es nicht immer erkennen werden. Diejenigen mit dem richtigen Herzen werden es sehen, die anderen nicht. Das ist eben die Art, wie unsere Magie wirkt."

Das Mädchen sah jetzt etwas zuversichtlicher aus. Ich nehme an, dass sie entschieden hatte, dass sie so würde leben können.

„Warum müssen wir so weit reisen?" fragte sie.

„Kein Weg ist ein schneller Weg", antwortete die Frau. „Jeder Weg hat seine Kurven und Wendungen und wir müssen über einige Hindernisse hinweg bis zum Ende. Jeder Weg, den du mit mir gehst, wird dich näher zu der bringen, die du bist, aber er wird dich auch wegführen von der, die du glaubtest, zu sein. Das braucht Zeit."

„Das verstehe ich nicht", sagte das Mädchen.
Die Frau nickte. „Das musst du nicht verstehen. Jedenfalls jetzt noch nicht. Aber lass mich dir dies sagen: jeder hat einen Weg zu gehen und wenn du den Schatz am Ende findest, dann beginnt erst die eigentliche Reise. Aber lass uns jetzt gehen. Es wird schon spät und ich möchte vor der Dämmerung dort ankommen."

Das Mädchen ging nun sehr schnell weiter mit der Frau und bald waren sie meiner Sicht entschwunden.

Die nächste Szene freute und überraschte mich, denn ich fand mich wieder am Titicacasee mit den Schamanen, denen ich im fünfzehnten Tor schon begegnet war. Es war wunderbar, wie sie sich alle freuten, mich wiederzusehen. Ich stand ein wenig weiter entfernt, aber ich wurde noch nicht gebeten, näher zu kommen, denn sie sprachen mit einem Mann. Ich fragte mich, was sie ihm erzählten und obwohl ich relativ weit entfernt war, konnte ich sie hören.

Einer der Schamanen sagte zu dem Mann: „Du musst deinen Weg jetzt leben. Du hast alles gelernt, was wir dich lehren konnten; geh jetzt zurück und gib es den Menschen. Das wird nicht ganz so einfach sein, wie es sich anhört, aber denke an die geheime Sprache und du wirst den richtigen Weg finden, es zu tun."

„Aber kann ich über alles sprechen, was ich hier gesehen habe?" fragte er.

„Natürlich kannst du das", sagte der Schamane. „Wir haben dich die Dinge gelehrt, die dafür bereit sind, weiterverbreitet zu werden; aber sei dir dessen bewusst, dass es nicht jeder verstehen wird."

Ein anderer Schamane fügte hinzu: „Sei dir ebenso dessen bewusst, dass Fragen aufkommen werden, auf die du keine Antworten hast."

Ich sah, dass der Mann ihnen nicht glaubte. Er war sicher, dass er alles wusste, aber irgendwie wusste ich, dass es nicht so war. Er dankte ihnen und ich wusste, dass sie stolz auf ihn waren und sie ließen ihn gehen. Danach baten sie mich, näher ans Feuer zu kommen und nach einer Weile begannen sie zu sprechen.

„Er ist ein guter Mann, aber er muss noch mehr über die geheime Sprache lernen."

„Ich dachte, ihr hättet sie ihm beigebracht", sagte ich.

Sie lachten. „Sicher, wir lehrten ihn alles, was wir konnten, aber nach einer gewissen Zeit muss man seinen eigenen Weg finden, um die geheime Sprache zu verstehen und niemand kann dir mehr dabei helfen."

Ich hatte ein wenig Bedenken, die nächste Frage zu stellen, aber ich versuchte es. „Kann ich euch fragen, was die geheime Sprache ist?"

Sie lächelten. „Du weißt, worum es bei der geheimen Sprache geht. Es gibt Codes und Symbole und alle illustrieren sie die geheime Sprache. Aber auf deiner Reise hast du gelernt, dass es eine Basis für die geheime Sprache gibt, nicht wahr?"

„Du meinst den Sacred Ground?" fragte ich.

Sie sagten nichts und sahen stattdessen ins Feuer. Ich wusste nicht, was ich davon halten sollte. Stimmten sie mir zu oder nicht? Dann sah ich ebenfalls ins Feuer und ich sah einen orange-gelben Ball. Ich fragte mich, was es war. Er war riesig und ich erinnerte mich daran, etwas Ähnliches bei dem Schamanen in Sibirien gesehen zu haben.

Dann lächelten sie und sagten: „Ja, der Sacred Ground."

Nach einer Weile sagte einer von ihnen: „Viele Menschen sind auf der Suche nach Antworten hierhergekommen. Wir haben

zu ihnen gesprochen und sie alles gelehrt, was wir konnten, alles, was wir teilen konnten, aber wir können niemals alles teilen."
„Warum nicht?" fragte ich.
„Weil man einige der Wege auf der Reise selbst erfahren muss. Man muss es selbst herausfinden und niemand kann es dich lehren. Niemand."
„Also gibt es noch etwas, das ich lernen muss, um zu verstehen?" fragte ich.
Sie lächelten und ich wusste wieder nicht, ob es so war oder nicht. Einer der Schamanen fragte mich: „Was denkst du?"
„Ich weiß es wirklich nicht. Ich denke, ich habe viel erfahren und ich weiß viel – und doch, werde ich je alles wissen, was ich wissen muss? Ich glaube es nicht."
„Gut", sagte der Schamane, „das ist der Anfang und jetzt kannst du auf deinem Weg weitergehen. Wenn du einmal weißt, dass es immer noch mehr zu wissen gibt, wirst du immer tiefer gehen und mehr finden. Die Kommunikation ist ein heiliger Pfad und du hast neuen Boden betreten. Boden, der dir nicht bekannt ist, dennoch ist er wie alles andere auch – es ist nur der Anfang von Allem."
Ich lächelte. Ja, in meinem Herzen fühlte ich, dass der Schamane Recht hatte, obwohl es nicht leicht war, zuzugeben, dass ich noch nicht alles herausgefunden hatte.
„Aber du weißt fürs Erste genug", entschieden sie. „Es kann immer mehr werden, wenn du offen bist."
Ich nickte und dachte an den Mann von vorhin. „Der Mann, wird er jetzt zurückgehen und die Menschen darüber lehren?"
„Das mag sein", sagten sie, „aber seine Weisheit ist begrenzt. Wir wissen nicht, ob er je zurückkommen wird, weil er glaubt, dass er schon alles weiß. Er kann nicht mehr lernen, wenn er glaubt, dass er alles weiß. Er ist nicht mehr bereit, zu forschen."
Ich blieb noch mit den Schamanen am Feuer. Jeder hüllte sich

in zufriedenes Schweigen. Schließlich verabschiedete ich mich. Es fühlte sich gut an, zu gehen, da ich wusste, dass ich eines Tages zurückkehren würde. Sie lächelten mich nur an, als stimmten sie mir zu und dann verschwand ich.

Bisher hatte ich diese Erfahrung noch nicht gemacht, aber dieses Mal wusste ich, noch bevor ich die Szene sah, dass ich zu dem König in Atlantis zurückkehren würde, aber ich wusste immer noch nicht, ob solch ein Ort je existiert hatte. Allerdings meine ich, dass es für diese Geschichte nicht wichtig ist. Ich stand in demselben Garten wie beim ersten Mal, aber alles war verändert. Es war nicht in der Nacht, also waren auch keine Lichter zu sehen; stattdessen war alles weiß und schien wie in einen reinen weißen Nebel eingehüllt zu sein. Die Luft war anders, als wir sie kennen. Sie war dick und doch transparent. Ich fürchtete, ich würde nicht mehr normal atmen können, da ich die Luft nie in dieser Weise erfahren hatte, aber ich musste mir keine Sorgen machen.

Ich sah nicht zur Stadt, sondern zum Ozean, der silbern leuchtete, nicht blau. In dem Moment spürte ich eine Hand auf meiner Schulter und das Gefühl einer tiefen mitfühlenden Liebe, einer Liebe, die mich erschauern ließ.

„Es ist schön, dass du zurückgekommen bist", sagte der König und begrüßte mich.

Ich sah ihn liebevoll an und nickte. „Es ist Zeit", sagte ich.

„Ich weiß." stimmte er mir zu.

Wir standen einfach da und wir waren beide von Liebe erfüllt, einfach durch die Gegenwart des Anderen.

Nach einer Weile sagte er: „Ich weiß, dass das Zurückkommen nicht einfach war. Das ist es nie. Aber du hast noch nicht alles bekommen, was du brauchst, um in deine Welt zurück zu gehen. Deshalb bist du zurückgekommen."

„Um etwas über den Weg des Nichtverletzens zu hören?" fragte ich.

„In gewisser Weise ja, aber das ist nur ein Teil davon. Wenn du ehrlich zu dir selbst bist - was ist es, was wir gerade tun?"

„Wir reden anders miteinander als das letzte Mal. Es ist, als wäre alles von Liebe untermalt." Ich musste zugeben, dass ich erstaunt darüber war, unser Gespräch so verschieden von unserem letzten wahrzunehmen.

„Ja", sagte er, „das ist der Grund. Der Weg des Nichtverletzens ist Liebe und die Basis ist der Sacred Ground. Deshalb können wir jetzt anders miteinander kommunizieren." Dann machte er eine Pause und sagte nach einer Weile: „Aber es gibt noch einen anderen Grund, weshalb du hier bist."

Ich wusste nicht, was es sein könnte.

Er lächelte: „Du weißt es nicht?"

Ich schüttelte den Kopf.

„Um den einen Satz zu bekommen, auf den du gewartet hast, seit du die Reise begonnen hast."

Ich wunderte mich: was meinte er? Meinte er das Herz der Kommunikation?

Er lächelte. „Ich meine, was ist das Herz dieser Reise, was ist das Herz von allem, was du weißt?"

„Liebe", sagte ich aus einer plötzlichen Erkenntnis heraus.

Er nickte. „Ja, Liebe und Weisheit. Weisheit ist ebenfalls wichtig. Ohne weise zu sein, kann man keine Liebe erkennen. Dann wird man Liebe in einer sehr begrenzten Weise wahrnehmen."

„Was meinst du?" fragte ich.

„Lass es mich dir in deinen Worten erklären. Liebe ist nicht physisch. Ich weiß, dass du es in der Weise erfährst, aber es ist nicht die Liebe, über die wir hier sprechen."

„Aber ich fühle sie", sagte ich.

„Ja, Natürlich tust du das. Du bist ein Mensch und dein Körper und deine Gefühle reagieren auf Liebe, aber es ist nicht ihre Essenz."

Ich fragte mich, was er damit meinte, aber ich hatte das Gefühl, ich sollte still bleiben und auf seine Worte hören.

„Schau", erklärte er, „Liebe ist weder an eine physische Handlung gebunden, noch an irgendetwas, das mit dem Körperbewusstsein in Beziehung steht, noch ist sie mit Emotionen verknüpft, oder den Verstand. Sie ist Seele in ihrer Essenz."

Er lachte nur über meinen überraschten Ausdruck und fuhr fort: „Weißt du, ich sah dich und deine Leute in deiner Zeit. Ich war neugierig zu sehen, wie ihr seid. Ich kann dir sagen, dass die Liebe da ist, aber ihr seht sie nicht. Dennoch konnte ich sie überall sehen, aber ich fragte mich, warum die Menschen sie nicht bemerken. Sie ist nicht verschwunden; ihr seht sie nur nicht."

„Vielleicht sehen wir sie auf die falsche Weise", sagte ich.

„Ja, vielleicht. Ich war überrascht zu sehen, dass, obwohl die Liebe bei euch ist, ihr euch immer noch gegenseitig verletzt, wenn ihr miteinander redet und dass ihr in sehr destruktiver Weise handelt. Ich verstehe es noch nicht."

Ich wusste nicht, was ich sagen sollte. Was war dazu zu sagen? Ich dachte über diesen Satz nach und er antwortete auf meine Gedanken.

„Die Sprache deiner Seele." Er hielt inne und fügte dann hinzu: „Liebe ist deine Seele, Sprache ist dein Verstand, Sprechen ist dein Körper, Klang sind deine Gefühle und Weisheit, das ist dein ganzes Sein."

Ich stand da und dachte über diesen Satz nach und wieder spürte ich seine Hand auf meiner Schulter. Dieses Mal wusste

ich, dass ich zurückkommen würde.
Er lächelte. „Ja, das wirst du."

Wieder war Stille zwischen uns, während wir beide auf den silbernen Ozean hinaussahen. Ich sah das Tor vor mir und ich wusste, dass es Zeit war, die Schwelle zu überschreiten und durch das Tor zurück in meine Wirklichkeit zu gehen.

Die Kunst der Rückkehr

Ich erkannte, dass ich mich in einer mythologischen Zeit befand. Vor mir sah ich einen runden Tisch, aber niemand saß dort. Der Raum war sehr groß und die Fenster waren mit Rosetten geschmückt, was dem Raum das Aussehen einer Kirche gab. Während ich meinen Blick im Raum umherschweifen ließ, bemerkte ich, dass der Tisch an seiner äußeren Kante Gravuren aufwies. Ich sah sie mir genauer an und bemerkte verschiedene Symbole, die ich nicht kannte oder verstand. Das Einzige, dessen ich mir sicher war, war, dass diese Symbole aus verschiedenen Kulturen stammten. Während ich die Symbole untersuchte, bemerkte ich Leute im Eingang stehen, die mich ansahen. Ich drehte mich um und sah Männer und Frauen in Kleidern aus verschiedenen Epochen.

Ein älterer Mann, der wie ein Magier aussah, kam auf mich zu. Er legte mir die Hand auf die Schulter und sagte: „Es ist gut, dass du heute hierhergekommen bist. Bitte setz dich."

Ich tat, worum er mich bat und in der Zwischenzeit nahmen all die anderen Männer und Frauen ihre Plätze ein. Dann fragte mich der Magier: „Genau in diesem Augenblick, fühlst du, wie du zu der physischen Wirklichkeit zurückkehrst, die du meistens erfährst?"

Ich nickte und antwortete: „Ja, ich fühle mich bereit, in meine alltägliche Wirklichkeit zurückzukehren."

Alle waren still und spürten meinen Worten nach. Dann sagte einer von ihnen: „Es ist noch nicht an der Zeit, zurückzukehren. Nicht ganz."

Ein anderer sagte: „Du musst verstehen, dass Zurückkehren nicht Vergessen bedeutet. Es ist wichtig, dass du dich daran erinnerst. Du hast erkannt, dass du zurückgekehrt bist, aber jetzt ist es an der Zeit, die Kommunikation zu verändern und das, was du bis jetzt gelernt hast, anzuwenden. Du kannst das, was du auf deiner Reise gelernt hast, nicht einfach hinter dir zurücklassen."

Dann fügte jemand hinzu: „Jetzt, kurz vor dem Ende, könntest du all die Geschichten, die dir erzählt wurden, auch einfach hinter dir lassen. Aber wir möchten dir sagen, dass du sie nicht vergessen sollst. Nimm sie stattdessen mit zurück in deine Welt. Nimm sie mit und forme deine Welt neu."

Ich nickte und wartete auf das, was sie mir sonst noch sagen wollten. In dem Moment bemerkte ich, dass sie sich verändert hatten. Jeder von ihnen war in ein helles Licht eingetaucht. Es war wunderbar.

Ich sah viele verschiedene Lichter in allen möglichen Farben. Es sah wunderschön aus. Die Lichter flogen über dem Tisch herum und ganz plötzlich zog es sie in die Symbole hinein, die um den Tisch herum eingraviert waren. Ich war verblüfft, aber noch mehr war ich es, als ich plötzlich bemerkte, dass ich jetzt in der Mitte des Tisches die ganze Welt sehen konnte. Noch ganz überwältigt, musste ich mich fokussieren, um die Worte hören zu können, die mein Nachbar zu mir sprach.

Ich bemerkte ein rotes Symbol vor ihm und er begann zu

sprechen. „Vergiss niemals, dass Liebe die Basis ist. Sie bildet die Basis für den Sacred Ground, aber auch für deine persönlichen Leistungen. Was auch immer du in deinem persönlichen Leben tust, erkenne, dass die Liebe das Wichtigste ist."

Gleich darauf hörte ich jemand anderen sagen: „Vergiss nicht den Respekt, den alle Wesen auf dieser Erde verdienen."

Dann sagte die Person mit einem schwarzen Symbol: „Es werden Hindernisse auftauchen. Aber sie sind nicht destruktiv, sondern sie werden dich voranbringen."

Die Person mit dem blauen Symbol sprach mit einer tiefen Stimme. „Vergiss nicht, was Mutter Natur uns alles zu bieten hat. Sprich zu den Tieren, sprich zu Mutter Erde – sie warten auf deine Stimme."

Das gelbe Symbol war vor der Person, die als nächste sprach. „Vergiss nicht, dein Leben wertzuschätzen, deinen Klang, die Stimme, mit der du geboren wurdest. Sie bleibt bei dir, wo auch immer es dich hinführt."

Und dann hörte ich diejenige mit dem Rosensymbol sprechen. „Zu allen Zeiten, an allen Orten hatten wir viele Sprachen, die uns getrennt haben. Erinnere dich an den Sacred Ground und dann kannst du die Chance auf Einheit erkennen."

Ein Mann, der das grüne Symbol vor sich hatte, stand auf und sprach. „Das Herz ist der Schlüssel zum Verstehen. Sieh auf das Herz und die Seele eines jeden, zu dem du sprichst. Du wirst überrascht sein, wie anders ihr miteinander sprechen werdet."

Ich sah ein braunes Symbol vor der nächsten Person, die sprach. „In der heutigen Zeit habt ihr sehr viel Technologie, um die Kommunikation unter euch zu erleichtern, aber vergiss nicht – ganz gleich, wie viel leichter es ist, sie ist verletzend, wenn sie dich und die anderen nicht nährt."

Schließlich sprach der Magier. Er stand auf und erklärte: „Die Welt ist eins. Wir sitzen hier alle an einem Tisch, genau wie du und deine Leute es tun können. Die Möglichkeit, mit anderen zu kommunizieren, aus verschiedenen Gesellschaftsschichten, aus verschiedenen Ländern, Jahrhunderten und Kulturen, war immer schon da. Es kann geschehen, wenn du willst, dass es geschieht. Du musst es nur wählen."

Während ich noch versuchte, all diese Worte zu verarbeiten, die gesprochen worden waren, sagte eine Frau: „Eine Stimme ist einzigartig. Und doch, wenn sie sich auf dem Sacred Ground mitteilt und sich mit anderen vereint, ist sie sehr machtvoll. Dann ist man in der Lage, zu kreieren."

Danach waren alle für eine Weile still und ich ebenfalls. Ich weiß nicht, wie lange diese Stille anhielt, aber schließlich sah ich, wie der Magier sich erhob.

Er sagte: „Lasst uns gehen, wir haben alle viel zu tun. Wir müssen bereit sein, wenn die Menschen uns rufen."

Dann verließ er mit den anderen zusammen den Raum. Ich wartete noch einen Moment und verließ dann ebenfalls diesen Ort.

Ich weiß nicht genau, wo sich mein nächstes Ziel befand, aber es sah nach einem Bergdorf irgendwo in den Alpen aus. Vor mir sah ich viele Menschen, die alle für eine Klettertour oder Wanderung gekleidet waren. Als ich mich umsah, bemerkte ich den Bergführer herankommen.

Er stellte sich vor sie hin und sagte: „Es ist jetzt Zeit. Wir sind alle voneinander abhängig auf dem Bergrücken. Jeder ist Partner von jedem."

Nach seiner kurzen Ankündigung, begannen die Leute untereinander zu sprechen und ich bemerkte erstaunt die vielen verschiedenen Sprachen unter ihnen.

Ich wollte sie etwas fragen, aber ich hörte den Bergführer hinter mir: „Bist du auch in unserer Gruppe?"

„Nein", sagte ich.

„Aber du kennst den Berg?" fragte er.

Ich kannte ihn nicht, aber anstelle einer Antwort fragte ich ihn: „Du kennst ihn, nicht wahr?"

„Ja. Er ist weise und das wird uns am Laufen halten. Der Berg spricht eine Sprache, die jeder verstehen kann."

Ich nickte nur, während er seinen Rucksack suchte. Dann musste ich ihn fragen. „Ich vermute, dass der Berg dir viel von seiner Weisheit gezeigt hat. Du hast sie erfahren, nicht wahr?"

Er hob den Kopf und sah mir in die Augen, als ob er herauszufinden versuche, ob er mir vertrauen könne oder nicht. Schließlich sagte er: „Ja, das habe ich."

Ich nickte und wartete. Nach einer Weile gab er zu: „Ich bin viele Male hinaufgeklettert, bevor ich es gelernt habe. Man kann dort hinaufklettern, aber man bemerkt nicht, was der Berg einem zu sagen hat. Aber wenn man in Bedrängnis gerät, dann lernt man es. Zumindest tat ich es. Ich kenne die Weisheit, die dieser Berg mitteilt. Er hat viel zu geben. Wenn ich nicht weiß, was als Nächstes zu tun ist, wird er es mir sagen. Ich weiß immer, was als Nächstes zu tun ist, wenn ich der Sprache des Berges lausche."

„Der Berg spricht zu dir?" fragte ich.

Er nickte und sah mir wieder in die Augen. Er erklärte: „Ich habe oft gehört, dass Berge schwierig sind. Dass sie dafür da sind, erobert zu werden und dass sie ganz sicher nicht sprechen. Die Menschen kennen oft nur eine Sprache. Aber seine Weisheit hat mich durch viele Gefahren hindurchgeführt. Ich weiß einfach: wenn ich dem Berg vertraue, dann vertraut der Berg auch mir."

Ich sah zum Berg hinüber und zu meiner Überraschung konnte ich sie auch spüren. Die Weisheit dieses Berges. Ich lächelte ihm zu und sagte: „Du bist ein guter Lehrer."

„Was?" Er war überrascht.

„Ich spüre jetzt ebenfalls die Weisheit dieses Berges, aber wenn du es nicht erfahren und du dieses Wissen nicht mit mir geteilt hättest, hätte ich es nie bemerkt."

Seine Augen leuchteten auf. „Wow. Danke. Ja, der Berg ist weise. Vertraue einfach dem Berg und er wird dir vertrauen. Es beruht auf Gegenseitigkeit. Das Wichtigste ist, dass man den Respekt behält, dann wird man mit einem Frieden gesegnet, den man nie für möglich gehalten hätte."

Ich dachte an den Sacred Ground. Der Bergführer mochte vielleicht nie etwas davon gehört haben, aber mir schien, als würden er und der Berg ihn benutzen. Ich verabschiedete mich von ihm und er ging zu seiner Gruppe hinüber. Ein letztes Mal sah ich zum Berg hinüber und lächelte in dem Wissen, dass es so viel mehr Weisheit gibt, als ich mir je zuvor hatte vorstellen können. Ich war froh, dass dieser Bergführer zurückgekehrt war, denn ich spürte, dass es eine Zeit gegeben hatte, als er nicht sicher war, ob er je zurückkehren würde. Aber er tat es und er teilte seine Weisheit mit anderen. Ich erkannte, dass dies das größte Geschenk war, das er erhalten hatte – die Chance, die Weisheit des Berges mit anderen zu teilen. Das hatte mich dazu gebracht, die Weisheit des Berges selbst zu erkennen. Ich war ihm dankbar.

Nun war ich wieder in der Zeit zurückgereist und befand mich vermutlich im neunzehnten Jahrhundert, obwohl ich nicht ganz sicher war. Vor mir war ein typisch südliches Herrenhaus zu sehen. Ich stand vor der schmalen Treppe und bemerkte Kinder, die um das Haus herum spielten. Ich zögerte kurz, bevor ich die Treppe hinaufging. Schließlich entschloss ich mich, mich auf einen der Stühle auf der Veranda zu setzen. Ein großer schlanker Mann kam auf die Veranda. Die Kleidung, die er trug, erinnerte mich an Abraham Lincoln. Er war ganz in schwarz. Er schien auch nicht sonderlich überrascht, mich zu sehen.

„Es ist ein wunderbarer Ort hier, nicht wahr?" fragte er. Dann fügte er hinzu: „Ich habe mein ganzes Leben lang hier gelebt und meine Familie auch. Meine Kinder werden diesen Platz erben und sie werden auch hier leben. Es ist ein guter Ort zum Leben."

Ich war still, nickte aber leicht. Nach einer Weile fuhr er fort. „Es ist so idyllisch hier; so sehr, dass man fast vergessen könnte, dass es gar keine Idylle mehr gibt. Nicht weit von hier entfernt gibt es ein Schlachtfeld. Der Krieg kommt näher und es wird nicht mehr lange dauern, bis er hier ankommt."

Die Ruhe, mit der er diese Worte sprach, erstaunte mich. Ich fragte ihn: „Haben Sie keine Angst?"

„Nein, warum sollte ich? Ich habe gelernt, dass es mir nicht hilft, Angst zu haben. Unsere Welt ist in einem permanenten Wandel. Nichts bleibt so, wie es ist, auf ewig. Ich heiße den Wandel willkommen. Angst ist nicht hilfreich. Ich kann nichts an dieser Situation ändern, aber ich kann die Angst loslassen."

„Wow", sagte ich, beeindruckt, „Sie sind wirklich sehr gelassen."

„Das muss ich. Ich habe schon so viele Kriege gesehen und in einigen habe ich auch selbst gekämpft. Ich fürchte mich nicht mehr so schnell. Worüber man Klarheit gewinnen muss, ist, wie man mit dem umgeht, was danach kommt. Wenn man zurückkommt und alles, was man hatte, verloren ging, dann beginnt die Herausforderung. Dann muss man wissen, wie man neu beginnt. Man muss einen Weg finden, um alles neu aufzubauen."

Mir war nicht ganz klar, was er genau meinte und ich sah ihn fragend an.

„All die wirklich tiefen Erfahrungen, die man hatte, haben einen verändert. Sie machen einen anderen Menschen aus dir, aber man hat auch etwas daraus gewonnen. Dieses „Etwas" muss man finden. Es wird einem helfen, ein neues Leben aufzubauen."

„Wissen Sie", begann er, „ich spüre, dass ich Ihnen vertrauen kann. Deshalb möchte ich Ihnen von etwas erzählen, was ich gelernt habe. Es heißt der Sacred Ground."

„Sie kennen den Sacred Ground?" fragte ich.

Er lachte. „Ja, sicher. Ansonsten... ich weiß nicht... ich vermute, ich wäre dann nicht hier. Ich habe viele schlimme Situationen erlebt, Mühsal, Depressionen und Selbstmordgedanken, aber ich wurde damit gesegnet, den Sacred Ground kennenzulernen. Jetzt begegnen mir solche Erfahrungen nicht mehr. Ich bin im Frieden. Ist es nicht das, worum es beim Sacred Ground geht – Frieden?"

Ich stimmte zu. Meine eigene Erfahrung war auch die von Frieden. „Und deshalb haben Sie keine Angst mehr?" fragte ich.

„Ja. Aber, wie ich schon sagte, meine Erfahrungen waren ebenfalls wichtig. Solange ich das Leben immer wieder neu aufbaue mit all den Erkenntnissen, die ich durch meine Mühsal hindurch gewonnen habe, wird es gut sein."

Ich bewunderte ihn für seine Fähigkeit, denn ich wusste nicht, ob ich es auch tun könnte.

Nach einer langen, friedevollen Stille sagte er: „Jetzt sollten Sie gehen. Die Soldaten werden bald hier sein. Ich möchte bereit sein, wenn sie kommen."

„Was meinen Sie?" fragte ich verwundert.

„Der Sacred Ground muss da sein, wenn sie kommen."

„Glauben Sie, dass es funktioniert, wenn Sie den Sacred Ground aufbauen?" ich war mir nicht ganz sicher.

„Ich weiß es nicht, aber wenn ich es nicht versuche, wie werde ich es dann wissen können? Ich habe über den Sacred Ground gelernt, ja, aber was nützt alles Lernen, alle Erkenntnisse und die ganze Weisheit, wenn sie mir in meinem täglichen Leben nicht helfen? Deshalb werde ich es natürlich versuchen und irgendwann werde ich wissen, was ich auf diese Weise ändern kann."

„Sie können die Kommunikation verändern", sagte ich und fragte mich, ob er das nicht wusste.

„Ja, Sie haben Recht. Das ist ein Teil, aber ich glaube, da gibt es mehr beim Sacred Ground."

„Wirklich, glauben Sie? Was zum Beispiel?" ich konnte kaum glauben, was er sagte. Ich hatte bisher nicht einmal darüber nachgedacht.

„Ich kann es noch nicht sagen, aber ich bin ziemlich sicher, dass es da mehr gibt. Dennoch, Sie sollten jetzt gehen. Ich muss mich vorbereiten."

Ich stand auf und dankte ihm für seine Zeit aber er lächelte mir nur zu. Kurz bevor ich den Ort verließ, hörte ich das Geräusch von Kanonen, aber ich ging, bevor ich sehen konnte, ob irgendetwas mit diesem wundervollen Ort geschah.

Ich dachte über die letzte Szene nach und hoffte, dass es allen Beteiligten gut gehen würde. Es war Zeit, dass dieses Tor geschlossen wurde und danach würde es keine weiteren Tore mehr geben. Ich wusste es und war traurig. Ich bemerkte, dass mir einige Tränen über die Wangen liefen. Dann erinnerte ich mich an den letzten Satz, der auf dieser Reise gesprochen worden war, dass noch mehr am Sacred Ground dran war. Konnte das sein? Dieser Satz ging mir eine Weile nicht aus dem Sinn. Ich muss zugeben, dass er mich seitdem überhaupt nicht mehr verlassen hat. Ich sah noch ein letztes Mal zurück, um zu sehen, wie das Tor geschlossen wurde. Ein Lebewohl war in meinem Herzen und ich berührte dieses letzte Tor, wie ich es nie zuvor getan hatte. Ich spürte ein Gefühl von Sehnsucht in mir und ich schritt über die Schwelle zurück in meine Welt.

NACHWORT

Nun, da diese Reise beendet ist ...

...und alle Stimmen gesprochen haben, hat sich das Herz der Kommunikation offenbart. Ob ich es inzwischen ganz verstehe? Nein, aber ich kann jederzeit zurückkommen, um den Stimmen in den Toren zuzuhören und um Antworten in ihnen zu finden. Ihre Weisheit hat mich oft verblüfft und ich fühle mich geehrt, dass ich sie niederschreiben durfte.

Die Einsichten der Tore laden zu einer besonderen Reise ein und ich vermute, sie werden niemals alle Ebenen auf einmal offenbaren, sondern sie werden uns jedes Mal die Chance zu einem besseren und tieferen Verständnis geben, wenn wir danach suchen. Mögen all diese Geschichten der verborgenen Tore Sie auf Ihrer Reise inspirieren, so, wie sie es für mich auf meiner Reise getan haben.

Abschließend möchte ich Ihnen erzählen, wie ich selbst diese Reise erlebt habe. Ich habe keine dieser Geschichten entworfen. In der Regel setzte ich mich morgens an meinen Schreibtisch und begann zu schreiben, ohne vorher zu wissen, was gesagt werden wollte, oder was mir an einem bestimmten Tag begegnen würde. Oft befürchtete ich, dass es am Ende keinen Sinn ergeben würde, aber ich konnte mich letzten Endes nur auf dieses Abenteuer einlassen – Tag für Tag – und vertrauen.

Was ich am meisten an dieser Reise liebte, war das Unvorhersehbare, die Vorfreude darauf, was wohl am nächsten Tag geschehen würde. Wie würde ich mich am Ende des Tages

NACHWORT

fühlen? Doch manchmal fürchtete ich diese Begegnungen auch, denn ich erlebte sie als sehr real und oft auch als große Herausforderung, denn ich durchlebte große emotionale Höhen und Tiefen. Manchmal konnte ich sogar noch Stunden, nachdem ich eine Geschichte aufgeschrieben hatte, den emotionalen, aber auch den physischen Schmerz spüren.

Ich sehnte mich danach, zu erfahren, wem ich wohl an diesem Tag begegnen würde und wer mir Worte der Weisheit schenken würde. Würde ich sie verstehen? Oft hatte ich sogar Schwierigkeiten, ihren Standpunkt zu teilen und doch sah ich auch die Schönheit in ihren Worten.

Jede Schwelle, die ich überschritt, jedes Tor, das sich öffnete, schien mir so real, als fänden die Szenen in der Wirklichkeit statt, vielleicht ähnlich, wie wir in unserer Traumwelt unsere Träume als real erfahren. Und wie in einem Traum erschien ich absichtslos an allen möglichen Orten und begegnete Menschen aus allen sozialen Schichten.

Nun, am Ende, habe ich immer noch viele Fragen, aber ich nehme sie als Hinweis auf eine Schwelle, die noch zu überschreiten sein wird und ein noch größeres Mysterium offenbaren wird hinter diesen verborgenen Toren.

Marlene Zurgilgen, 2014

INDEX

Index

Dieser Index dient als Hilfe zum Auffinden einer bestimmten Geschichte. Die Struktur gliedert sich in Ort, Person und ein Stichwort.

1. Tor – Zuhören   10
   Abraham Lincoln Statue, Reden
   Alte Bibliothek, Denker aller Zeiten
   Alte Zeiten, Sohn – Vater, Bibel

2. Tor – Stimmen   15
   Ozean, Wal, Anfang
   Haus, Künstler, Form herausarbeiten
   Berg, Adler, Klang der Stimme
   Wien, Musiker, Innewohnende Stimme

3. Tor – Unausgesprochenes   21
   Friedhof von Hollywood, Baum, letzte Dinge zu sagen
   Friedhof, junger Mann, Grab der begrabenen Träume
   Los Angeles, Schauspielerin/Star, zerstörte Stimme
   Bank, junges Mädchen, Hoffnung

4. Tor – Der Wunsch der Erde   28
   Irland, Fee, für die Erde beten
   Irland, mythologische Figur, Hüter des Landes
   Schriftsteller, Seele des Landes
   Strand in alten Zeiten, junge Frau, wütender Ozean
   Großstadt, Mann, Gesundheit

INDEX

5. Tor - Die Stimme der Träume   36
    Australisches Outback, Stimme, Macht der Träume
    Strand, Delphin, Stimmen der Träume
    Sydney, Geschäftsmann, vergessene Träume
    Trockenes Feld, weibliche Siedler, Wachstum
    Outback/Busch, tanzender alter Mann, Sichtbarkeit

6. Tor - Die erste Frage, die letzte Antwort   43
    Haus meiner Kindheit, Stimme, Fragen stellen
    Haus mit Fahne, Vater - Sohn, Wurzeln
    Schmutzige Straße, Zeitungsjunge, Suche nach Familie
    Amerikanischer Bürgerkrieg, Krankenschwester - Soldat, sterben
    Himalaya, alter Mönch, letzte Frage

7. Tor - Herausfordernde Stimmen   51
    Insel, Nebel, Durchhalten
    Vancouver, Geschäftsmann, Selbst
    Kunstmuseum, Stimme, einzigartige Stimme
    Afrika, Frau, eigene Weisheit
    Dunkle Bibliothek, Mann, unbewusste Träume
    Südwesten, spirituelle Frau, Retreat, erster Gedanke

8. Tor - Vorurteil   59
    Südkalifornien, Surfer, unerwiderte Liebe
    Haus auf dem Hügel, Frau, ökologisches Leben
    Deutschland, alte Zeiten, Krieger, lügen
    Paris, junge Malerin, keine Anerkennung

9. Tor - Erzählen   66
    Eisenbahn, Alaska, Geschichten teilen
    Hänsel und Gretel, Hexe, Wirklichkeit - Märchen
    Haus, Schauspielerin, Filme, versteckte Stimme

INDEX

Arbeitsraum e. Schriftstellers, Mädchen, Hüter der Geschichten
Alte weise Frau, Geschichten, die uns am Leben erhalten

10. Tor - Die vereinte Stimme — 76
Weiße Kirche, Indianer, Traditionen ehren
Paris, Französische Revolution, Soldat, Vision
London, Suffragetten, gemeinsame Stimme der Frauen
Russland, Heiler, Gleichheit
Vereinte Nationen, Politiker, bessere Welt
Weiße Kirche, Priester, Werte

11. Tor - Kreativität — 85
Basel, Künstler, dem eigenen Traum folgen
Miami, Musiker, Pan, verzaubernd
Strand, Vater und Sohn, Sandburg
Mittlerer Westen, Bauernhaus, Mutter, Kuchen backen
Schönes Haus, Vater-Tochter, Erinnerungen

12. Tor - Unter demselben Banner — 92
Ungarn, Monarchie, Leutnant, soziale Schichten
Mongolei, Khan, Talent
Stadt, Präsident, Kooperation, Gleichheit

13. Tor - Das Unsagbare erklären — 100
Weltraum, Astronaut, Frieden
Lesbos, Frau, Lehren
Klippe, Schriftsteller, Haus, Soldat, Zurückkehren
Offener Raum, weites Land, Frau, Gedichte
Traum, Elch, Ältere Frau, Imagination

INDEX

14. Tor - Die unbekannte Geschichte   109
    Irland, Markt, junge Frau, Geschichten
    Frankreich, Schloss, Zeit des Barock, Männer, Duell
    Großstadt, Teenager-Gang, ein anderes Leben
    Schiff, Windjammer, Kapitän, Land gefunden
    Dänemark, Strand, Schriftsteller, Märchen schreiben

15. Tor - Die geheime Sprache   118
    Titicacasee, weise Männer und Frauen, Geheimnisse, Lehren
    Persien, Palast, Lehrer – Schüler, Stoff, Code

16. Tor - Gesellschaftsregeln   124
    Genf, Party, reiche Menschen, Einsamkeit
    Versammlung, Männer, Show, öffentliches Image
    Ufo-Konferenz, Mann, rationale Seite der Wahrheit

17. Tor - Sinnsuche   131
    New York City, Menschen, dem Licht folgen
    Tibet, alte Frau mit einem Yak, Traumpalast
    Dschungel, spanische Eroberer, Tempel, Gier
    Schreibtisch, männliche Stimme, Vision
    Mittlerer Osten, Palast eines Sultans, kleiner Junge, Juwelen

18. Tor - Lose Enden   142
    Norditalien, Mittelalter, Künstler, Angst vor Veränderung
    Rom, Mittelalter, Bildhauer, keine Empfehlung
    Japan, Zen-Garten, Shogun, Samurais, Gesetze achten
    Königliche Hochzeit, Nähe und Distanz
    Italien, Römisches Imperium, Philosoph, Trennung

INDEX

19. Tor – Feen und Naturgeister   152
    Irland, Welt der Feen, Zepter abgegeben
    Universitätscampus, Lehrer, Art des Lehrens
    Schloss, Wasserfeen, Freude
    Rat, Runder Tisch, Arten zu sprechen

20. Tor – Respekt   162
    Kiva, Mann, Träumen
    Maya Tempel, Priester, Phönix
    England, Herrenhaus, Séancen, kein Respekt
    Schloss, Magier, Respekt lehren
    Ägypten, Alexandria, Mann, Rede

21. Tor – Liebe   171
    Irland, Haus, arme Frau, Heim, Liebe
    Nordamerika, Wildnis, Frau, Liebe zur Natur
    Südwestamerika, weise Schamanin, den Sacred Ground kreieren
    Interlaken, Hoteldirektor, Erinnerungen

22. Tor – Offenheit   182
    Zypern, Schäfer – Gelehrte, Philosophen, Einfachheit
    Botanischer Garten, Schulklasse, Direktor, analytisch
    Ödland, großer alter Mann, Krafttiere
    Europa, Universität, Professor, Weltraum

23. Tor – Freiheit   190
    Chicago, russische Einwanderin, Schreiben, Unabhängigkeit
    Wildnis, Pilot, Ferien, Sensitivität
    Kongress, Heilerin, Mann, zu positiv
    Santa Fé, alte Schamanin, Wildnis
    Schottland, verfallenes Schloss, Jäger, veränderte Wahrnehmung, weise Frau,

INDEX

24. Tor – Seelenverbindung   201
    Swimming Pool, Mann, Sterne
    Paris, Friedhof, junge Frau, Friedhofsgärtner
    Bretagne, Wald, Magier, Merlins Grab
    Großstadt, Morgengast, Wiedererkennen
    Atlantis, König, Verständnis

25. Tor – Menschheit   217
    Indien, weise Frau, Ehrlichkeit
    Feld, Pferd – Mann, Wechsel
    Festival, konstantes Licht, junges Mädchen
    Kongress, Wissenschaftler, Frau, Rede

26. Tor – Wunder   229
    Ozean, Wal und Delphin, keine Grenzen in der Kommunikation
    Amish, Mann und Ehepaar, helfen
    Rhein, Kathedrale, Priester, zwei Kulturen, heiliger Boden
    Himalaya, Bergsteiger, Führer, Weisheit
    China, Nonne, Kinder, eine Geschichte

27. Tor – Verschmelzende Welten   242
    Berg, Junger Mann und Adler, zwei Welten
    Bank, Geistwesen und alter Mann, Ritual
    See, junge und ältere Frau, Erinnerungen
    Breitenfeld, Mountainbiker, Wiedererkennen
    Kalter Berg, Stimme, Unterbewußtsein

28. Tor – Die Kluft überwinden   254
    Garten, alte Zeiten, Schriftsteller – Ehefrau, Distanz
    Antarktis, Schlittenführer, Forschungsstation, Verlorensein
    Wüste, Oase, Junge und Mädchen, Geschichten

INDEX

29. Tor - Atmosphäre schaffen — 264
Jungfraujoch, kleines Mädchen, Skifahren
Gebäude, Flaggen, alter Mann, Grenzen
Büro, schwangere Frau, die Wahrheit sagen
Meiringen, Lebensmittelgeschäft, Polizei, Diebstahl

30. Tor - Besucher aus fernen Ländern — 274
Feld, Wanderer, Grenulf, Vorstellung
Sibirien, Schamane, Sacred Ground
Wald, Einhorn, Mann, Alleinsein
Garten, Frau, Mädchen, Feen, Wiedererkennen
Olymp, Götter, Glaube

31. Tor - Wo Weisheit zu finden ist — 288
Irland, Ritter, Frau, Bottich, Weisheit suchen
Kleine Kapelle, Priester – Mann, Pilger
Indien, Tempel, Mönche, Palmblätter
Höhle im Himalaya, seltsame Menschen

32. Tor - Die Schwelle überschreiten — 301
England, Wald, Frau, die Gestalt verändern
Titicacasee, Schamanen, Mann, nicht bereit
Atlantis, König, unsere Welt besuchen, Verstehen

33. Tor - Die Kunst der Rückkehr — 311
Runder Tisch, verschiedene Farben, Menschen, Gaben
Berge, Bergführer, Weisheit
Herrenhaus im Süden, Bürgerkrieg, großer Mann, Frieden

www.ingramcontent.com/pod-product-compliance
Lightning Source LLC
Chambersburg PA
CBHW050852160426
43194CB00011B/2131